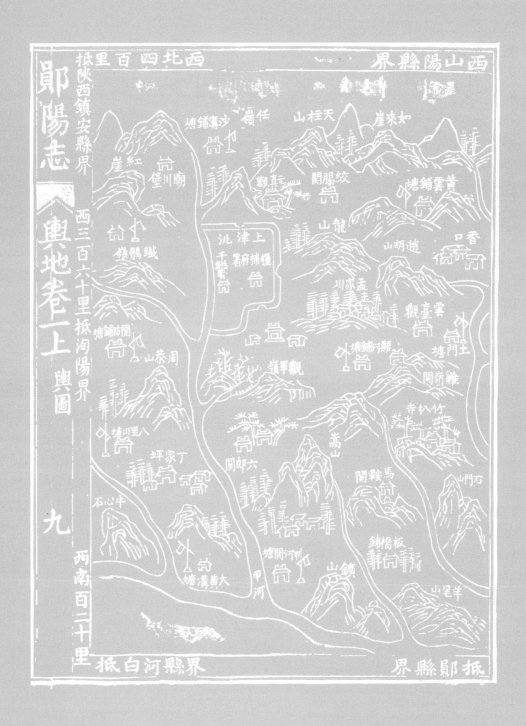

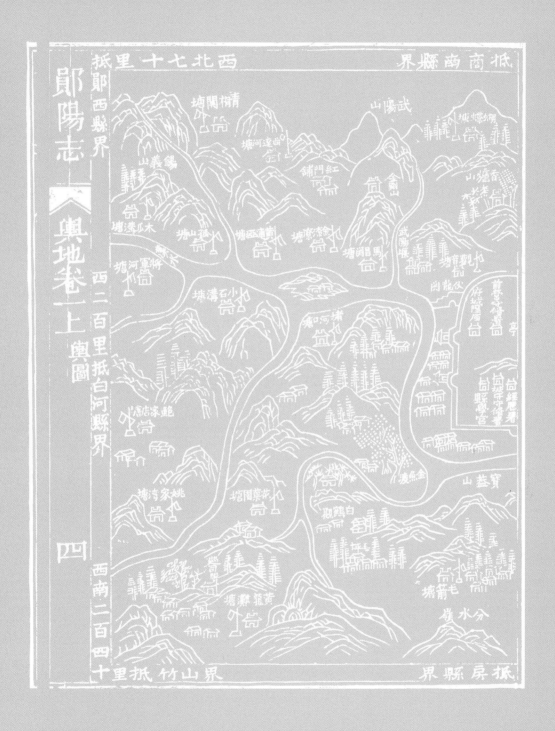

国家出版基金项目

国家重大出版工程项目
"十三五"国家重点图书

中国传统聚落
保护研究丛书

湖北聚落

郭建　主编
陈剑宇　黄凌江　陈铭　副主编

中国建筑工业出版社

总编委会

顾　问：

张锦秋　　陆元鼎　　王建国　　孟建民　　王贵祥　　陈同滨

编委会主任：

常　青

编委会副主任：

沈元勤

总主编：

陆　琦　　胡永旭

委　员：（按姓氏笔画排序）

王　军	王金平	韦玉姣	冯新刚	朴玉顺	刘奔腾	关瑞明
李群(女)	李群(男)	李东禧	李树宜	杨大禹	吴小平	余翰武
张兴国	张鹏举	陆　峰	范霄鹏	金日学	周立军	郑东军
单晓刚	赵之枫	姚　赯	贾　艳	高宜生	郭　建	唐　旭
唐孝祥	黄　耘	黄文淑	黄凌江	韩　瑛	靳亦冰	雍振华
燕宁娜	戴志坚	魏　秦				

《中国传统聚落保护研究丛书　湖北聚落》

主　编：郭　建

副主编：陈剑宇　黄凌江　陈　铭

审　稿：刘玉堂

序一

一、引子

中国传统文化将一个地方的环境气候和风俗民情的特质和韵味称为"风土"。《国语·周语上》韦昭注："风土，以音律省土风，风气和则土气养也"，即从当地方言的乡音民谣中便可感知一方土地、民风的文化气息，因而"风土"一词与英文的Vernacular近义。"风"指风习、风俗、风气，"土"指水土、土地、地方，所谓一方水土养育一方人，供奉一方神，从这个意义上，"风土"与西方的"场所精神（Genius Loci）"也有一定的关联性。日本近代哲学家和辻哲郎著有《风土》一书，他对"风土"的定义是自然环境气候诸因素加上"景观"，这里的"景观"应指审美角度的自然和人文两个方面，二者相融合的文化景观就是一种典型的传统聚落。

然而，在当今乡村振兴的时代大潮中，传统聚落最常见的关键词是"乡土"而非"风土"，差不多已约定俗成了。"乡土"一词是中国农耕社会中故乡、家乡、老家和乡下的意思，至今中国社会还延续着这个传统的语义。但中文"乡土"与英文Vernacular的语境存在差异，因为西方并不存在以宗法制为基础的传统乡民社会，其乡村也就不会有类似于中国"乡土"的概念内涵。而乡村的发展前景是要走出农耕语境的乡土，留住文化记忆的乡愁，延续场所精神的风土，再造生态文明的田园。再说自近代以来，乡土并不包括城里的传统聚落，比如北京的胡同，西安、成都、苏州的巷子，上海的弄堂等属于"风土"而非"乡土"的范畴。

自1930年朱启钤先生发起成立中国营造学社以来，在梁思成和刘敦桢两位学科巨擘的引领下，我国建筑界对传统民居和乡土建筑的研究持续推进，成就斐然，形成了传统建筑研究的一大专业领域。但如何使这些研究更多地关联和影响城乡建设的进程，对整个建筑类学科都是一个很大的挑战。

二、中国传统聚落的源流与特征

1. "匡居"与城乡同构

中国传统聚落营造的信史可追溯到商周时期的聚落遗址。其中有关"营造"的最早文字记载见于《诗·大雅·灵台》："经始灵台，经之营之"。这里的"经"，是策划、管控的意思；而"营"，原意即"匡居"，是围而建之的意思，例如"营窟""营市（阛、阓）""营垒""营国"等一系列聚落营造范畴的词汇。因此，古代聚落即以"匡居"的方式，形成血缘的乡村聚落，地缘的城邑聚落，以至作为国家统治中心的都邑聚落——都城。这些华夏聚落以宗庙或祠堂为空间秩序的中心，以城垣壕堑为空间领域的边界，虽层级和功用不同，但从深层构成看却大多同构，保持和发展着"匝居"的聚落营造方式，从而部分地诠释了城乡一体的"亚细亚生产方式"学说。因为，一方面，许多乡村聚落拥有城垣、堡楼、街坊、庙宇等要素，俨如一座座城邑，如从汉代的"坞堡"到明清的庄寨、围堡均是如此；另一方面，城邑甚至都邑虽然看上去坚固伟岸，依然不过是政治权力和经济活动高度集中，等级制度极为森严，壕堑防卫更加严密，水平向扩展开来的巨型村寨而已，是乡村聚落的放大升级版。

2. 聚落原型与变换

从"匝居"的外在方式到聚落的内在构成，可以看到中国传统聚落源于商周"井田制"的"井"字形空间概念及其原型意象。所谓"井田制"，即以王室收取贡赋为目的的土地经营制度和划分方式。如周代王室拥公田，公卿以下据私田，遗有周代理想的营国制度，以百亩为夫，九夫为井，九井为国（都邑）。据此制度，田野的纵横阡陌就演变为聚落内经纬交错的街衢，并围合成间、里等空间尺度及单位。后世的里坊、厢坊、街坊，以及后来的胡同、街巷和弄堂等都是这样演变而来的。但这一"井"状网格空间原型的聚落并非处处趋同，而是因地制宜，异彩纷呈，依循了"因天材，就地利，故城郭不必中规矩，道路不必中准绳"（《管子·立政篇》）的变通法则，适应地理环境和地貌条件的差异而产生拓扑变换。这就犹如某种语言，尽管"方言"各异，但"句法"和"语义"相通。或许以这样的解读，方可辩异认同、知恒通变，把握住中国传统聚落的结构本质及其演变方向。

3. 水系与聚落分布

中国传统聚落源于近水的邑居，据《史记·五帝本纪》："禹耕历山……一年而所居成聚，二年成邑，三年成都"。其中，对水畔、雷泽、河滨等的劳作场所描述，均寓意了聚落是伴水而生的文化地景。甲骨文中的"邑"字右边旁加三撇表示傍水，即"邕"字的金文来历，同样表示聚落即环水的邑居。除了统治与防卫上的考虑，古代聚落选址的首要地理条件，是必须依傍满足漕运需要，方便物资供给的水系。因此，自上古以来聚落选址一般都位于大河的二级台地或其支流的一级或二级台地上。在物流以漕运为主的古代，这些水系可以说是聚落生存的命脉，对于都城而言尤甚，如长安、洛阳、汴梁（开封）沿黄河及其支流东西走向一字排开，建康（南京）、江都（扬州）濒临江淮，北京（涿郡）和临安（杭州）则处于南北大运河的两端。实际上历代中心聚落——都城在空间上的移动，均因应了文化地理的条件和漕运线路的兴衰，并与社会动荡、族际战争和人口迁徙相伴随。

4. 乡村风土聚落

在中国古代，与城邑聚落不同的是，乡村聚落社会是按血缘关系和经济共同体为纽带所形成的聚居系统，聚族而居的社会秩序和居住形式仰赖宗法制度维系，特别是自宋代以来，程朱理学倡导"敬宗收族"，形成了以祠堂、族田和族谱为核心的宗族组织及其聚居制度，宗法的社会结构更加趋于自组织化。但由于特定地域下的自然环境（如气候、地貌、水土、材料等）和人文环境（如宗法、宗教、数术、仪式等）的差异，聚落中的宗法秩序和空间布局亦有着同中有异的呈现方式，营造活动很少有统一法式的约束，较之城邑营造更加因地制宜，灵活多变，因而在与自然地景融为一体的有机生长中，保留了纯朴的古风和浓郁的地方性，可以说是千姿百态，谱系纷呈，表现了与西方的"场所精神"相类似的地方特质。以下按地理纬度和等降水量线，将中国各地域的聚落建筑分为四个区段。

1) 农耕—游牧混合地区，即400毫米等降水量线以北半干旱北方地区的聚落建筑。如昆仑山南北侧和蒙古草原上游牧民族的帐幕、蒙古包；塔里木盆地周缘突厥语族—东伊朗民族的木构平顶阿以旺住宅；青藏高原上的藏式碉房，甘青地区各族建筑元素相混合的"庄窠"式缓坡顶两合院与三合院，以及青藏高原东部边缘的羌式碉房及合院等。

2) 西北、华北和东北地区，即400毫米等降水量线以南至800毫米等降水量线以北之间半湿润北方地区的聚落建筑。如豫、晋、陕、甘各式窑洞，木构坡顶及包砖土坯（胡墼）墙房屋组成的晋系狭长四合院；东北、京、冀、鲁、豫木构坡顶、平顶、囤顶建筑构成的宽敞四合院等。

3) 西南、江淮、江南地区，即800毫米等降水量线以南湿润地区的聚落建筑，如川、黔、桂、滇地区，以穿斗体系、干阑—吊脚为显著特征的楼居及合院，藏缅语族各民族的"土掌房""一颗印"（"窨子屋"）"三坊一照壁"等合院；湘、赣、闽北地区"四水归堂"的天井合院或"土库"建筑；江淮地区介于南北方之间的合院和圩堡；徽州地区以堂楼为中心，高耸的马头墙、墙厦、精工木雕、楼面地砖为特色的天井合院；江浙地区穿斗—抬梁混合式的多进厅堂和宅园等。

4) 华南地区，即大部处于1600毫米等降水量线范围的高湿多雨地区聚落建筑，如闽南、粤北地区客家、潮汕（闽系）聚落以夯土墙和木屋架构成的大厝、土楼、土堡、围龙屋；粤南广府地区大屋、天井、冷巷构成的合院群等。

总体而言，延续至今的乡村传统聚落基本上都是明清以来的遗存，说明经过两晋南北朝开始的由北而南为主流的历次民族、民系大迁徙，明清时期各地乡村建筑相对稳定的地域分布格局已基本形成，可以从民间流传的营造匠书和聚落族谱中得到印证。如元明之际的《鲁般营造正式》、明万历年间的《鲁班经匠家镜》和清末民初的《营造法原》等，对江南地方的民间建筑影响尤其广泛。

至于少数民族地区的乡村传统聚落，因源于不同的文化传统，其构成及相互关系比较复杂，与汉民族聚落也存在交融现象。比如，明清两代逐渐推进"改土归流"，在南方的少数民族地区以"流官"管理制取代"土司"世袭制，推进了汉族与少数民族的异质文化交融，但后者的"熟化"（或"汉化"）程度，大大超过了前者的"夷化"。

自1930年中国营造学社成立以来，在梁思成和刘敦桢两位学科巨擘的引领下，建筑史界对乡土民居的研究成就斐然，形成了传统建筑研究的分支领域。跨世纪以来，建筑史界对传统民居的人文地理背景和建筑形态分布区系已有一些学术探讨，并有过以传统建筑结构类型为主线的地域区划专题研究。但是这些研究成果怎样对城乡改造中的遗产保护难题产生积极影响，还有待实践中的借鉴和运用。

三、城乡改造与传统聚落

1. 消亡中的乡愁载体

自19世纪末以来，直到改革开放之前，传统中国逐渐从农耕文明走向了工业文明，演变进程是相对缓慢曲折的。尽管传统聚落的宗法社会结构已经崩解，但血缘和宗族关系依然得以延续，聚落的空间结构和传统风貌依然大致如故。随着近30年来城镇化和城乡改造浪潮的冲击，传统聚落的文化特征已发生巨变，大部分古城只保留着少量的历史文化街区。作为乡村传统聚落的大多数村镇，经过撤并集聚或自发式改造，使原有的自然和社会生态系统瓦解或巨变，残留下来比较完整，较多保留着原生态风貌的多在边远山区，占比很大的部分已破败不堪，或被低质化改造，总体上正以极快的速度趋于消亡。

据中外学者的研究，民国时期的城镇化水平不过10%左右，中华人民共和国成立直到改革开放前也只达到17%左右。20世纪70年代末改革开放以来，城镇化开始飞速地发展，城镇化率2018年已达59.58%，其中城镇户籍人口42.35%（包括拥有宅基地的部分镇人口和城中村人口），与欧美约75%~85%及日本93%的城镇化率相比仍差距明显。截至2016年，我国乡村自然村仍有244.9万个，基层自治管理单位"村民委员会"52.6万个，乡村户籍人口7.63亿，常住人口5.6亿，在本地和外地谋生的农民工约2.88亿。2017年全国城乡人均收入倍差2.72，一些贫困的山区和边远地区农村人均收入与全国城乡平均收入倍差则远高于这个数字，这些地方的衰败或空村化现象更加严重（数据来源自2017年、2018年国家统计局公布的数据）。

虽然这种文明进程在任何一个走向现代化的农耕社会迟早都会发生，但是中国作为人类文明诸形态中唯一保持了连续性进化的国家，文化传统的基因和源头即存在于城乡传统聚落之中。这一"乡愁"载体的消亡，不但会使国家和地方失去身份认同的文化根基，而且会使城乡一体化发展的战略目标发生偏差。

2. 风土建成遗产

在中国传统聚落的话语体系中，"民居"是对功能类型而言，"乡土"是对乡村聚落而言，而"风土"是对城乡聚落及其文化地理背景而言，三者均属同一范畴。因此，乡村聚落也是最具文化载体性的风土聚落，呈现了各个地域环境、气候和民族、民系背景下异彩纷呈的风土特质。西方的风土建筑研究可以追溯到法国18世纪新古典主义理论家德·昆西（Quatremère de Quincy），他最早指出了建筑语言的风土（Vernacular）和习语（Idiom）属性。到了当代，英国建筑理论家兼乡村爵士乐作曲家鲍尔·奥利弗（Paul Oliver，1927—），集风土建筑研究大成，在1997年出版了覆盖全球的《世界风土建筑百科全书》（*Encyclopedia of Vernacular Architecture of the World*），他认为研究风土建筑不只是为了记录过往，对未来的文化和经济可持续发展也是不可或缺的。随后R. 布伦斯基尔（Brunskill R. W.）在2000年出版《风土建筑：一部图解的历史》一书，把20世纪以前定义为"风土建筑时代"，以大量的插图详解了数百年来英国风土建筑在农耕时期和工业化早期的形态特征。

"建成遗产"是经由营造活动所形成的建筑、聚落、景观等文化遗产本体的总称。1999年，国际古迹遗址理事会（ICOMOS）在《风土建成遗产宪章》（*Charter on the Built Vernacular Heritage*）中，首次提出了"风土建成遗产"的概念，即特定风俗和土地上所建造的文化遗产，其保护价值今已成为全球共识。首先，"聚落建筑"作为风土建成遗产的第一保护对象，是城乡历史环境的栖居场所，也是民族民系身份认同和乡愁记忆的空间载体，携带着可识别的中国传统文化基因。其次，"营造技艺"蕴含乡遗的工巧智慧精华，是对其进行保护、传承和再生的意匠源泉，而只有将传统聚落的营造技艺真正传承下去，保护才是可持续的，才能使聚落遗产长存下去。再次，"文化地景"（或文化景观Cultural Landscape）呈现聚落的环境因应特征，是人工与天工相交融的在地景观。韩国建筑师承孝相，为了表达地景建筑创意，生造了"Landscript"（地文）一词，本意是强调人的活动在土地上留下的印记，就如大地书写一般。显然,"地文"需要保护和续写,即像日本的"合掌造"民居、中国的西递—宏村那样,严格保护好聚落遗产标本,激活历史环境的"场所精神"(Spirit of Place),在新建筑中创造性地转化风土建成遗产的原型意象。

3. 国家级聚落遗产

根据住房和城乡建设部和国家文物局颁布的最新保护名录,中国传统聚落列入国家保护名录的有三大类,均可看作风土建成遗产。其一为100多处"国家重点文物保护单位"身份的传统聚落;其二为国家历史文化名城、名镇、名村,包括135座"名城"、312个"名镇"和487个"名村";其三为6819个部分由国家财政资助保护的"传统村落"。此外,皖南古村落西递—宏村、福建土楼、开平碉楼与村落,以及红河哈尼梯田文化景观等4项乡村传统聚落及景观被收入世界文化遗产名录。

这其中的传统村落数量最为庞大,部分还同时具有国家级历史文化名村及重点文物保护单位的身份。其分布特点为:南方约占全国总量的78%,大大多于北方;山区多于平原、盆地,如晋、湘、滇、黔、闽的山区占比超过全国总量的二分之一;方言区多于官话区,如晋系方言区约占北方各官话区总和的40%左右;工业化、城镇化起步较晚的地区多于起步较早的地区,如西北地区多于东北地区;城乡人均收入倍差相对较高的地区多于发展水平相近的较低地区,如贵州、云南处于全国传统村落数量排名前列。

上述的三大类传统聚落遗产保护系列中的前两类,有着相应的国家保护法规及实施细则,生存问题相对无虞。而第三类——传统村落量大面广,没有直接的相应保护法规作保障,其生存问题看似有国家财政资助,实际状况则堪忧。

四、传统聚落的保护与活化

1. 模式与问题

对风土建成遗产的专项保护,比较典型的首推北欧斯堪的纳维亚半岛的挪威和瑞典,这里在第二次世界大战前最早以民俗博物馆的方式,保护和展示当地的风土建筑,这种方式随后风靡欧洲大陆和英国。1952年英国"古迹委员会"将18世纪以前的风土建筑均纳入了保护名录,特别值得注意的是,英国将乡村划为120个自然区和181个特色景观区,这是可以借鉴的乡村文化地景谱系保护策略。日本于20世纪70年代兴起的"造村运动",是通过农业升级改造、乡村特色塑造和技术培训投入,提振乡村经济社会活力和磁力,最终使乡村聚落得到活化和再生。聚落遗产保护和传承是其中的一个部分,如长野县的妻笼宿和岐阜县的马笼宿,其风土建成遗产在存真、修缮、翻建、活化等方面皆有坚定的价值坚守和丰富的保护经验,可供中国乡村风土建成遗产保护和再生实践学习借鉴。

我国城乡风土建成遗产保护与活化前后已历20载左右,经验和教训并存,其中数量占大多数的乡村聚落遗产保护与活化主要有三种模式。第一种为国家文博体系和大型国企主导的乡村博物馆模式,如山西的丁村、陕西的党家村、湖南的张谷英村、福建的田螺坑土楼群及玉井坊郑氏大厝等,经费、法规、导则等条件较为完善,部分村民通过村委会组织参与经营活动受益。第二种为社会企业主导的风土观光综合体模式,乡村聚落遗产由企业与当地政府、村自治体——合作社以契约形式合作及分成,如安徽黟县宏村、浙江松阳县村落、山西沁水县湘峪村、福建连江县杜棠古村三落厝等。第三种为村自治体主导风土生态体验区模式,以由村自治体所属企业及乡村活化能人掌控风土观光资源,进行乡村聚落开发,村民参与其中的相对较多,受益也相对大一些,如安徽黟县西递村、山西平遥县横坡村、陕西礼泉县袁家村、山西晋城市皇城村、福建屏南县北村等。

不可忽视的是,乡村聚落遗产在保护和活化中存在一些带有普遍性的问题和挑战:一是大多没有以乡村经济、社会的改造升级为根本前提,而是过多地依赖于旅游资源的消耗;二是管理政出多门,既条块分割,又一事多管,造成一些村落一村多名,准入标准和处置方式交错低效;三是原住民生活资料——集体土地、宅基地和房屋处于不确定的流转状态,所有权和使用权分离,但土地与房屋租金普遍低廉,收益分配不成比例,原住民的公平共享诉求难以兑现,存在着大量的权益矛盾和法律纠纷,潜在的社会风险已然存在;四是维修和民宿化改造等多为村民自发行为,存在严重的安全隐患,如结构安全意识薄弱,涉及公众安全的强制性技术规范和安全施工监管缺位,消防间距、人身防护不合规范的状况随处可见,声、光、热等室内环境控制指标大都达不到基本使用要求;五是宅基地内滥建低质楼监管缺失,低质翻建率常在一半以上,严重的达70%~80%,使村落风貌严重失控,而招揽观光的利益驱动导致拆真造假现象也随处可见;六是薪火相传趋于中断,大部分营造技艺面临失传,由于种种原因,"非物质文化遗产传承人"名誉并未起到明显的弥补作用,传统意匠及技艺存续与再生尚待突破,新旧修复材料融合手段薄弱等问题普遍存在;七是同质化严重,社会资金普遍投入乡村聚落保护与再生项目的可能性有限,而传统村落依赖国家财政扶持也是很有限的,且不可持续。

2. 标本保存谱系化

当下我国城乡风土建成遗产的保护与活化，首先并不是个建筑学问题，而是涉及保护什么，如何保护，怎样活化的实质性问题，与经济、社会的可持续发展背景息息相关。从物种标本保存的战略眼光看，传统聚落保护与活化的前提是对聚落遗产标本的保存和研究。

少量被定格在某个历史时期或文化样态下的聚落遗产，比如平遥、丽江古城以及各地名镇、名村一类进入各种遗产名录，是受到严格保护的风土建成遗产标本。但这些遗产标本只是聚落遗产中极小的一部分，我们认为，实际上需将我国城乡风土建成遗产按民族、民系的语族区或方言区进行全覆盖，成体系地作分类分级梳理，为后世存续完整的风土建成遗产谱系标本，兹事体大，关及国家和地方历史身份和文化传承的根基。因此，应依风土建成遗产谱系统一甄别、筛选和认定聚落遗产，再以地景修复、聚落修补和技艺传承为基础，将之纳入再生过程。当务之急，是应对其谱系构成缘由与分布有比较系统的认知。

由于语言作为文化纽带的重要性仅次于血缘，而风土在语言学上的含义，即连接一个地方聚居群体的交流媒介"语缘"，既可代表不同的文化身份，也可作为判断各文化身份间亲疏关系的参照。因此，从文化地理学和人类学的角度，可尝试以民系方言和语族—语支为参照，对各地风土建筑做出以"语缘"为纽带的谱系分类区划。总体上看，历史上语族相近，说明有相关的文化渊源；语族的方言或语支相通，说明血缘和地缘存在关联性。传统的汉语族—方言和少数民族的语族—语支是在漫长的历史变迁中，由于地理阻隔及民族、民系迁徙所形成的。虽然建筑谱系和语言谱系是否完全对应确是个问题，但设若不同族群在语言上可以交流，则其聚落及建筑一般也会存在交互关系。

参照语言人类学家的语缘区划，汉藏语系的汉语族民族民系聚落及建筑谱系主要可分为：其一，东北、华北、西北、江淮和西南等五大官话区建筑谱系；其二，华北的晋语方言区建筑谱系；其三，江南的吴语、徽语、赣语和湘语四大方言区建筑谱系；其四，华南的闽语、粤语和客家语三大方言区建筑谱系。少数民族语族区聚落及建筑谱系主要可分为：其一，西南地区汉藏语系藏缅语族17个民族的建筑谱系，壮侗语族9个民族和苗瑶语族3个民族的建筑谱系；其二，北方地区阿尔泰语系突厥语族7个民族，蒙古语族6个民族和通古斯语族5个民族的建筑谱系等。此外，还有少量西北地区印欧语系斯拉夫语族和伊朗语族的民族的建筑谱系，以及华南地区南亚语系和南岛语系民族的建筑谱系。以这样的谱系认知方式，对风土建成遗产谱系遗产的标本系列进行谱系化的保护，是有重要意义的一种尝试。

突厥语族区建筑		其他区建筑	蒙古语族建筑		其他区建筑	通古斯语族区建筑		其他区建筑
定居区	游牧区		定居区	游牧区		定居区	渔猎区	
北方官话区西部建筑			晋语方言区建筑			北方官话区东部建筑		
河西	关中		北部	中部	东南部	京畿	胶辽	东北
西南官话区建筑			北方官话区中部建筑			江淮官话区建筑		
滇	黔	川	鄂	豫	鲁	淮	扬	
藏缅语族区建筑			湘语方言区建筑		赣语方言区建筑		徽语方言区建筑		吴语方言区建筑	
藏区	羌区	彝区	其他	湘西	湘中	湘东	豫章	临川	庐陵	歙县	婺源	建德	苏州	东阳	台州
壮侗语族区建筑			客家方言区建筑			闽语方言区建筑		
壮区	侗区	其他	西部	中部	东部	闽中	闽东	
苗瑶语族区建筑			粤语方言区建筑			闽语方言区建筑（闽南）		
其他区建筑			桂南	粤西	广府	潮汕	南海	台湾

我国民族民系风土建成遗产谱系分布示意图

3. 大量性传统聚落的出路

除了经典传统聚落风土建成遗产谱系的标本保存，大量性的传统聚落，特别是乡村聚落，总体上面临着景象劣化、原有建筑被大量低质改建、乡村经济和民生有待振兴的境况。因此，需要将聚落有机更新和文化地景再造，作为未来发展的主要方向。实际上，对大量性传统聚落的可持续发展而言，实践中应考虑保存有标本价值的聚落典型建筑，延承风土营造谱系所曾依存的地貌特征、空间格局和尺度肌理，再造出隐含着基质原型、适应生活变迁的新风土聚落及文化地景。

此外，传统聚落遗产管理系统和遗产归口的合理化，遗产运作的信托化，遗产基金、社会"领养"

和活化途径的模式化，营造技艺传承的制度化，以及保护技术的系列化等，都应作为传统聚落保护与再生的改进方面加以关注和实施。

五、关于丛书编纂

这部丛书是第一部关于中国传统聚落特征与保护的大型研究集锦，内容覆盖了各省市自治区传统聚落的历史溯源、地域特征与现存状态、保护与活化的方法与途径，以及未来走向的展望等。丛书中的"传统聚落"聚焦于狭义的"村"和"镇"，并可选择性地涉及"城"，即"县"或"市"的老城区，如北京的胡同和上海的弄堂。书中内容兼顾理论观点和叙述方式的历史性、逻辑性和独特性，引述材料要求真实可靠，体例同中有异，充分表达地域特征，并将之纳入史地维度和经济、社会发展的叙事语境。保护与活化内容要求选取兼顾普适性和典型性的工程实践案例，对乡村振兴中的建成遗产存续和再生问题进行全方位的讨论。由于本丛书仍是以行政区划单位作为各分册的研究范畴，难免存在少量跨省市区之间的互涵和重复内容，但作为一部大型丛书，总体上还是完整统一的，其中不少篇章都可圈可点，对乡村振兴和传统聚落的未来探索有多方面的参考价值。

（本文主要内容及参考文献见《建筑学报》2019年12期）

中国科学院院士、同济大学教授
己亥夏至于上海寓所

序二

聚落，是人类聚居和生活的场所，《汉书·沟洫志》曰："或久无害，稍筑室宅，遂成聚落"。聚落这一概念最早出现时是为了描述区别于都邑的居民点，现在已泛指人类生活地域中的村落和城镇。聚落是在各个地域内发生的社会活动、社会关系和特定的生活方式，并且是由共同的人群所组成相对独立的生活空间和领域。传统聚落主要是指具有一定历史性的城乡聚落，拥有物质形态和非物质形态的文化遗产，是先人运用自己的智慧，依据自然、气候、地理、习俗等环境因素建立的适宜的居住空间，同时具有较高的历史、文化、科学、艺术、社会、经济价值，能够反映一定历史时空的社会物质文化与精神文化的重要载体。

传统聚落是人们与自然协调过程中不断地尝试和调整所形成的，是在一定的时空条件下的总结。传统聚落是一定地域空间范围内的人文现象，它既是一种空间系统，也是一种复杂的经济、文化现象和社会发展过程。其起源、形成、发展均在特定地理环境和社会经济背景中，通过人类活动与自然相互作用下的结果，是对自然地理条件、社会治理结构、文化机制作用等多方面的缓慢调整适应，既是人类不断地适应、改造自然环境的实践积淀和智慧结晶，也是特定地域环境人地关系的空间反映。正如本套丛书之一《云南聚落》编写作者杨大禹教授所说："几乎所有的传统聚落，作为联系自然环境和人文环境的中介，从它们的地理分布、外部整体形态、内部空间结构，到聚落与周围自然环境、山水地形的紧密关系，都体现出因地制宜、和谐有机的共同规律。"这些共识是协调当地的地理条件、社会风俗与生活方式等积累而成的。在以聚居为主的生活模式下，都会充分考虑到聚落的环境特点，尽量找到资源配置最为合理、微气候最为和谐的场所。聚落形态与民居建筑形式的存在，与人们应对自然环境的生理、心理需求有着千丝万缕的联系。所以，传统聚落都能反映出在一定的地域空间环境、一定的民族和一定的历史时期所承载的建筑文化底蕴。

传统聚落作为中华文明的一种载体，凝聚着具有地域性、民族性与艺术性的布局特色和建筑风采，以及文化习俗下构成的聚落分布、空间格局、生产模式、景观形态等风情各异、千姿百态的元素。传统聚落是先人们长期适应自然，与自然和谐相处的历史见证，凝聚着中国悠久的农耕文明，展示着人们自古至今的生存智慧，可以说，传统聚落承载着中华文化精华和中华民族精神。所以，保护传统聚落就是维系中国传统文化的延续，就是在保护中华文明的根。

对于聚落空间的研究，既要把控聚落自身各种要素以及各要素之间的相互关系，也要关注聚落内部空间与聚落外部空间之间的关系，从而进一步了解单个聚落与同一个地域内其他聚落之间的关系，以便获得对聚落空间完整概念的把握。通过对传统聚落特色的系统研究，包括将传统聚落的不同历史发展阶段，各种历史文化要素和不同形态载体归纳合一，作为相互交融、贯通的体系来研究，从理论层面上梳理传统聚落各种有关形成、发展、演化的普遍规律和地区特征，挖掘其精神文化及生命智慧，发现其内在的文化价值，尊重其自身的运营机制，肯定其在现代聚落发展中的积极作用，以丰富我们对于人类聚居的认识。

长期以来，我们的先人经过不断的实践，运用了他们的丰富智慧，无论在聚落总体布局或在民居建筑技术、艺术方面都取得了很高的成就，积累了丰富的经验。传统聚落生存智慧拥有中国优秀传统文化的内核，是体现传统建筑智慧最具特色的代表。如何重新再认识传统聚落所具有的地域性、民族性与文化多样性特征，进一步发掘潜藏其中的营建技艺、理论精华和创造智慧，寻求传统聚落的持续发展相应的理论支撑，是我们当前重要的课题。当然，蕴含着中华文化基因的传统聚落更是当代建筑文化特色形成的基础，值得我们去进行研究、总结、学习和借鉴。

"中国传统聚落保护研究丛书"各卷作者综合运用文献研究法、调查研究法、比较研究法、定性分析法等科学研究方法，建构传统聚落研究的基本思路。采用文献分析、田野调查、理论研究与实证分析结合、系统化分析等方法，通过对学术文献、地方志、文书族谱等史料资料进行梳理筛选，对现有传统聚落进行建筑测绘、口述访谈，在吸取前人研究成果的基础上，归纳总结我国传统聚落发展特点及其背后蕴含的丰富文化和物质内涵，从整体上考虑多元文化影响下的传统聚落特征。丛书作者在编写过程中，借鉴历史学、社会学、建筑学、城乡规划学、文化地理学、景观生态学等跨学科交叉的思路，采用融合融贯的研究模式，既对传统聚落的基本共性特点归纳总结，也对受各区域条件影响的传统聚落比较分析，从整体上来把握研究对象。

在新时代的聚落发展和建设中，对传统聚落的保护与研究就显得尤为重要。传统聚落所呈现出来的优秀空间格局与营造技艺，不仅能给聚落的保护更新提供更为合理的方法途径，同时也能为新时代的聚落建设提供更多的方式方法及可能性。探究历史文化基因的内在联系，研究传统聚落的起源、演变、特点和价值，为传统聚落的传承提出依据，以便于更好地加以保护与利用。与此同时，在弘扬与传承优秀传统文化的基础上，探寻传统聚落发展模式及其保护的策略与原则，对保护与更新提出更为具体的要求与措施，构建整体保护的格局理念，以及与其相适应的、分级分类的传统聚落保护体系，更好地把握传统聚落在当代的发展道路与方向。

"中国传统聚落保护研究丛书"的编写希望以准确翔实的史料、精确细腻的测绘、真实生动的图片来全面展示中国传统聚落悠久的历史、灿烂的文化、淳朴的民风。由于各地区的状况不同和民族差异，以及研究基础也会参差不齐，故在编写中并未要求体例、风格完全一致，而以突出各地区传统聚落自身特色，满足各地区建设的需求为主。同时，丛书的编写，也希望对全国各省、直辖市、自治区传统聚落保护与传承、历史街区与传统村落建设，以及城乡人居环境提升起到重要的参考与指导作用，这是本套丛书研究编写的目的和意义所在。

2020年11月16日

前言

湖北省地处我国中部地区，三面环山，中间平坦，长江与汉水横贯东西，湖泊众多。湖北与六省交界，得中居要，自清乾隆时期便有"九省通衢"之称。湖北的气候湿润，日照充足，自然地理条件优越，动植物资源丰富，是以"鱼米之乡"著称的长江中下游平原的重要组成部分。湖北还是一个多民族的省份，除汉族以外，主要少数民族有土家族、苗族、回族、侗族等。东、西、南、北的文化在此碰撞，物资借此交流，形成了包容性极强的地域文化。

湖北的地形地貌丰富——从湿地、平原，到丘陵、山地，东西方向地势变化差异显著。随之变化的地理气候环境，形成了省内不同地域不同的生活与生产方式。对内，从地理区位上来看，湖北的历史文化源远流长，从远古时期的长阳人遗址、屈家岭遗址，到商代的盘龙城遗址所代表的文化，再到始于春秋战国时期的荆楚文化、巴土文化，直至近现代的商贸与工业文化，不同时期、不同地域和不同民族文化在此滋生、成长与发展。对外，从地理区位和水系分布上来看，湖北从古至今都是水陆交通运输的枢纽，商业流通的同时，也带来不同地域和不同民族文化之间，甚至东西方文明之间的碰撞、交流与融合。地形地貌的多样化，民族文化的融合性，形成了湖北省内各具特色的传统村镇聚落。

《中国传统聚落保护研究丛书　湖北聚落》是"中国传统聚落保护研究丛书"的组成部分之一，其编写宗旨是：系统分析湖北地区不同类型的传统聚落的历史成因、文化特征、地域特点与形态结构，为湖北传统聚落的保护与更新实践提供策略和参考；同时为高校师生的传统城市和建筑保护与利用课程提供教材支撑；为区域研究者认知湖北传统聚落的时空格局提供参考；也为相关管理人员与读者更好地认识湖北传统聚落提供一种建筑与规划视角的概览。

全书分为总论、分论和保护专题三个部分。其中，总论为第一章和第二章，主要从自然地理环境和历史文化两个方面阐述湖北聚落的产生与发展以及民族的融合与变迁，揭示省境内部各种类型聚落的发展动因和文化归属，还有地理、气候、经济环境对聚落类型以及空间形态的影响；分论为第三章至第七章，一共五个章节，按照鄂东北、鄂东南、江汉平原、鄂西北、鄂西南五个地理地域，结合各自的聚落类型与特征，在每个区域选取两个具有代表性的聚落村镇，进行案例研究，从历史沿革、文化特点、空间组织等方面详细解析该聚落的成因与发展历程；保护专题为第八章，针对湖北聚落现状与面临的主要危机，从实际出发提出湖北传统聚落保护的应对策略，并通过具体的保护实践案例分析来探讨保护思路与方法。

研究中国传统聚落的角度往往因人而异。从过去对中国传统民居研究的成果看，研究者基本都是通过认真地实地踏勘，在详细测绘的基础上，忠于已建成空间的物质形态空间与样貌，分析其结构、材料、匠艺，再对其历史文化源流进行深入的探索。与之对应的聚落空间研究，也往往更侧重于对物质空间的理性分析。在这些分析方法中，尤以近年来依托数字化研究和大数据分析的"空间句法"分析最受欢迎。对物质空间采用先进的、科学的分析方法当然重要，但聚落最为重要的特点是："聚落是一定民族文化系统的产物，是民族社会群体对自然环境、生活环境认识的共同体现，本身就是一个扩大了的生活场所"[①]。对于一个带有显著民族与地域特征的生活场所的研究，仅停留在物质空间的分析上是不够的，还必须关注产生与造就这样的物质空间背后的精神空间和社会空间。这就是本书在总论部分侧重于地理文化特征，并探讨民族变迁、方言区域的原因；也是在分论部分，除了对物质空间的分析外，还加入了以公共空间分析社会生活，以文化特点探讨精神追求的部分。

  本书在研究方法上，借鉴了复旦大学中国历史地理研究所张伟然教授在《湖北历史地理研究》一书中所运用的人文地理学的研究方法，以及美国德克萨斯A&M大学历史系王笛教授在《走进中国城市内部——从社会的最底层看历史》一书中所采取的社会历史学的研究方法，依靠方言区域和感觉文化区来为聚落类型分类，借助日常生活和微观历史来考察具体的聚落案例，最后再凭借传统的空间研究法，对聚落类型与形态特征进行归纳与总结，同时探索在当今的历史阶段下如何采取更有效的方法保护与传承湖北传统聚落文化。

  《中国传统聚落保护研究丛书　湖北聚落》是在中国建筑工业出版社的组织下，并在丛书总主编陆琦教授的指导下，通过各分册主编与参编人员的反复研讨，经由武汉理工大学和武汉大学的编写组全体成员共同努力的成果。

  受搜集资料的限制，同时也受限于编写者的学术水平及实践等原因，书稿中的疏漏与错误在所难免，敬请同行不吝赐教，也请读者批评指正，我们将不胜感激。

2020年3月26日

[①] 引用自昆明理工大学建筑与城市规划学院杨大禹教授，在"中国传统聚落保护研究丛书"的会议发言。

目 录

序 一
序 二
前 言

第一章 自然地理环境

第一节 地理环境特征 —— 002
 一、鄂西北山地 —— 003
 二、鄂西南山地 —— 004
 三、江汉平原 —— 004
 四、鄂东低山丘陵 —— 004
第二节 气候特点 —— 005
第三节 气候特点对典型聚落区人居
   环境的影响 —— 006
 一、典型城镇的气候特点 —— 006
 二、气候特点对人居环境的影响 —— 020

第二章 社会历史演进与聚落的发展

第一节 民族变迁与聚落文化分区 —— 024
 一、起源 —— 024
 二、早期"蛮夷"原住民聚居地的变迁 —— 025
 三、中原"华夏"汉族聚居地的拓展 —— 026
第二节 社会沿革与聚落生长历程 —— 028
 一、行政建制的演进 —— 028
 二、地理分布与聚落发展动因 —— 029

第三章 鄂东北聚落

第一节 鄂东北聚落概况 —— 034
 一、历史文化 —— 034
 二、聚落及建筑 —— 034
第二节 七里坪 —— 035
 一、概况 —— 035
 二、历史沿革 —— 039
 三、文化特点 —— 046
 四、整体空间组织 —— 047
 五、内部空间组织 —— 051
第三节 大余湾 —— 057
 一、概况 —— 057
 二、历史沿革 —— 058
 三、文化特点 —— 061
 四、整体空间组织 —— 066
 五、内部空间组织 —— 070

第四章 鄂东南聚落

第一节 鄂东南聚落概况 —— 078
 一、历史文化 —— 078
 二、聚落及建筑 —— 078

第二节　江源 —— 079
　一、概况 —— 079
　二、历史沿革 —— 082
　三、文化特点 —— 084
　四、整体空间组织 —— 088
　五、内部空间组织 —— 089
第三节　羊楼洞 —— 094
　一、概况 —— 094
　二、历史沿革 —— 098
　三、文化特点 —— 100
　四、聚落整体空间组织 —— 101
　五、聚落内部空间组织 —— 104

第五章　江汉平原聚落

第一节　江汉平原聚落概况 —— 114
　一、历史文化 —— 114
　二、聚落及建筑 —— 114
第二节　张集 —— 115
　一、概况 —— 115
　二、历史沿革 —— 115
　三、文化特点 —— 121
　四、整体空间组织 —— 121
　五、内部空间组织 —— 125
第三节　程集 —— 131
　一、概况 —— 131
　二、历史沿革 —— 131
　三、文化特点 —— 136
　四、整体空间组织 —— 139
　五、内部空间组织 —— 142

第六章　鄂西北聚落

第一节　鄂西北聚落概况 —— 150
　一、历史文化 —— 150
　二、聚落及建筑 —— 150
第二节　上津古镇 —— 151
　一、概况 —— 151
　二、历史沿革 —— 154
　三、文化特点 —— 156
　四、整体空间组织 —— 157
　五、内部空间组织 —— 159
第三节　黄龙古镇 —— 169
　一、概况 —— 169
　二、历史沿革 —— 171
　三、文化特点 —— 173
　四、整体空间组织 —— 175
　五、内部空间组织 —— 176

第七章　鄂西南聚落

第一节　鄂西南聚落概况 —— 184
　一、历史文化 —— 184
　二、聚落及建筑 —— 184
第二节　大水井 —— 185
　一、概况 —— 185

二、历史沿革 —— 188
三、文化特点 —— 190
四、聚落整体空间组织 —— 191
五、聚落内部空间组织 —— 193

第三节 鱼木寨 —— 198
一、概况 —— 198
二、历史沿革 —— 199
三、文化特点 —— 202
四、聚落整体空间组织 —— 203
五、聚落内部空间组织 —— 206

第八章 传统聚落保护策略

第一节 传统聚落面临的危机 —— 212
一、聚落数量逐渐下降 —— 212
二、聚落经济发展缓慢 —— 212
三、乡村聚落空心化严重 —— 213
四、传统风貌保护压力大 —— 214
五、非物质文化遗产传承困难 —— 215
六、人居环境不佳 —— 216
七、管理人才极其缺乏 —— 216
八、原因总体分析 —— 216

第二节 传统聚落保护的应对策略 —— 218
一、依法保护须规划先行 —— 218
二、数字建档和动态跟踪 —— 219
三、留屋留人才能承续文化 —— 219
四、系统管理还要分类保护 —— 219
五、加强宣传以增强意识 —— 219
六、主体多元促进公众参与 —— 220
七、保护利用推动聚落振兴 —— 220

第三节 保护实践案例 —— 220
一、公众参与推动保护与发展
　　——江源村 —— 220
二、乡村振兴促进保护与利用
　　——龙凤村 —— 223

附　录 —— 227

索　引 —— 234

参考文献 —— 235

后　记 —— 237

第一节　地理环境特征

湖北省位于我国中部地区，处于长江中游，洞庭湖以北，东邻安徽，西连重庆，西北与陕西接壤，南接江西、湖南，北与河南毗邻，总面积约18.59万平方公里（图1-1-1）。湖北省处于我国地势第二级阶梯向第三级阶梯过渡地带，全省地势高低相差悬殊，西部号称"华中屋脊"的神农架最高峰神农顶，海拔达3105米；东部平原的监利县谭家渊附近海拔最低，地面高程为零。湖北地貌类型多样，山地、丘陵岗地和平原兼有，其中山地占全省总面积的55.5%，丘陵岗地占24.5%，平原湖区占20%[1]。

全省山地大致分为四大板块：西北山地为秦岭东延部分和大巴山的东段，秦岭东延部分称武当山脉，呈北西—南东走向，大巴山东段由神农架、荆山、巫山组成；西南山地为云贵高原的东北延伸部分，主要有大娄山和武陵山，呈东北—西南走向；东北山地为绵亘于豫、鄂、皖边境的桐柏山、大别山脉，呈西北—东南走向；东南山地为蜿蜒于湘、鄂、赣边境的幕阜山脉，略呈西南—东北走向[2]。

全省丘陵主要分在两大区域，其一为鄂中丘陵，其二为鄂东北丘陵。鄂中丘陵包括荆山与大别山之间的江

图1-1-1　湖北恩施
（来源：郭建　摄）

---

[1] 中国地图出版社. 湖北省地图册[M]. 北京：中国地图出版社，2008.
[2] 傅德辉. 湖北年鉴-2019（总第31卷）[M]. 武汉：湖北年鉴社，2019.

汉河谷丘陵，大洪山与桐柏山之间的汉水流域丘陵。鄂东北丘陵以低丘为主，地势起伏较小，丘间沟谷开阔，土层较厚，宜农宜林①。

省内主要平原为江汉平原和鄂东沿江平原。江汉平原由长江及其支流汉江冲积而成，是比较典型的河积—湖积平原，面积4万多平方公里，整个地势由西北微向东南倾斜，地面平坦，湖泊密布，河网交织。鄂东沿江平原也是江湖冲积平原，主要分布在嘉鱼至黄梅沿长江一带，为长江中游平原的组成部分①。

中国"江、淮、河、汉"四大水系，湖北独占两条，因此湖北境内水资源极其丰富。据统计，湖北境内主要河流有长江、汉江、沮漳江、清江、官渡河等，河流流长5公里以上的有4228条，河流总长5.9万公里；另有中小河流1193条，河流总长5.92万公里，其中河长在100公里以上的有41条，且省境内淡水湖泊众多，水面面积约占全省总面积的十分之一，素有"千湖之省"之称②。除此之外，湖北属云梦古泽，湿地资源十分丰富，现有湿地156.33万公顷，重点湿地20余处①。

湖北省自然地理条件优越，由于全省海拔高低悬殊，地貌类型复杂，树木垂直分布，层次分明，森林植被呈现出普遍性与多样化的特点。其中，在神农架林区以及恩施地区还保存有不少珍贵、稀有孑遗植物①。

湖北全省西、北、东三面被武陵山、巫山、大巴山、武当山、桐柏山、大别山、幕阜山等山地环绕，山前丘陵岗地广布，中南部为江汉平原，与湖南省洞庭湖平原连成一片。因此，全省地势呈三面高起、中间低平、向南敞开、北有缺口的不完整盆地②。根据地理地貌特征，可大致将湖北省分为鄂西北山地、鄂西南山地、鄂东低山丘陵和江汉平原四个地貌带。

一、鄂西北山地

鄂西北山地是湖北与豫、陕、渝毗邻的地区，主要指湖北省的十堰、襄阳两市与神农架林区。鄂西北由一系列山脉组成，境内山岭盆谷交错，大部分为海拔1000米以上的山地，分为秦岭东延部分和大巴山的东段②。秦岭东延部分称武当山脉，呈西北—东南走向，群山叠嶂，岭脊海拔一般在1000米以上，最高处为武当山天柱峰，海拔1612.1米。大巴山东段由神农架、荆山、巫山组成，森林茂密，河谷幽深。神农架最高峰为神农顶，海拔3105.4米，素有"华中第一峰"之称。荆山呈西北—东南走向，其地势向南趋降为海拔250~500米的丘陵地带。巫山地质复杂，水流侵蚀作用强烈，一般相对高度在700~1500米之间，局部达2000余米。长江自西向东横贯其间，形成雄奇壮美的长江三峡，水利资源丰富。

鄂西北属于我国地势第二阶段东部边缘，气候从亚热带向暖温带过渡。该区域幅员辽阔，地貌多姿，多样的地形和过渡的气候有利于多种作物的生长，为农、林、牧、渔业的发展提供了多样的适生环境。由于该区域内山地丘陵较多，生态环境脆弱，是山崩、泥石流等自然灾害的多发区，也是水土流失重灾区③。贫瘠的土地和参差悬殊的地貌使该区域农业经济形成以种植业、养殖业为主的二元结构，结构单一，生产力水平不高。平原岗地以旱地为主，是小麦、棉花、芝麻、玉米、烟叶等作物的重要产地。山地丘陵多年开发重点仍放在小块耕地上，强调区内小农业特别是种植业的发

---
① 傅德辉. 湖北年鉴-2019（总第31卷）[M]. 武汉：湖北年鉴社，2019.
② 中国地图出版社. 湖北省地图册[M]. 北京：中国地图出版社，2008.
③ 任伟中，范建海，孔令伟等. 鄂西北山区边（滑）坡综合分类探讨[J]. 岩土力学，2011，32（09）：2735-2740.

展，种植作物以特用植物和中草药品种居多[①]。

鄂西北作为黄河流域及长江流域文明的聚合之地，其建筑风格则主要受徽州民居和北京四合院的影响[②]。鄂西北的建筑风格是受到多方面文化冲击所形成的，具有文化的多元性特征。

二、鄂西南山地

鄂西南地区与重庆东部、湖南西南角相毗邻，区域内山地是云贵高原的东北延伸部分，主要组成部分是恩施土家族苗族自治州，面积约2.5万平方公里[③]，主要有大娄山和武陵山，呈北东—南西走向，一般海拔高度700~1000米，最高处狮子垴海拔2152米。从地理位置上看，这里是四川盆地与江汉平原的交界处，更是荆楚文化与巴蜀文化两大古文化圈的交汇之地。鄂西南原始森林植被和珍稀保护植物资源丰富，但是由于鄂西南的十个县（市）全部为岩溶县（市），喀斯特地貌面积约18157平方公里[④]，所以该地区的农业经济发展一直相对比较缓慢，仅限于区域的自给自足[⑤]。

鄂西南地区是我国土家族人口分布最密集的区域，这一地带的传统民居以土家族典型的木结构吊脚楼和汉族合院式民居为主，合院式民居为了适应山地条件则通过改造地形来创造适合营建的台地，并在底层使用大量的石材[⑥]，吊脚楼的使用和合院式民居的改变主要是为了适应当地温暖潮湿的气候，达到防潮、防虫的效果。

三、江汉平原

湖北省东、西、北三面环山，中南部为开阔的河湖冲积平原——江汉平原，江汉平原由长江及其支流汉江冲积而成，面积4万余平方公里，整个地势由西北微向东南倾斜，地面平坦，湖泊密布，河网交织，大部分地区海拔20~100米。湖北省素有"千湖之省"的美称，全省拥有728个100亩以上的湖泊和27个20亩以上的城中湖，一共755个湖泊，这些湖泊大部分分布在江汉平原上，这也成就了江汉平原的富饶[⑦]。江汉平原气候适宜，耕地肥沃，水资源丰富，农业生产条件优越，农作物以水稻、棉花、油菜为主，平原内湖区则是重要的水产养殖区[⑧⑨]，该区域是整个湖北省乃至全国的重要商品粮、棉、油生产基地和畜牧业、水产基地。

江汉平原上平时的生产生活对江流湖泊的依赖性较大，城镇聚落的空间分布则呈现沿水密集分布的特征，且由于水患的影响，江汉平原上还出现了水上船居的特殊居住模式[⑩]，其他临水居住的民居大多采用吊脚楼样式或者修建高台来增高房屋基地，从而达到避免水患的目的。

四、鄂东低山丘陵

鄂东地区主要包括黄冈、黄石、鄂州、咸宁等地，从地理位置上又可分为两部分，一部分是鄂东南

---

① 董秀荣，王荣堂. 鄂西山区农业气候资源的调查与利用［J］. 长江大学学报（自然科学版）农学卷，2010，7（02）：7-10.
② 张兴亮，郝少波. 鄂西北传统民居的象征文化［J］. 华中建筑，2005（05）：155-158.
③ 缪睿. 浅谈鄂西南山区传统民居的地域适应性［J］. 中国建筑装饰装修，2020（06）：85.
④ 中国国家地理杂志社. 中国国家地理［J］. 2019，2.
⑤ 朱圣钟. 鄂西南民族地区农业结构的演变［J］. 中国农史，2000（04）：27-33.
⑥ 缪睿. 浅谈鄂西南山区传统民居的地域适应性［J］. 中国建筑装饰装修，2020（06）：85.
⑦ 傅德辉. 湖北年鉴-2019（总第31卷）［M］. 武汉：湖北年鉴社，2019.
⑧ 余晓敏，李强，张娜. 江汉平原粮食产量空间格局分析［J］. 测绘地理信息，2020，45（02）：41-44.
⑨ 杨雨蒙. 江汉平原地形地貌与水系的空间关联关系研究［D］. 武汉：华中师范大学，2017.
⑩ 方盈. 堤垸格局与河湖环境中的聚落与民居形态研究——以明清至民国时期江汉平原河湖地区为例［D］. 武汉：华中科技大学，2016.

低山丘陵，它是幕阜山脉的一部分，略呈西南—东北走向，地势南高北低，岭谷相间，主峰老鸦尖海拔1656.7米；另一部分是鄂东北丘陵，它是绵延于豫、鄂、皖边境的桐柏—大别山脉，呈西北—东南走向，以低丘为主，地势起伏较小，丘间沟谷开阔，土层较厚，宜农宜林[1]。鄂东地区天然水土资源条件好、土地肥沃、雨量充沛，农业农耕技术发展较好，该地带是湖北省矿产、粮棉、畜禽、特色农产品的重要生产基地，以生产板栗、中药材、蚕桑、水稻和各类水果出名[2]。

鄂东地区地形以复杂的山地、丘陵为主，山间谷地河流纵横、河流密布，因此聚落的选址大多集中在山谷河川边或丘陵平坝之地[3]。由于鄂东地区居民大多是明清时代"江西填湖广"的移民，因此民居建筑的风格上有明显的赣民居风貌，追求对称和均衡[4]，同时为了适应复杂的地形，鄂东地区民居常采用"进重式"基本格局，以天井为核心进行空间组织。

第二节　气候特点

湖北省地处亚热带，位于典型的季风区内。全省除高山地区外，大部分为亚热带季风性湿润气候，夏季盛行来自太平洋的东南季风，冬季盛行来自蒙古—西伯利亚一带的西北风，由于境内地形复杂，高低悬殊，从日照、气温、降水的分布看，不仅南北差异明显，东西差异同样显著[5]。气候总的特点是日照时间长，太阳辐射强；冬冷夏热，区域变化明显；雨热同期，降水充沛；气象灾害频繁，复杂多样[6]。

日照时间长，太阳辐射强：湖北省全年太阳辐射总量为85～114千卡/平方厘米。太阳辐射量最高值出现在夏季，与当地降水量、最高气温峰值同期，太阳直射时间长，多年平均实际日照时数为1100～2150小时[7]。湖北省各地全年日照时数在1200～2200小时，分布特点呈东部向西部地区递减，平原多于山区。湖北省全省日照以夏季最长，尤其7～8月为全年日照时数最多时期。各地年平均日照率在39%～63%之间，鄂北及鄂东北区域因地处长江中下游平原地区，日照率在56.3%以上，为全省条件最优越地区。鄂西南片区则是全省日照时数的低值区，日照率低于48%[8][9]。各地日照百分率的季节变化不大。

冬冷夏热，区域变化明显：湖北省年平均气温15～17℃，空间分布上总体呈南高北低，但是夏季平均气温为东高西低。月平均气温1月最低，大部分地区平均气温2～4℃；7月最热，除高山地区外，平均气温27～29℃，极端最高气温可达40℃以上。全省夏季平均气温在空间分布上有着显著差异，夏季西部高山地

---

① 中国地图出版社. 湖北省地图册 [M]. 北京：中国地图出版社，2008.
② 余晚霞，鲍宏礼. 鄂东农耕文化的传承与创新研究 [J]. 湖北农业科学，2015，54（23）：6079-6082.
③ 谭刚毅，任丹妮. 祠祀空间的形制及其社会成因——从鄂东地区"祠居合一"型大屋谈起 [J]. 建筑学报，2015（02）：97-101.
④ 周娜. 鄂东民居建筑型制的审美特征 [J]. 学习月刊，2011（14）：28-30.
⑤ 崔杨，崔利芳. 近50年湖北省气温、降水量变化趋势的时空分布特征研究 [J]. 黄冈师范学院学报，2020，40（03）：80-86.
⑥ 陈博然. 湖北省地区气候与农业的关系研究 [J]. 中外企业家，2019（04）：238-239.
⑦ 傅德辉. 湖北年鉴-2019（总第31卷）[M]. 武汉：湖北年鉴社，2019.
⑧ 陈博然. 湖北省地区气候与农业的关系研究 [J]. 中外企业家，2019（04）：238-239.
⑨ 乔盛西等. 湖北省气候志 [M]. 武汉：湖北人民出版社，1989.

区平均气温在24℃以下,除高山地区外大部分地区平均气温在26~28℃,东部地区的平均气温均在27℃以上,最高与最低气温相差6.1℃[①]。

雨热同期,降水充沛:受亚热带季风性湿润气候影响,全省雨热同期,无霜期在230~300天之间,各地平均降水量在800~1600毫米之间。降水地域分布呈由南向北递减趋势:鄂西南最多,达1400~1600毫米;鄂西北最少,为800~1000毫米。降水量分布有明显的季节变化,一般是夏季最多,冬季最少,全省夏季雨量在300~700毫米之间,冬季雨量在30~190毫米之间。6月中旬至7月中旬雨最多,强度最大,是湖北的梅雨期[②]。

气象灾害频繁,复杂多样:亚热带季风气候的年际变异性很大,季风活动的异常可以引起多种灾害的发生。冬季风活动的异常,能够造成冬季的大雪严寒和春秋两季的低温冷害。夏季风的异常往往会导致大范围的旱涝灾害的发生[③]。湖北省每年因气象灾害造成的农业损失多达数亿元,主要的农业气象灾害有雨涝、旱灾、雪灾等,受灾面积雨涝占34%,干旱占33%,低温冻害和雪灾分别占10%和5%[④]。雨涝灾害是湖北省内最主要的气象灾害,每年都集中在6~7月的梅雨季节。

第三节　气候特点对典型聚落区人居环境的影响

一、典型城镇的气候特点

(一)鄂西北——郧西

郧西县地处鄂西北边陲,汉江中上游北岸,除东部天河沿岸为海拔250~500米的丘陵盆地外,大部分地区海拔在700~1200米[⑤],其气候特点与鄂西北山地一带典型聚落区类似,具有代表性。

郧西县年均日照时数为1874小时,日照充足[⑥],根据图1-3-1可知,郧西县全年直接辐射量分布受季节影响较大,最高平均值在6月,最低平均值在1月。总水平辐射量夏季最高,春季第二,秋季次之,冬季最低,一天之中,总水平辐射量主要集中在早上10时至下午6时,且辐射值较高。

根据图1-3-2可知,郧西全年平均气温为15℃,最高平均气温出现在7月,为27.5℃;最低出现在1月,为2.5℃。气温变化具有季节性规律,昼夜温差一般在10℃左右,冬夏两季 持续时间比较短暂,春秋两季延续时间长且舒适宜人。

从图1-3-3可以看出,郧西县的相对湿度随季节变化较小,但在一天中的波动幅度很大,一天中最大相对湿度出现在每天早上9时左右,夏秋季最高,相对湿度约为98%,冬季最低,约为82%;最小相对湿度则出现在下午4时左右,夏秋季约为50%,冬季约为40%。人体感觉适宜的相对湿度为50%~60%,郧西

---

① 汪高明. 湖北省近47年气温和降水气候特征分析[D]. 兰州:兰州大学,2009.
② 傅德辉. 湖北年鉴-2019(总第31卷)[M]. 武汉:湖北年鉴社,2019.
③ 乔盛西等. 湖北省气候志[M]. 武汉:湖北人民出版社,1989.
④ 陈博然. 湖北省地区气候与农业的关系研究[J]. 中外企业家,2019(04):238-239.
⑤ 傅德辉. 湖北年鉴-2019(总第31卷)[M]. 武汉:湖北年鉴社,2019.
⑥ 汪建军,王亚楠. 郧西县近30年气候变暖特征分析[J]. 农家参谋,2019(01):122.

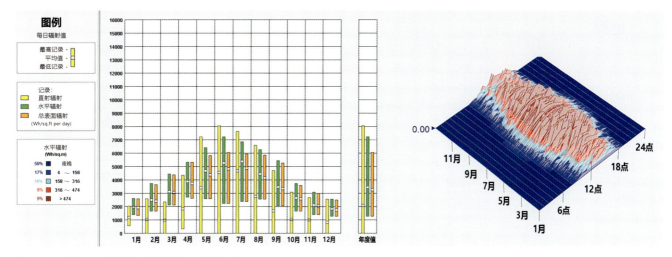

图1-3-1 郧西县全年辐射量分布图（来源：范昌超 制作）

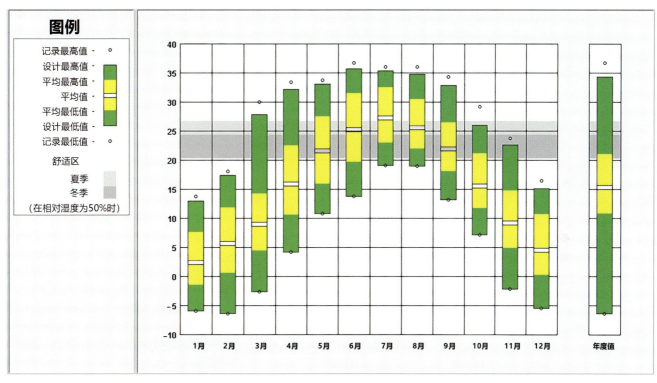

图1-3-2 郧西县温度分布图（来源：范昌超 制作）

县全年比较湿润，夏季相对湿度大，气温高，人们会产生闷热感。

通过郧西县风轮风速图发现，由于郧西县四周被山体包围，除冬季外，平均风速较小，介于0～2米/秒之间，属于软风范围。冬季风速略大，介于1.5～3米/秒之间，属于轻风的范围。由于山脉海拔原因，南向风频占比较大。时而产生区域性阵风，风速可达6～8米/秒，属于和风范围。（图1-3-4）

从图1-3-5可以看出，郧西县室内空间舒适时长仅占总时长数的7.5%，绝大多数点位于舒适区域

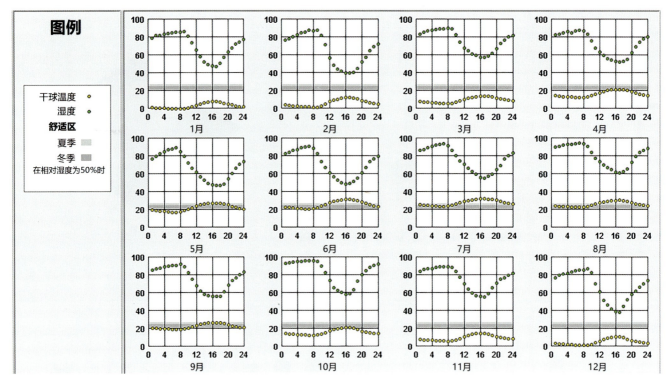

图1-3-3 郧西县干球和相对湿度图（来源：范昌超 制作）

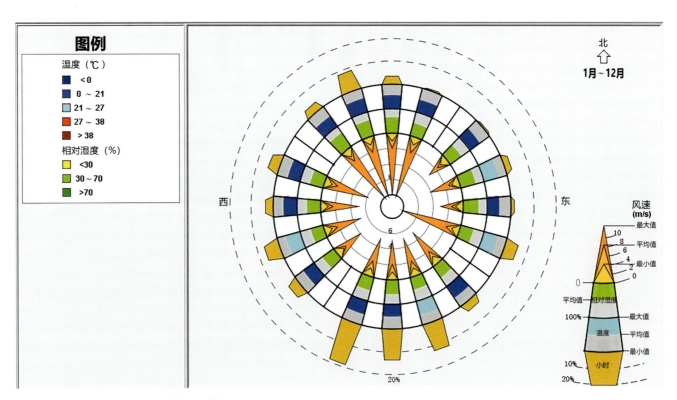

图1-3-4 郧西县风轮风速图（来源：范昌超 制作）

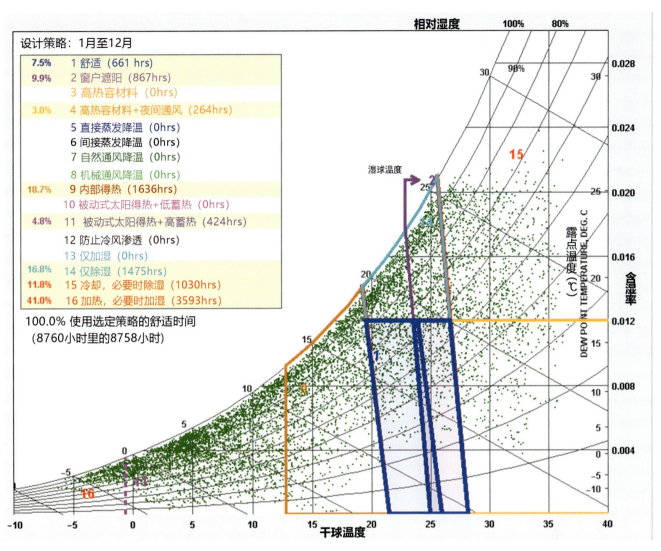

图1-3-5 郧西县焓湿图（来源：范昌超 制作）

（1区：图中蓝色框）的左侧和上方，说明郧西县气候寒冷且湿润。41%的时间需要主动式采暖和一定的加湿（16区：图中红色标记），11.8%的时间需要进行主动式制冷和一定的除湿（15区：图中红色标记），采暖是郧西提升人居环境质量最重要的策略。在被动式策略当中，被动太阳能得热+高蓄热占比为4.8%（11区：图中淡紫色标记），可以作为补充采暖策略。内部得热占比为18.7%（9区：图中褐色框），如果缺少内部得热可能会导致主动采暖时长和占比进一步加大，达到56.8%。窗户遮阳占比9.9%（2区：图中紫色线右侧），说明夏季气温较高，中午到傍晚的时间段太阳辐射强烈，需要遮阳应对。高蓄热+夜间通风占比3.0%（4区：图中橙黄色框），且集中在夏季的下午时间。单纯除湿占比16.8%（14区：图中湖蓝色框），这和郧西县全年相对湿度较大的气候特征相符合。

（二）鄂西南——恩施

恩施土家族苗族自治州（简称恩施州）位于湖北省西南部，全州以山地为主，平均海拔1000～1200米以上的地区占总面积的29.4%，海拔800～1200米的地区占总面积的43.6%，海拔800米以下的地区占总面积的27%。恩施州属亚热带季风性山地湿润气候，总体气候特点是四季分明，冬暖夏凉，雨热同季、雾多湿重[1]。恩施州由于地形复杂，高低悬殊，使全州的气候呈现出明显的垂直地域差异，形成了具有地区特点的多样化、多层次的立体气候。

恩施全年日照时长约1300小时，雾日天气较多[2]，由图1-3-6可知，恩施全年直接辐射量春、夏、秋三季差异不大，冬季偏低，最高平均值在7月，最低平均值在12月，夏季直接辐射的平均值普遍高于冬季。总水平辐射量分布规律与直接辐射量类似，也是春、夏、秋三季变化不大，冬季最低。一天之中，总水平辐射量主要集中在早上10时到下午6时，雾日的影响极值分布并无明显规律。

根据图1-3-7可知，恩施全年平均气温为16℃，最高平均气温出现在8月，为26℃；最低平均气温出现在1月，为4℃。全年气温温暖适宜，最低气温比郧西高。气温变化具有季节性规律，且表现出昼夜温差较小，夏少酷暑、冬少严寒的特点。

从图1-3-8可以看出，恩施的相对湿度随季节变化较小，但是在一天内的波动却很大，一天中最大相对湿度出现在每天早上8时左右，夏秋季最高，超过95%，冬季最低，也可达到90%；最小相对湿度则出现在每天下午4时左右，全年基本都在60%左右，夏季全天波动幅度比冬季大，整体湿度高于郧西。人体感觉适宜的相对湿度为50%~60%，恩施全年较为湿润，相对湿度基本都在60%以上。

通过恩施风轮风速图发现，由于恩施四面被山体包围，全年风速较小且平均，介于0~2米/秒之间，属于软风范围。冬季风速略大，介于1.5~3米/秒之间，属于轻风的范围。偶尔有区域性阵风出现，风速可达6~8米/秒，属于和风范围。（图1-3-9）

通过读取恩施气象数据生成的焓湿图，得到适合恩施气候条件的设计策略（图1-3-10）。图中可以看出，恩施内部空间舒适时长仅占总时长数的5.7%，绝大多数点位于舒适区域（1区：图中蓝色框）的左侧和上部，说明恩施气候寒冷且湿度较大。数据中有3289个小时，占比达到37.5%的时长需要主动式采暖和一

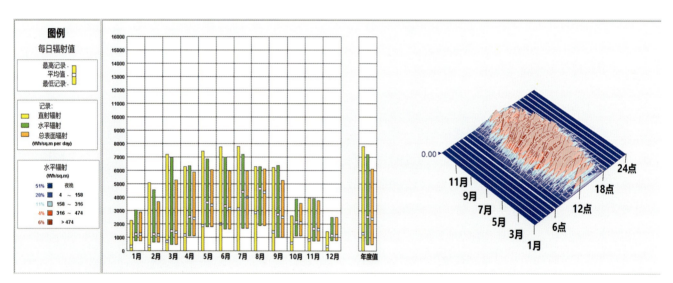

图1-3-6 恩施全年辐射分布图（来源：范昌超 制作）

---

[1] 恩施土家族苗族自治州人民政府 http://www.enshi.gov.cn/zq/esgk/202007/t20200714_566809.shtml [S].
[2] 汪川义，赵采玲，罗菊英. 恩施州气象站雾日变化趋势及原因分析[J]. 长江流域资源与环境，2017，26（03）：454-460.

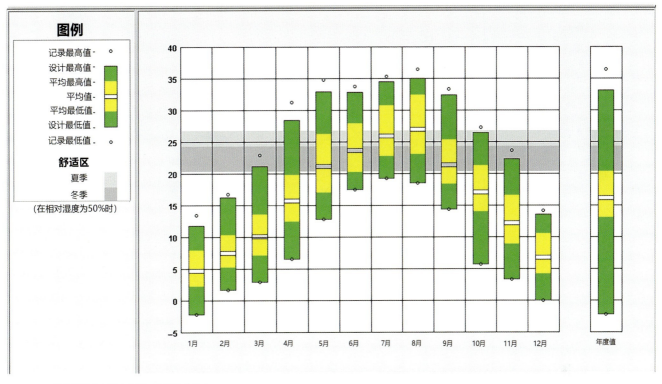

图1-3-7 恩施湿度分布图（来源：范昌超 制作）

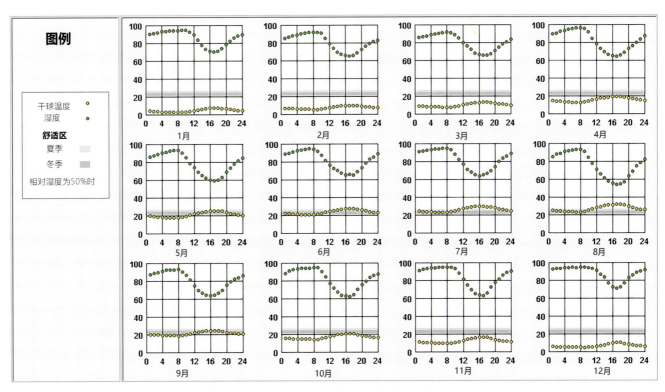

图1-3-8 恩施干球和相对湿度图（来源：范昌超 制作）

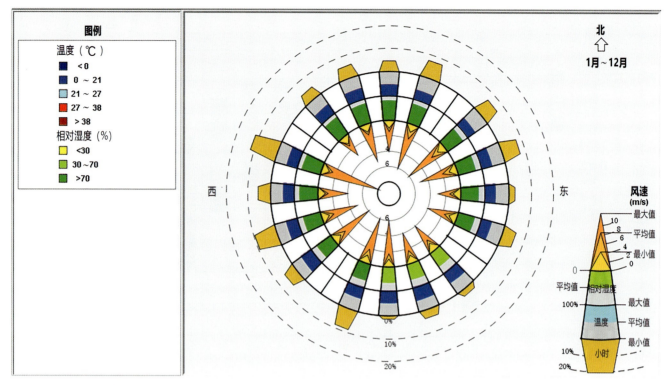

图1-3-9 恩施风轮风速图（来源：范昌超 制作）

定的加湿（16区：图中红色标记），另外还有占比达到11.1%的时长需要采取主动式制冷和一定的除湿（15区：图中红色标记），采暖和局部性加湿是恩施提升人居环境质量最重要的策略。在被动式策略中，被动太阳能得热+高蓄热占比为2.9%（11区：图中淡紫色标记），说明此项策略对整体的舒适度改善作用并不明显。内部得热占比24.1%（9区：图中褐色框），说明在室内有充足发热源的情况下冬季的舒适度会有明显的改善，但是如果缺乏内部得热，会导致主动采暖时长和占比进一步加大，接近60%左右。窗户遮阳占比7.2%（2区：图中紫色线右侧），说明夏季虽无高温出现，但中午到傍晚的时间段太阳辐射强烈，需要遮阳应对。高蓄热+夜间通风（4区：图中橙黄色框）占比较低，但是单纯除湿占比达到19.9%（14区：图中湖蓝色框），这和恩施夏无高温，全年湿度较大的气候特点对应。

（三）江汉平原——钟祥

钟祥市位于湖北省中部，汉江中游，处于中国地势第三级解体的西部边缘，是江汉平原的中部，境内最高海拔1051米，最低海拔32米[1]。它位于扬子准地台中部，属新华夏和淮阳"山"字形构造地带，属于典型的北亚热带季风湿润气候区，具有四季分明、热量丰富、光照适宜、雨水充沛、雨热同季、无霜期长等特点[1]。

钟祥市全年日照时长1823～1978小时[2]，如图1-3-11

---

[1] 傅德辉. 湖北年鉴-2019（总第31卷）[M]. 武汉：湖北年鉴社，2019.
[2] 乔盛西等. 湖北省气候志 [M]. 武汉：湖北人民出版社，1989.

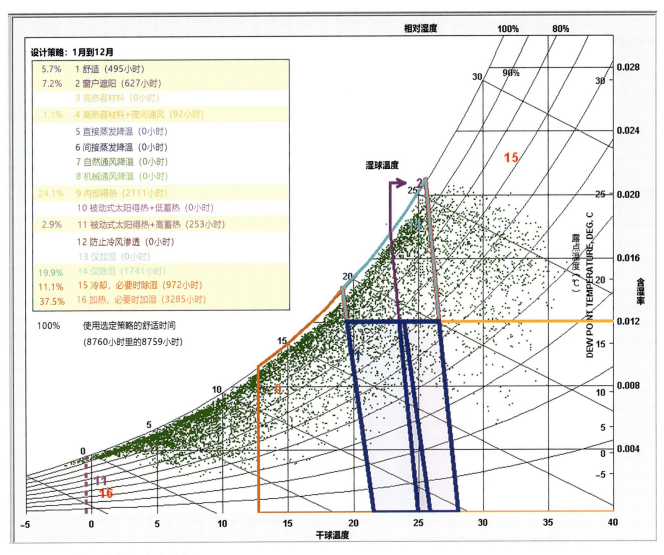

图1-3-10 恩施焓湿图（来源：范昌超 制作）

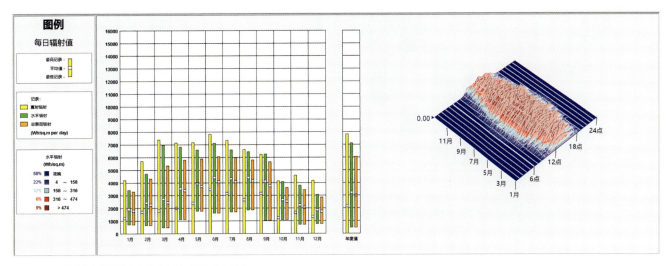

图1-3-11 钟祥全年辐射量分布图（来源：范昌超 制作）

所示，钟祥全年直接辐射量呈现季节性周期分布，最高平均值在6月，最低平均值在1月。总水平辐射量春夏两季基本持平，秋冬两季数值相差不大，后者小于前者，地表热量全年低于总水平辐射量。一天之中，总水平辐射量主要集中在正午到日落的时间段，全年辐射量夏季最高。

根据图1-3-12可知，钟祥全年平均气温为16.5℃，最高平均气温出现在7月，为28℃；最低出现在1月，为3℃。全年气温呈现出夏热冬暖的特征。气温变化具有季节性规律，且全年昼夜温差维持在10℃以内，夏季持续时间较长，冬季短暂。

从图1-3-13可以看出，钟祥的相对湿度随季节变化比较小，但是在一天之中波动幅度却很大，一天中最大相对湿度出现在每天早上7时左右，春夏两季最高，为90%左右，冬季最低，也可达到80%；最小相对湿度则出现在下午4时左右，全年中除9月和12月之外，剩余月份都在60%左右，12月最低，约为50%，冬季全天波动幅度略大于夏季。人体感觉适宜的相对湿度为50%~60%，钟祥全年湿度变化不大，全年空气湿润，相对湿度高。

通过钟祥风轮风速图发现，由于钟祥东西部多山，两侧高中部平展，全年北风和南风盛行。除春季外，平均风速较小，介于0~3米/秒之间，属于轻风范围。春季风速略大，介于2~4米/秒之间，属于轻风和微风的范围。春秋季易产生区域性阵风，风速可达6~10米/秒，属于和风劲风范围（图1-3-14）。

从图1-3-15中可以看出，钟祥全年内部空间舒适时长为7.1%，绝大多数点位于舒适区域（1区：图中蓝色框）的左侧和上部，说明钟祥气候较寒冷且湿度较大。有35.1%的时间需要主动式采暖和一定的加湿（16区：图中红色标记），另外还有17.5%的时间需要采取主动式制冷和一定的除湿（15区：图中

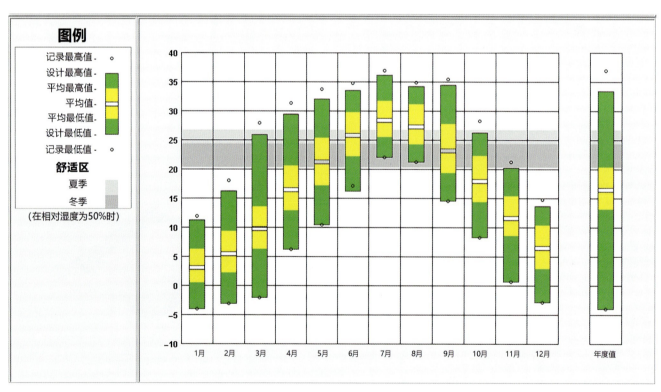

图1-3-12　钟祥温度分布图（来源：范昌超 制作）

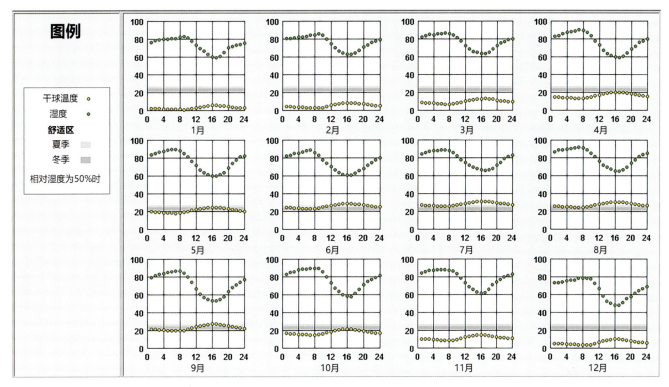

图1-3-13 钟祥干球和相对湿度图（来源：范昌超 制作）

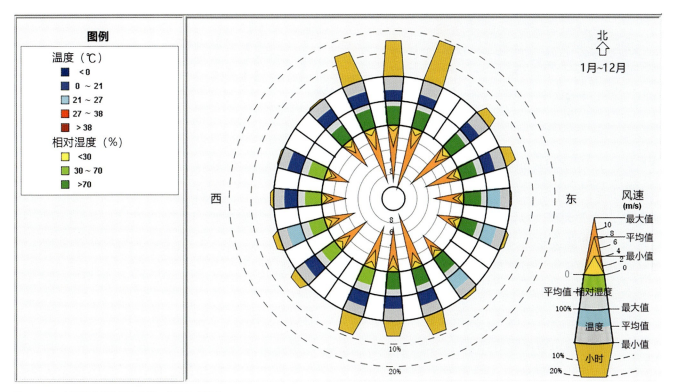

图1-3-14 钟祥风轮风速图（来源：范昌超 制作）

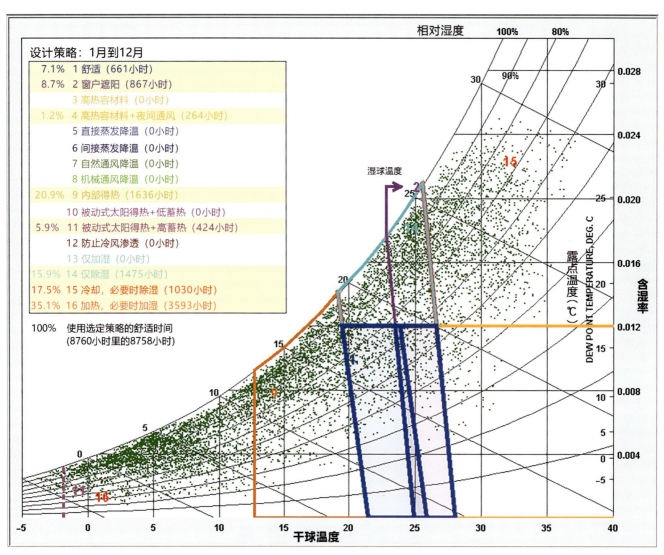

图1-3-15 钟祥焓湿图（来源：范昌超 制作）

红色标记），采暖和制冷是钟祥提升人居环境质量最重要的策略。在被动式策略当中，被动太阳能得热+高蓄热占比为5.9%（11区：图中淡紫色标记），说明通过得热蓄能设计可以为冬季的人居环境提供一定的热量和舒适度。内部得热占比20.9%（9区：图中褐色框），说明在室内有充足发热源的情况下冬季的舒适度会有较大的改善，如果民居内发热源较少，可能会导致主动采暖时长和占比进一步加大，达到52.8%。窗户遮阳占比8.7%（2区：图中紫色线右侧），说明窗户遮阳在夏季高温以及白天太阳辐射强烈的时间段作用比较明显。高蓄热+夜间通风占比仅为1.2%（4区：图中橙黄色框），此项设计策略在钟祥并无明显效果，但是单纯除湿占比达到15.9%（14区：图中湖蓝色框），这和钟祥夏季相对湿度大的气候特征相对应。

（四）鄂东北——麻城

麻城地处湖北省东北部，黄冈市北部，长江中游北岸大别山中段南麓，鄂、豫、皖三省交界处，麻城三面环山，东、北、西三部分山脉相连，群峰突起。

东部和东北部为高山，西南低，由东向西南倾斜敞开，是高山—中山—低山—高丘—低丘—平原逐渐下降的阶梯式地形[1]。麻城气候兼南方和北方的某些特点，为南北兼有的气候特征，属亚热带大陆性湿润季风气候，江淮小气候区，山区、丘陵、平原各异，太阳年辐射总量112.5千卡/平方厘米，为全省最高值，年日照时数1634~2153小时，日照率37%~48%，光能利用潜力较大[2]。

麻城全年日照时长1634~2153小时，如图1-3-16所示，麻城千年直接辐射量呈现季节性周期分布，最高平均值在6月，最低平均值在10月。总水平辐射量春夏两季基本持平，秋冬两季差距不多，后者低于前者。一天之中，总水平辐射量主要集中在正午到日落的时间段，且辐射值较高。

由图1-3-17可知，麻城全年平均气温为17℃，最高平均气温出现在7~8月，为28℃；最低出现在1月，为3℃。气温变化具有季节性规律，且表现为昼夜温差小，夏季炎热漫长，冬季寒冷短暂的特点。

根据图1-3-18，麻城的相对湿度随季节变化较小，但在一天之中波动幅度较大，一天中最大相对湿度出现在每天早上8时左右，春、夏、秋三季相差不大，维持在90%左右，冬季最低，也可达到80%；最小相对湿度出现在下午4时左右，春、夏、秋三季为60%，冬季约为50%，冬季全天波动幅度要比其他三季大。人体感觉适宜的相对湿度为50%~60%左右，麻城全年相对湿度较高，即使是最干燥的月份也可达到50%。

通过麻城风轮风速图发现，麻城虽然地势东北高，西南地，但是全年盛行东北风。全年风速小而平均，介于0~3米/秒之间，属于轻风范围。时而产生区域性阵风，风速可达6~10米/秒，属于和风劲风范围（图1-3-19）。

从图1-3-20可以发现，麻城室内空间舒适时长仅占总时长数的7.1%，绝大多数点位于舒适区域（1区：图中蓝色框）的左侧和上方，说明麻城气候寒冷且潮湿。35.9%的时间需要主动式采暖和一定的加湿（16区：图中红色标记），另还有18.9%的时间需要主动式制冷

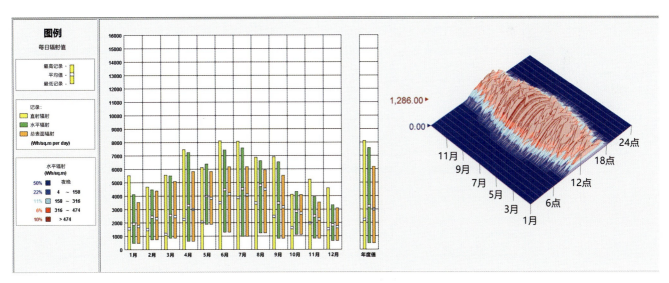

图1-3-16　麻城全年辐射量分布图（来源：范昌超 制作）

---

[1] 傅德辉. 湖北年鉴-2019（总第31卷）[M]. 武汉：湖北年鉴社，2019.
[2] 乔盛西等. 湖北省气候志[M]. 武汉：湖北人民出版社，1989.

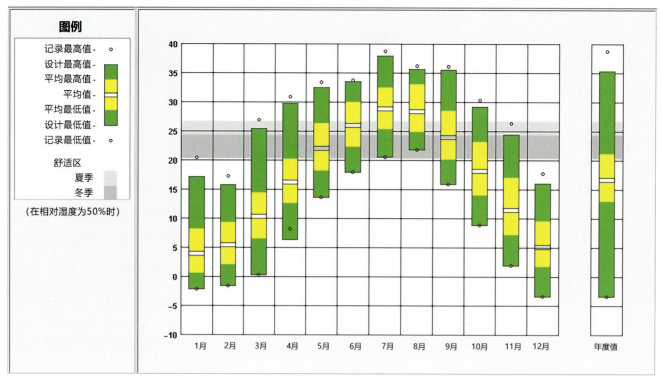

图1-3-17 麻城温度分布图（来源：范昌超 制作）

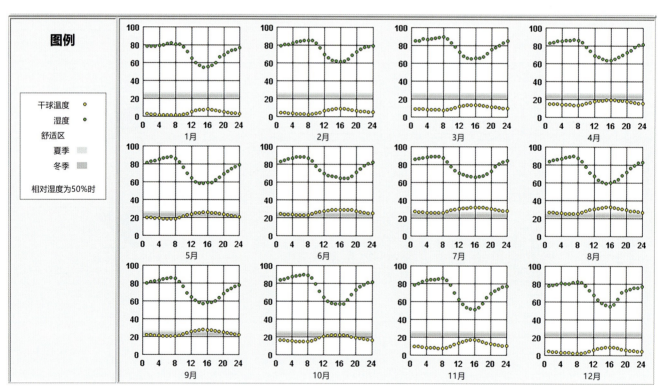

图1-3-18 麻城干球和相对湿度图（来源：范昌超 制作）

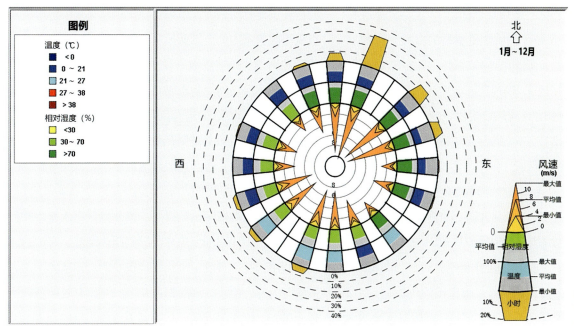

图1-3-19 麻城风轮风速图（来源：范昌超 制作）

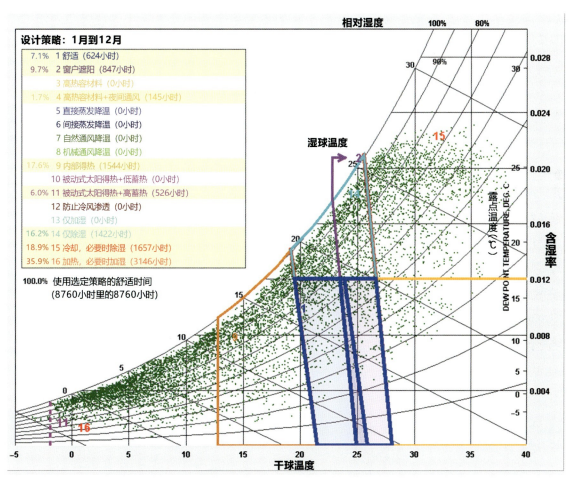

图1-3-20 麻城焓湿图（来源：范昌超 制作）

和一定的除湿（15区：图中红色标记），主动式采暖和制冷是麻城提升人居环境质量最重要的策略。在被动式策略当中，被动太阳能得热+高蓄热占比为6.0%（11区：图中淡紫色标记），说明在麻城地区，通过得热蓄能设计可以为冬季的人居环境提供一定的热量和舒适度。内部得热占比17.6%（9区：图中褐色框），说明在室内有充足发热源的情况下冬季的舒适度会有一定的提高，如果民居内发热源较少，可能会导致主动采暖时长和占比进一步加大，达到50.5%。窗户遮阳占比9.7%（2区：图中紫色线右侧），说明窗户遮阳在夏季高温以及白天太阳辐射强烈的时间段作用比较明显。高蓄热+夜间通风占比仅为1.7%（4区：图中橙黄色框），此项设计策略在麻城并无明显效果，但是单纯除湿占比达到16.2%（14区：图中湖蓝色框），这和麻城全年湿度较大的气候特征相对应。

二、气候特点对人居环境的影响

整体来看，湖北各典型城镇所面临的气候对人居环境的影响有极大的共性也有较强的差异性。省内除高山地区外，大部分为亚热带季风性湿润气候，夏热冬冷，光能充足，热量丰富，无霜期长，降水充沛，雨热同季。但不同地区又存在不同程度的强辐射遮阳、被动太阳能得热蓄热、除湿等问题。

应对夏热冬冷气候的措施：湖北除西南和西北部分高山地区外，夏季气温普遍偏高，冬季较为寒冷，建筑的主要问题就是解决夏季防热、遮阳以及通风降温的需求，同时需要适当兼顾冬季保温隔热的需求。夏季防热的措施主要有加强建筑遮阳；建筑朝向与夏季盛行风垂直从而改善室内的自然通风散热；提升建筑外表面反射率；控制建筑体型系数，减少传热面积[1]。与此同时，在应对冬季保温隔热需求时可以通过建筑体形的设计来尽量减少外围护结构的总面积，从而减少室内热量散失；建筑坐南朝北，南侧开窗接受更多热量；提高外围护结构的气密性，防止冷风渗透的影响以及在重点部位做保温处理[2]。

应对环境潮湿闷热的措施：湖北地区雨水充沛并且雨热同期，因此夏季室内常会感觉闷热潮湿，有效的方法是利用天井（合院）来组织建筑空间，开敞的厅堂、门窗与天井、庭院、连廊相互渗透，可以有效地解决通风、采光、排水等问题，从而调节室内小气候[3]。

应对夏季强辐射的措施：在建筑群中可以利用建筑自身的阴影对相邻建筑提供遮挡，有效阻止过量的西晒。同时可以利用高大的阔叶落叶乔木来提供遮阳，此类植物夏季可以有效地抵御阳光直射，冬季落叶之后又可以提供直射阳光[1]。

应对冬季湿冷的措施：湖北地区冬季湿冷，因此住宅为了保温需要做的是防止冷风入侵。可以提高围护结构的气密性同时防止围护结构壁内产生冷凝，除此之外还可以在冬季盛行风方向设置障碍物来达到防止冬季冷风入侵的目的[4]。

从室外气候的角度看，在全国范围内湖北地区并不是环境最恶劣的，冬季远不及寒冷地区寒冷，夏季气温也比夏热冬暖地区略低，这一地区单纯采用冬季保温或是夏季防热措施都没法很好地满足不同时间段的需求。在长期的摸索实践中湖北地区的人民逐渐积累

---

[1] 王焱. 夏热冬冷地区住宅节能优化设计[D]. 南京：东南大学, 2003.
[2] 殷超杰. 夏热冬冷地区被动式建筑设计策略应用研究——基于武汉市艺术家村规划与建筑设计[D]. 武汉：华中科技大学, 2007.
[3] 江岚. 鄂东南乡土建筑气候适应性研究[D]. 武汉：华中科技大学, 2004.
[4] 邓蕾. 夏热冬冷地区住宅的气候适应性设计研究[D]. 武汉：华中科技大学, 2004.

和形成了应对这一环境的生存智慧,能够选择合理的地点并采用独特的建筑形式(如天井式住宅、吊脚楼等),创造出适应性极强的居住方式[①]。这些依靠经验积累所塑造的人居环境有效地缓解了多变和极端的外部气候环境对建筑室内的影响,营造了一个更加舒适宜人的室内气候。

---

① 江岚. 鄂东南乡土建筑气候适应性研究[D]. 武汉:华中科技大学,2004.

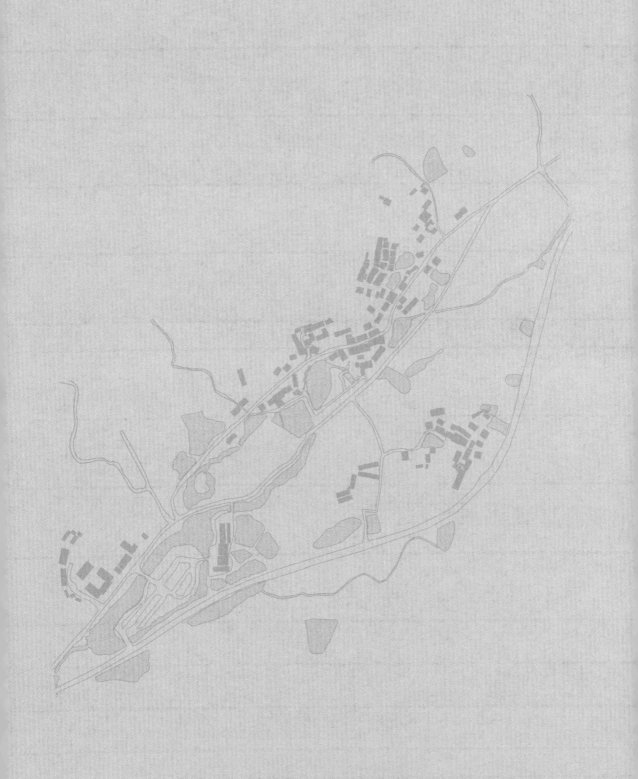

"湖北"作为一个区域，位于长江中游，洞庭湖以北，其得名乃是与"湖南"相对而来的。唐代后期，以湘、资二水流域置湖南观察使，是为"湖南"得名之始。宋代以此范围设置荆湖南路，而以沅、澧二水流域及今湖北的中部地区设置荆湖北路；由于前者简称仍作"湖南"，与此相对后者也就简称"湖北"。湖北又简称"鄂"。清朝康熙三年（1664年），湖广分治以洞庭湖为界，南为湖南布政使司；北为湖北布政使司。其中，湖北布政使司设于武昌，行政划分上为鄂州所辖，故湖北也被称为"鄂"。

湖北作为区域名称出现较早，但作为地域范围与今湖北省域大体一致的行政区划，则基本是到了清代才形成的局面。

第一节 民族变迁与聚落文化分区

一、起源

湖北是中国开发较早的省份之一。远古时期，这里是中华民族的发祥地之一，距今19万年前的古人类化石，曾出土于长阳土家族自治县大堰乡钟家湾村。"长阳人"的发现，证明在远古时期，湖北长阳境内就已有人类生存活动。湖北也是中国南方稻作文化的起源地之一：湖北京山县屈家岭文化遗址的发掘，证明了距今4000～5000年前，湖北已有陶器制作和水稻种植。今重庆巫山县的大溪文化遗址，是中国大溪文化最早的发现地。它位于长江瞿塘峡南侧，亦属湖北三峡库区。湖北宜都红花套、枝江关庙山、江陵毛家山、松滋桂花树、公安王家岗等10多处遗址，也是大溪文化的组成部分。大溪文化距今约6000～5000年，属母系氏族晚期至父系氏族萌芽的时期，是中华文明史的象征之一。在古代，湖北是曾经一度统领南方，可与中原文化媲美的荆楚文化的诞生地，今武汉市黄陂区的盘龙城遗址，是距今3500年的商代方国都邑，也是迄今为止在长江流域发现的唯一一座商代古城，被认为是长江流域文明和黄河流域文明融合的突破口。战国时期，今荆州市江陵区（江陵县）纪南城为楚国都城郢都遗址。楚国曾在此建都长达411年，同时也是长江流域"楚文化"的中心。以少数民族为主体的巴土文化亦在湖北发祥，以恩施自治州和长阳、五峰两个自治县为主体的湖北民族地区是巴土文化的富集之地。位于长阳土家族自治县渔峡口镇的清江北岸的香炉石遗址，是我国长江以南，鄂西清江流域，夏、商、周时期一处古文化遗址。它的地理环境独特，遗址中心地处在两岩之间的平槽之内，属典型的河旁山寨型遗址。从遗址出土的大量陶器和大量甲骨揭示出，它不仅时代较早，内容新颖独特，而且有我国古代巴人早期文化的突出反映，并可窥探巴土文化在湖北的来龙去脉。

简言之，当北方有炎、黄部落在创造中原文明的时候，南方江汉流域也兴起了九黎部落，并创造出了大溪文化、屈家岭文化等早期楚地文化。之后随着九黎部落被炎、黄部落击败，以及后期的三苗部落被更强大的中原部落所征伐，楚地文化逐渐消沉了。当北方已经出现了夏、商等奴隶制国家后，南方楚地仍停留在原始的父系氏族社会阶段，散居的各氏族部落屡遭中原势力的压迫和征伐。但就是在这种持续千年的蛮荒背景下，逐渐孕育发展出楚民族以及其后的楚国，并成为当时中国南方各部族融合的中心。楚人融汇了中原文化和南方土著文化，开创了独具异彩的荆楚文化和巴蜀文化。

二、早期"蛮夷"原住民聚居地的变迁

根据复旦大学中国历史地理研究所张伟然教授在《湖北历史地理研究》一书中的分类，湖北境内的民族活动可分为"荆蛮""南蛮""溪蛮"三个时期。

湖北在远古本不是中原华夏民族的活动范围。夏商（公元前21世纪～前11世纪）以前，南方民族长期在这里生活、劳作、居住。春秋时期（公元前770～前476年），定都在郢都，国土以今湖北、湖南地区的楚国为主，在南方诸国中最为强盛。而据《后汉书·南蛮传》的追述，自荆楚在此立国，南方民族被称为"蛮族"，楚境内"蛮族"广布："楚武王时，蛮与罗子共败楚师，杀其将屈瑕。庄王初立，民饥兵弱，复为所寇。楚师既振，然后乃服，自是遂属于楚。鄢陵之役，蛮与恭王合兵击晋，及吴起相悼王，南并蛮越，遂有洞庭、苍梧。秦昭王使白起伐楚，略取蛮夷，始置声中郡。"

由此可以看到，当时湖北境内南方民族势力之强大。文中所谓的"蛮""蛮夷"，并不是某一个单一民族的概念，而是具有某种共同文化特征的南方各民族集合。在秦以前，中原地区的周人称荆楚地土著民族为"荆蛮"。

故此，秦以前，湖北境内以南方各民族为该地区活跃的原住民，其聚居之地较分散，被称为"荆蛮"时期。

秦汉以后，湖北境内的南方各民族活动逐渐集中于一些特定的地域。后汉时，发源于今湘西一带的"五溪蛮"非常活跃，其与今江陵、公安一带的汉族时有冲突。根据《后汉书·南蛮传》和《后汉书·巴郡南郡蛮传》的记载，鄂东南的"浅中蛮""武陵蛮"曾反复侵扰江陵等地；而"沔中蛮"的出现，则是政府对南方民族采取强制性移民的结果[①]。另外，还有源地明确的"江夏蛮"，来自峡中，分布在今湖北东部和河南淮河以南地区，推测为"五水蛮"的先民。

南北朝时期，湖北省境的南方民族活动空前活跃，其分布遍及省境，从名称上大致可以看出他们各自活跃的具体地域。省境之内，大别山有"荆雍州蛮"和"豫州蛮"；鄂西南有清江流域一带山区的"巴东、建平、宜都三郡之蛮"；与之相对的有鄂西北山区"江北诸郡蛮"和漫布鄂北丘陵地区的"沔中蛮""沔北诸蛮"；同时，江汉平原上有位于大洪山山前丘陵与江汉平原衔接地带平原地区的"竟陵蛮"，鄂东有位于鄂东、皖西南大别山山区与长江之间的"五水蛮"，又称"西阳蛮"。这一时期，南方各民族，其聚居之地遍布湖北，聚落选址既有人迹罕至的深山重阻地区，又有渊潭相接的平原湖沼类型，还有在当时的技术条件下，利用价值最高的河谷丘陵类型。

西晋"永嘉之乱"之后，由于北方汉族移民的大量涌入，湖北省境内民族之间的缓冲地带骤然缩小，所以汉族与南方民族之间的冲突与融合在所难免。因此，平定蛮叛就成为当时至关重要的一项政治工作，政府为此专门设立了与郡县行政建置平行的管理机构。据《宋书·沈庆之传》的记载，刘宋的沈庆之在今湖北境内招降的蛮族人口累计达二十万之多，而这些蛮族转化为京邑的"营户"，从此便接受汉族的生活方式。这些平蛮工作对于湖北省境内南方民族的地域分布影响很大。隋唐以降，湖北省境内的蛮族势力大为缩小，其地域分布也发生了显著的变迁。《唐书》和《唐会要》中所载的"南蛮"，其地域已迁至五岭以南地区。这一方面反映了唐代汉族活动的地理空间有所扩展，同时也足以说明今湖北境内原生的南方各民族较为安静。杜牧曾以黄州为言，称："古有夷风，今尽华俗"。故自唐以

[①] "建武二十三年，南郡漏山蛮雷迁等始反叛，寇掠百姓，遣武威将军刘尚将万余人讨破之，徙其种人七千余口置江夏界中，今沔中蛮是也。"（《后汉书·巴郡南郡蛮传》）

降，鄂北、鄂东北及省境中部广大地区的"蛮夷"已逐渐地销声匿迹。

后汉至南朝，是南方民族"南蛮"在湖北境内的一个活跃时期。其聚居地遍布湖北。此后由于汉族的扩张，南方民族在多次斗争后，逐渐式微，聚居地也随之萎缩。

北宋之时，鄂东南还有一些"蛮夷"余存。《岳阳风土记》载，"山猺人""语言侏离，以耕畲为业，非市盐茶不入城市，色亦无贡赋"。鄂东南其时虽有这些南方民族存在，但他们已被汉文化的和风细雨所熏沐，正处于逐渐同化当中，南宋以后便不再有为之进行辨识的必要。南宋时，其邻近地区的民族冲突已沿罗霄山脉向南退缩至今茶陵、炎陵一带，鄂东南从此跨入了汉文化的行列。

与鄂东南地区的聚落发展可以相映成趣的是鄂西南地区。此地的南方民族分布一直得以延续，为湖北全省特例。在现代的民族分布地图上，该地区与湘西北连成一片，为土家族和苗族聚居的自治区。其间当然也有小尺度范围的变迁。从整个鄂西南遍布少数民族到现在少数民族主要生活于清江流域，这一变迁实现于清代前期。

宋代以后，是南方各民族在湖北境内日渐萎缩的"溪蛮"时期，其聚居地从鄂东南与鄂西南两地缩小到硕果仅存的鄂西南地区。

鄂西南清江流域作为生长在湖北境内的各土著民族的聚居地，得以保存至今。土家族、侗族、回族等南方各民族，依然在此生活、劳作。鄂西南的传统聚落，如咸丰土司城、利川鱼木寨、宣恩长潭河侗族乡、郧西北口回族乡等，在建筑形式与空间组织上，依然保留了南方各民族的聚落特征。

三、中原"华夏"汉族聚居地的拓展

先秦时期，最早是在黄河流域，确立了汉族华夏文化在中国的主导地位。但当时湖北境内汉族的生活区域，在地域上分布并不连续。直至南北朝时期，民族文化的分布遍及全境，华夏文化的扩散基本上呈节点式布局。西晋以后，汉族文化开始以墨渍式扩展，逐步将南方各民族文化从地域上加以成片地压缩。

湖北境内各区域的汉化历程，大致可以分为三个区域展开：长江以北的广大地区，其汉化成功于唐代；鄂东南，其汉化成功于宋代；而鄂西南，虽然也能看到汉文化的地域扩展，但它却始终未能像前两个地区那样成为汉文化的一统天下。汉化进程在地域上出现这样的先后关系，并且其效果呈现如此巨大的差异，首先无疑与这三个区域的地理区位有关；其次，也与社会历史发展的大事件相关："永嘉之乱"和"江西填湖广"，对湖北的聚落发展与分布都起到了至关重要的作用。

纵览湖北境内的汉族聚居地的拓展趋势，在五代以前，其方向基本上是依靠陆路交通自北而南。来自北方的外来移民是拓展汉族聚居地的主要动因。尤以西晋"永嘉之乱"带来"衣冠南渡"为代表：西晋后期晋怀帝永嘉年间（公元307～313年），刘汉军攻破晋都、俘虏晋帝、最终使西晋灭亡，史称"永嘉之乱"。晋建武年间，晋元帝率中原汉族衣冠仕族臣民南渡，定都建康（今南京）建立东晋。这就是"衣冠南渡"。其后，中国北方地区进入五胡十六国时期。这是北方的中原汉族第一次大规模南迁。"衣冠"意指"文明"，衣冠南渡即中原文明的南迁。湖北境内，中原汉族不仅为尚未得到充分开发的湖北地区带来新生的劳动力，同时也带来了先进的技术和资金。此后，江南地区的冶铁、造纸、纺织、制瓷等技术也得到进一步发展。而湖北江陵在当时更发展为繁荣的都市。自衣冠南渡至唐朝，湖北境内长江以北片区得风气之先，因此最先完成汉化，也使汉族村镇聚落在该地区得以拓展。

宋代以后，由于水路运输的日益发达，湖北境内的汉族聚居地的拓展方向，由之前依靠陆路的自北而南，变为依托水路的从东往西。以江西为主的长江下游人口，通过水运的方式，沿长江一次次从下游流域自东往西地向中游地区迁徙。清代思想家魏源在《湖广水利论》中称之为"江西填湖广"。这一系列大规模的移民运动历时悠久，并未有明确的起止时间，但以明初和清初为甚，其影响之巨，超乎想象。

远在北宋时期，江西人口曾居各省之首，其经济开发在南方属于领先地区。及至明代，虽然江西人口较浙江稍逊一筹，居全国十三布政司的第二位，但每年所纳税粮有时甚至要超过浙江。但是，从总体趋势上看，当时东南沿江、沿海区域经济已日趋多元化，相形之下，地处内地的江西，以农业为主的单一经济结构，注定了其发展水平将日趋下降。民生水平的降低，使人们转向省外寻求发展。而元末明初连年的战祸和兵燹，使湖广地区大部分田园荒芜，庐舍成为废墟，原有居民，无论是汉族还是南方民族，均大量散亡。于是很多江西人沿长江向西挺进，进入两湖地区，从而形成了"江西填湖广"的移民浪潮。

明朝灭元朝后，为了巩固新政权和发展经济，从洪武初年至永乐十五年（1417年），五十余年间组织了八次大规模的移民活动。其中，"江西鄱阳瓦屑坝"为中国明代四大移民的起源地。明初移民时，官府在瓦屑坝设局驻员。饶州府各县移民沿乐安河、饶河到达鄱阳瓦屑坝集中，然后发放"川资"，编排船只，乘船驶出鄱阳湖到达湖口。或溯长江而上，迁入湖广（今湖北、湖南两省），或顺长江而下，迁往安徽及其他省份。

曹树基《中国移民史第5卷：明时期》一书中，对明初"江西填湖广"大移民总结为：在洪武年间（早期）湖北境内174万总人口（不包括施州地区的少数民族人口）中，土著人口占43%，移民人口占57%。根据各府的移民原籍作一统计，在湖北的98万移民人口中，江西籍移民约为69万，占总人口的70%。

江西填湖广的第二个移民高潮则是魏源在《湖广水利论》中所记的清初。与洪武移民相比，这次高潮的规模要稍小。因为经过几百年的开发，两湖的人口压力已经出现，当江西等省移民在向西迁徙时两湖也有不少人向西去寻找更好的发展机会，形成了有名的"湖广填四川"的移民运动。总之，清初的移民运动更多是出于经济考虑，而且都是自愿的；而洪武年间的移民运动则带有一定强迫性。这一千多年的移民运动之所以能持续不断地发展，战乱只是一种外在的推力，根本的原因在于湖南、湖北的经济发展落后于江西、安徽、江苏和浙江等地，有相当广阔的开发空间接纳移民。所以，移民的过程，也是长江流域内开发格局逐渐由东向西拓展的过程。

进入湖北的江西移民以水路为主，充分利用长江和汉水为交通动脉，乘船溯江而上，故明初的移民先选择鄂东南定居，得近水楼台之便，其汉化也得以及时完成。故鄂东南地区江西移民最多，而鄂东南地区的聚落从建筑形制到空间组织，也带有鲜明的江西聚落特征。清初的移民则迁徙更远，分三路向湖北中部、北部、西部扩散：一路继续长沿江西进，一路进入汉水逆流而上，另一路则走随枣走廊的陆路通道。

同样依托水路交通，陕西、山西、河南等省移民也通过两条路南下：陕西移民主要沿汉水河谷通道首先进入鄂西北，其他北方移民则穿过南阳盆地到达襄樊，由此再向其他地方扩散。所以，宋以后的北方移民大多分布在湖北西北和北部。

在长江以北片区和鄂西南片区的这两次汉化开发的潮流中，湖北省境的西南一隅始终都处于强弩之末，其汉化进程较为滞后也就是一个顺理成章的结果了。当然，与区位条件共同作用的还有鄂西南的地形因素。假如该地为平原地貌，即令其区位条件保持不变，以之为基础的民族分布绝不可能出现如上所述的变迁图景。鄂西南地区在地貌上属于云贵高原，地势陡峭，起伏强烈，谷地狭窄。这样的地貌为土著民族文化的留存提供了一道天然屏障，同时也为外来民族的进入平添了难以逾越的险阻。在这一地区，汉族对当地的土著民族从来没有形成过优势，是故，该地域片区原有的文化传统才得以一脉相承。

第二节　社会沿革与聚落生长历程

一、行政建制的演进

湖北这一名称出现的时代在我国现行各省（自治区）名称中并不算太晚，但它作为一个范围与今湖北省境大体一致的行政区，则是到了清代才得以形成。在明代的湖广布政司出现之前，今湖北省境一直没有完整地纳入同一个行政区划。

战国时（公元前475年~前221年），南方诸国统一于秦。公元前221年，秦始皇统一中国后，设郡县两级行政区，平分天下为四十郡。而当时今湖北省境主要分属两郡：中、西部以江汉平原为核心的大块地区属于南郡，东部属衡山郡。同时，北部地区属南阳郡，西北一角属汉中郡，而西南一隅则属于黔中郡。这一格局为湖北历代高层政区沿革的复杂性奠定了深厚的基础。

汉代大部分时间里，行政区仍为郡、县两级。但与秦不同，西汉划天下为十三部（州）。具体到今湖北省境，其政区的格局则变化不多。湖北以汉水为界，西为南郡，东为江夏，均隶属于荆州。变化主要表现在东部和西南部两个区域。前者由于秦代的衡山郡演变为汉代的江夏郡，从而使得南郡的分界西移至汉水西岸，并使省境东端隶属庐江郡；后者则随着秦代黔中郡的撤改而隶属于南郡。其余地区仍分属南郡、南阳及汉中郡，彼此间的分界一如秦代。

三国时，吴魏两国分治湖北，今湖北省境则为吴、魏两家所共有，都称荆州。今湖北的北部、西北部属魏荆州；中部、东南部、西南部地区属吴荆州。此外，其东北部属吴扬州。西晋统一以后，两个荆州合二为一，而东北部原属吴扬州的地区则分属扬、豫二州。永嘉南渡后，雍、秦流民南出樊沔，湖北境内接受了大量的西北移民，设置了众多的侨州郡县，加之南、北政权互有消长，从此政区的变更频繁异常。大体言之，到南北朝前期为止，今湖北省境主要分属荆、郢、梁、豫以及侨雍、司数州所有。南北朝后期，梁以后紊乱，政区的分设已完全失控，千回百改。

直至隋统一，又将政区恢复到两级，今湖北境域仍称荆州，也曾一度称鄂州。

唐代分全国为十二道，今湖北分属淮南、山南及江南道；嗣又分属山南东道、江南西道，一部分隶属淮南道、黔中道。宋代分全国为十五路，湖北有三十多个县属湖北路，湖北之名始于此；另有十九个县属京西南路，以及数县分属淮南西路、夔州路。元朝置中书省，并分全国为十一个行中书省，简称行省。今湖北境内长江以北属河南行省，以南属湖广行省。明朝改制，全国设十三个承宣布政使司，湖北属湖广布政使司。清康熙三年（1664年），湖广分治，大体以洞庭湖为界，南为湖南省，北为湖北省，是为湖北建省之始。湖北省当时辖武昌、汉阳、黄州、安陆、德安、荆州、襄阳、郧阳、宜昌、施南等十府。民国初废除府、州建制，省下设江汉、襄阳、荆南、施鹤四道，共辖69县，后废道存县。此后除少数县间有拆并外，一般无变动。1932年与1936年，又先后将69县分属11个、8个行政督察区。

从上述湖北行政区建制的沿革过程，可以看到三个特点：

首先，行政区设置的稳定性与地貌密切相关。湖北省境内地貌大体为向东开敞的盆地，行政区建制设置的稳定性，由周边的丘陵山区向腹心的平原地区递减。鄂东南、鄂东北部的行政区界线从隋唐时期便趋于稳定；西部宜昌府和北部襄阳府、随州，其统县政区的设置从唐宋以后也少有变化。西北部郧阳府地，虽然其行政区的设置在明代经历了一次格局的变换，但其发展的脉络也是比较清晰的。相对应的，行政区设置变化较频繁的是江汉平原地区，即清代汉阳、德安、安陆、荆州、荆门五个统县政区毗邻之地，其统县政区的设置毫无稳定性可言，彼此间界线每个朝代都处于变动当中。这显然是该地区缺乏山川形便所致，因而对于统县界线的走向，历代都在不停地探索。

其次，湖北省境内行政区的设置大体是有区域分异的。根据其彼此间的聚散离合，可以分为东、南、北三个区域。以清代行政区言之，武昌、黄州、汉阳三府，以及德安府除随州之外的各县，为东区；荆州府、荆门州、宜昌府以及西南的施南府，为南区；而襄阳、郧阳、安陆三府与德安府的随州，为北区。当然，这一分法尽量照顾了清代的统县政区界线。

最后，东、南、北三区各有一个在不同历史时期作为高级行政区或准高级行政区治所的政治中心，分别为武昌、江陵（荆州）、襄阳。其中，后两地在早期的历史中地位显赫，而前者则是在晚清至近代历史中崛起的结果。这反映了省境的政治地理结构及其变迁，对于文化的空间结构及其变迁也具有十分深刻的影响。

二、地理分布与聚落发展动因

对于唐以前的聚落分布与规模的考证，实物无存，只能依靠文献资料的记载、描写，甚至转述进行判断。今湖北境内，由第一节中关于南方各民族与汉族聚居地变迁的历程可知：从先秦直至唐代，省境中的聚落分布，在当时是非常稀疏的，而且其聚落规模一般都不是很大。早在《史记·货殖列传》和《汉书·地理志》中，都有"楚越之地、地广人稀"之类的记载。这种情形直到唐代仍未得到改观。相反，由于唐诗等传世史料的增加，这一特点更加清晰。例如，唐代诗人钱珝的组诗《江行无题一百首》中，就多处描写了湖北中部地区的聚落。其反复描述的各村落聚居地，规模都不到十户人家。辅以杜甫曾在峡中描述的"溪边四五家""山荒人民少"的感慨，其地广人稀，可见一斑。抛开诗人浪漫化的写法和处于社会动荡时期的可能，唐代湖北传统聚落一般规模已约略可见。

宋元时期，湖北的聚落较之前已有一定的发展。资料中逐渐可以见到一些较大的聚落，总体的分布密度也明显有所增大。北宋的资料比较稀少，但南宋靖康南渡以后的资料较多。大量北方移民的涌入，势必需要择地而居。而移民出于生产生活以及安全性的考量，也会推动聚落规模相应增长。是故，在南宋渐趋稳定之后，湖北省境内的社会经济恢复得仍较可观。据时人记载，湖北州军"经兵火之后土广人稀"，安定既久，"户口浸盛，事亦向繁"。当然，不同地域的差异是十分显著的。

湖北中部的江汉平原，在南宋初年倒退十分严重。以荆门为例，"疆土虽稍广阔，然山瞳田芜，人踵稀少，户口不能当江浙小县"，安定之后，不少地方照旧维持着一幅地广人稀的模样。但从文字描述中已可以看到，聚落的规模有所增长，经常有"庄居数家"或"渔家相映"。而百里洲等地，则"民居相望"，显然，南宋荆州的聚落，已不再是前代"地旷人稀"的景象了。省境东部，其发展的痕迹也比较明显，而发展最快的是交通便捷的沿江一带。其时，全省境内、两湖乃至于整个长江中游的中心城市——鄂州（今武昌），凸显其规模和地位。在此之前，长江中游虽然存在一些规模较大的城市，但从经济意义来讲，能够称得上中心城市的其实很难看得出它的存在。曾经作为楚国都城，此后又长期充当两湖政治中心的江陵（荆州）；以及从汉末以后，便屹为一方雄镇的襄阳，尽管它们也曾有过非常繁荣的经济活动，然而就吸引范围而言，尚不足以覆盖全省乃至两湖。它们与鄂东以及湘水流域的经济交往，很难称得上密切。鄂州在汉末以来的分裂时期，虽都曾受到其区位的刺激而急速繁荣，但其总体地位则一直不足以与荆、襄相匹敌。然而，从南宋开始，鄂州的地位开始凌驾于荆、襄之上；元代以后，更是稳定地充当了两湖区域政治、经济和文化中心的角色。自此，湖北境内荆州、襄阳、鄂州三足鼎立的城市格局已形成。虽不比城市的兴旺发达，但此时的一些村镇聚落规模已达百余户。《入蜀记》所载有："蕲口镇居民繁错"，扬罗洑"居民稠众"，白杨夹口"居民及泊舟甚多"，金鸡洑中也"有聚落如小县"。

沿江地区飞速发展的同时，鄂东南丘陵地区也发育了一些市镇。这些市镇多在长江的支流沿岸，交通也比较发达，但其密度远不如沿江地区。湖北西部地区，为地势所牵制，仍旧是一幅地广人稀的模样，聚落规模都很小，与前代相比没有多少改变。湖北北部地区，由于临界五湖之地，其在南宋所受的战争创伤最为惨烈。以襄阳为例，在北宋，其属县有"山川秀洁、井邑丰富"之美誉的襄阳；在南宋，却人称"今襄阳汉水之外即是敌境"，"灌莽千里，久无人烟"。终南宋一代，鄂北地区的城市与村镇聚落都未曾恢复。

明清时期，得益于"江西填湖广"带来的人力、物力和技术的发展，湖北聚落的发展上升到一个更高的水平。虽然中间也曾因为战乱的破坏而有若干次倒退，但整体呈快速上升发展的趋势。普通村落的规模大为扩展，数十户乃至上百户人家的聚落屡见不鲜。本书在第三章至第七章里列举的湖北各地区的传统聚落，多为明清所遗留，并保存了当年的盛况。地处中部的江汉平原，其发展的幅度当属省境之最。但省内的发展并不同步，在平原边缘的丘陵地带，发展的程度仍然比较有限。从明到清，其聚落规模较小的记载未有改变。荆州以东，社会发展进步迅速，省境东部也在不断发展。但由于鄂东地区在湖北省内一直相对富庶，所以相较鄂西南地区，鄂东的发展对比不算强烈。

鄂西南的发展更足以引人注目：该地区在明代的水平还比较有限，但清人游记中记录的聚落规模已急剧扩大，"人家百余"之类已屡见不鲜。昭君故里香溪之上，竟达到"民居数百家"。与此同时，西南的清江流域，在清初也有"一村如巨镇""人烟颇盛"的记述。在清代后期的方志中，该地区保留了系统完整的居室风俗资料，据此可以看到其聚落发展的全貌。清同治时期的《建始县志·风俗》在叙其居室风俗之前强调："户口较前奚啻十倍。"由此可以想到其聚落的发展幅度。在长乐，集镇竟至"千余户"，如此迅速的发展，其总体水平的提高，十分惊人。

与鄂西南相类似的，是鄂西北的发展：以其境内竹山县为例，在清乾隆时期的《竹山县志·风俗》中，仍有山民"所托非高阜即深谷、比屋稀疏、列若晨星"之语。但在清代后期，这种状况得到了迅速的改观。清同治时期的《竹山县志·风俗》记载："近则烟户稠密，平原水次，列为坊市"。这一变化在鄂西北地区相当普遍。

鄂北的其他地区，其发展亦颇为明显。在明代中叶，襄阳一带还一派萧条的稀疏聚落，但到清初已有所改观，时人称赞樊城"民庐稠密"。此后其发展更快，"盛时为吴楚大贾辐辏之所，酒楼歌馆鳞次十余里"，即使在经历离乱之后，"居人尚数千家"，不负鄂北重镇之名。

聚落规模的生长是社会发展的物化表现，受到自然环境和社会经济水平的制约。它不仅表现在时间上，不同的历史时期，聚落的发展速度不尽相同；同样它也表现在空间上，不同的地理环境下，聚居的类型和特征大相径庭。而最耐人寻味的是，这两方面的影响是同时发生、互相渗透的。在其综合作用下，湖北传统聚落的发展便呈现出：在历史的早期，丘陵地带发展较快；而平原水乡直到宋代以后才开始大规模开发；明清时期平原丘陵地区已趋于成熟，开发的重点又转而趋向鄂西北、鄂西南地区的深山老林。这是聚落发展演替的轨迹，也是社会经济发展的反映。

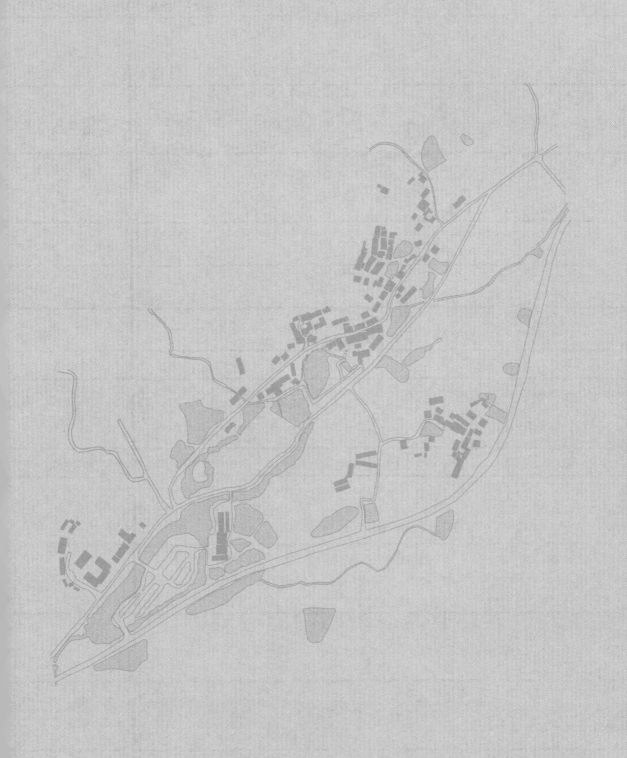

第一节　鄂东北聚落概况

鄂东北地区主要是指湖北省大别山南坡一带的地区，包括黄冈市的黄州区、武穴市、浠水县、蕲春县、黄梅县、团风县、红安县、罗田县、英山县、麻城市、红安县和孝感市城区、孝南区、安陆市、应城市、云梦县、孝昌县、汉川市、大悟县等，以及武汉北部的黄陂区和新洲区。鄂东北地区素有"吴头楚尾"之称，与河南、安徽相邻。

鄂东北地区保存下来的传统聚落古村和古镇，主要分布在黄冈的红安县、麻城市、罗田县、蕲春县、团风县、武穴市等地，以及孝感市的市区和大悟县，还有随州的广水市等地。其中，以红安县和麻城市的传统聚落为最多，也最为集中。鄂东北地区保存较好的传统聚落有红安县的七里坪、罗田县胜利镇的屯兵堡、武汉黄陂区的大余湾、大悟县的九房沟和双桥古镇等。

一、历史文化

鄂北地区以荆楚文化为核心，融合了周文化、巴文化和吴文化。春秋战国时的楚人东扩带来了楚文化，西汉初期巴郡南郡蛮叛失败，其中一部分迁至鄂东北并带来了巴文化，而三国时期的吴国迁入此地的几十万移民又带来了吴越文化。之后外地移民持续迁入此地，且明清时期以江西籍移民为主，尤其是"江西填湖广"移民潮时期，鄂东北地区的人口和经济有了较大的发展。

鄂东北从北向南，其地貌特点从高到低，由山地向低山丘陵转变。受到地形等自然环境的影响，呈现出"六山一水三分田"和"七山一水二分田"的总体形态。由于山多地少，鄂东北地区除了稻作文化以外，也有喝茶送茶的礼仪习俗，茶文化比较发达。

二、聚落及建筑

鄂东北地区保存了较为丰富的传统聚落。由于鄂东北与河南、安徽接壤，聚落格局和建筑特点也受其相应的影响。与湖北大部分地区类似，鄂东北的传统聚落以聚族而居为主要组织形式，也具有"团状聚集"和"分散聚居"的特点。祠堂往往是村民活动的中心，但是以商业贸易为主要发展内因的古镇却不太一样，其公共活动空间类型较多，且都与人气的聚集、商业生产和贸易往来有关，例如有的传统聚落的公共空间是在码头上、古镇入口处。由于鄂东北地区是经济文化发达的中原和江浙地带联系的重要通道，因此贸易线路上的古镇发展较为迅速，且繁荣时间长短与交通线路地位的兴衰有密切关系。鄂东北地区的聚落选址多依山傍水，但与江汉平原和鄂东南地区相比，交通条件略差，因此能发展为比较大规模村镇的聚落略少，从传统聚落保存的情况看也是如此。鄂东北的传统聚落有选址于丘陵中的小盆地的，也有许多依山而建、纵向布局的村落，呈现出层层叠叠的景象。

鄂东北地区的传统建筑类型以住宅为主，还有祠堂、商铺、牌坊等建筑。其中，以住宅为主要存量，祠堂作为最高级的建筑形式。传统建筑形制多为合院式，房屋和墙体共同围合出天井，有四合天井、三合天井、二合天井，也有少量一合天井。传统建筑以五开间、三开间为多。

传统聚落中，平坦地面上建设的传统建筑在外观立面上多遵循轴线对称的原则，但受到地形限制的传统建筑则必须因地制宜，灵活布局。这些传统建筑在平面上，一般中间为堂屋，两边厢房为卧室。主入口常常凹进去1~2米，有时还会适当转角对着远处的山坳，称为"望山"。鄂东北地区的传统建筑多为青石砌筑，防潮防雨雪，结实耐用。但也有一些建筑，如古镇主街两旁的店铺，常用青砖砌筑，立面整洁秀丽，维修方便，利于频繁的商业活动。

第二节 七里坪

一、概况

（一）概述

七里坪古镇位于湖北省红安县北部，鄂豫两省交界处的倒水河北部河畔，离县城23公里，史上就是大别山与长江之间交通的重要连接点。优良的区位条件是七里坪在历史上得以发展为商业集市的重要原因之一。（图3-2-1）

历史上的七里坪有"三家店、三道桥、桑槐树"之称，不过由于其位于群山环绕之中，地处所谓"七里平原地"，中间地势较为平坦，南北方向狭长，非常适合建房聚居，故该地后被改称为"七里坪"[①]。

七里坪古镇所在的七里坪镇是红安乃至黄冈市面积最大、人口最多的乡镇，现其古镇区大约还存留18公顷。（图3-2-2）

七里坪既是黄麻起义的策源地、鄂豫皖革命根据地的中心地带，同时也是中国工农红军、红二十五军和红十八军等红军主力部队的诞生地，又是143位共和国将军的故乡。七里坪境内还有著名的天台山国家森林公园、香山湖、长胜街、双城塔等主要自然与人工

图3-2-1 七里坪区位示意图（来源：杨熙 绘）

---

① 李百浩，张莉. 因地而兴的湖北古镇——红安七里坪 [J]. 华中建筑，2005（05）:162-166.

图3-2-2 七里坪卫星图(来源:王锁宇 绘)

图3-2-3 七里坪鸟瞰（来源：郭建 摄）

景观。古镇上的古老街道——长胜街上保存着质量较好的优秀传统建筑群，全长650米，由南向北依次分布着革命法庭、列宁市杨、殷街旧址、红四方面军指挥部、中西药局、经济公社、红军饭堂、苏维埃银行、郑位三故居、七里坪工会、光浩门遗址等革命遗址遗迹（图3-2-3）。1958年3月12日，董必武同志在视察七里坪的时候，感慨赋诗曰："残垒犹存旧战痕，义军根据地传名，而今建设能跃进，不愧当年七里坪"①。

1988年七里坪古镇成为国务院公布的第三批全国重点文物保护单位，拥有37处文物建筑。它同时也是中国历史文化名镇、省定重点镇和红色旅游名镇。

（二）自然地理环境

红安县位于湖北省东北部，鄂豫两省交界处，东接麻城，西邻大悟县和武汉市的黄陂区，南靠武汉市的新洲区，北则与河南省的新县为邻。红安县地势北高南低，县东北为山区，南部最低点为倒水河畔的杜家湾。全县基本为半山半丘陵的地形。七里坪古镇在红安县北中部低山、丘陵温和区，其所处地形地势比较特别，中部为平原，四面环山，三面环临水，呈现山环水抱之势。周围不仅有香炉山、天台山、大悟仙山、小悟仙山等，还有弯弯曲曲的倒水河。（图3-2-4）

七里坪古镇属于北亚热带大陆性季风温润气候。气温比北部山区高，比县南低，光照短，雨量偏少，四季分明，气候温和。由于地势高，气候垂直变化明显，年平均降雨量1000~1122毫米。七里坪古镇所处地带的主导风向是东北风和西北风。

红安县内有河流近百条，多为山丘区间歇性河

---

① 辛向阳. 七里坪，一座曾以"列宁"命名的集镇[J]. 党员生活（武汉），2012（2）:56-57.

图3-2-4 七里坪周边地理环境（来源：郭建 摄）

流，主要河流有倒水、㵐水、举水等。其中，倒水自北向南贯穿红安中部，向南流入长江，而七里坪古镇即在倒水河畔。倒水又名界河，其水位受降雨的影响较大，每年4~8月常有洪水，枯水季节又严重缺水，常会暴露出河床。倒水河的七里坪段由于淤积不畅，河床渐渐变得比较宽（图3-2-5）。

七里坪的物产较为丰富。此地有一些矿产资源，例如有铜、铁、黄金等；也有种类较多的植物资源，例如水杉、银杏、松树、楠竹等；还产出各种粮食作物，比如花生、水稻、油菜籽、红薯等，以及青茶、珍珠花、天麻、山楂等多种土特产。

二、历史沿革

七里坪古镇是伴随着人们的生产生活以及经济活动而自然形成的以商业与交通为基础的聚落。七里坪古镇自形成而持续发展至今，其整体特征是有机且顺应自然的。

纵观七里坪古镇的形成与发展历程，并参照古镇现状，可将其整个过程划分为起源、兴盛、停滞三个阶段（图3-2-6）。下面就其发展过程做大致的论述。

图3-2-5 七里坪入口处的倒水河（来源：郭建 摄）

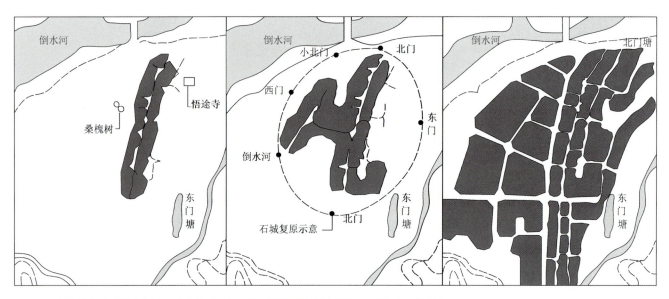

图3-2-6 七里坪形成示意图（从左至右依次是：起源、兴盛、停滞时期布局）（来源：范亚茹、肖曼雨 绘）

（一）历史发展分期

1. 起源

据《红安县志》（1992年）记载，七里坪的形成大约是在元代。七里坪形成初期，其道路基本都是由羊肠小道构成的，人们的手推红车[①]在上面通行并不太顺畅，速度慢，也不是很安全和平稳。后由于路经此地的人多了，此地也修建了一座庙，名曰悟迷寺，因此路过此地的客商有了临时住宿之所。同时也因为庙里提供了一处私塾，附近百姓子女来此学习的比较多，从而使该地段的人气越来越旺，定居的人也越来越多。由于往来的人多了，悟迷寺无法为更多的人提供住宿，于是就有赵姓、孟姓、江姓三家人在这里开了些饭店，为往来的客人提供食宿，由于南北商贾经常投宿在这些饭店，所以它们相对较为出名，此时此地就被称为"三家店"。伴随着"三家店"的经营蒸蒸日上，到此地做生意的商贾也越来越多，之后在距离悟迷寺不远的地方，也就是在如今的长胜街南段，人们慢慢搭起铺面，渐渐形成了集镇，奠定了古镇的基本格局。

2. 兴盛

七里坪古镇在清雍正年间逐渐兴起了竹排运输的方式，并由此发展兴盛起来。因为清雍正年间，在七里坪古镇的北部入口附近，列宁小学南侧，有两棵很大的古树，一棵大槐树和一棵大桑树，大桑树的主干有两人合抱之粗大，大槐树的主干则有三人合抱之大。两棵古树展现出古树参天、枝叶繁茂的景象。所以，七里坪古镇也就有了"桑槐树"的称呼。（图3-2-7）

图3-2-7　七里坪北部入口（来源：郭建　摄）

[①] 这是一种专门运送货物并能坐人的手推独轮车，车身抹上了光油，并涂上红色，故被称作"红车"，当地多用于老人和妇女的出行。参见1992年唐健等主编的《红安县志》。

（1）竹排水运贸易推动正街与河街的发展

在清雍正十三年（1735年）间，逐渐有人采用竹排作为交通运输工具，沿着倒水河将南方的物资运送到七里坪城外的贡家河。但是由于雨水和溪流的作用，天台山上许多红马石不断地被冲进倒水河，经过多年的沉积，抬高了河床，阻塞了倒水河河道，竹排就难以通过此地，因而导致七里坪的水上货物运输变得十分困难。七里坪的商人潘大志、徐武成、沈台三等共同出资并设计了解决方案，最终基本解决了这个问题。而河道的红马石则被利用在正街的路面上，不仅解决了河里挖出的红马石的堆放问题，也提升了七里坪的街道路面质量。路面的中间铺上条石，两边铺砌红马石，路面显得整洁干净，不易起泥沙和尘土，即使人或者车马经过也能保证晴天路面的扬尘不会太多，而雨天也不会泥泞不堪，难以行走，从而保证了顺畅安全的货流与人流交通，也恢复了山清水秀整洁的人居环境。后来由于多年的踩踏和碾轧导致路面的沉降和高低不平，不得不多次垫土铺石。因此，原来的红马石逐渐被埋在下层，直到今天在有些地方还能看见当初路面的一些痕迹。河道的红马石被搬走了，畅通了水路，水运交通又活跃起来，竹排等水运工具就可以直达七里坪如古镇的西门外，从此七里坪古镇逐渐变成了该地区通往外地的物资集散中心。随着七里坪的水运变得繁忙，越来越多的商人被吸引到此地做生意和定居。大量停靠在码头的竹排和上下船的货流，使七里坪如焕发了青春一般，以古镇西门外为核心呈现出生机勃勃、热闹繁荣的景象。

但是过了不到三十年的时间，大约在清乾隆二十九年（1764年），七里坪古镇被倒水河的洪水冲毁。后来人们又在原址重建了街道，七里坪逐渐恢复了当年的繁华。

七里坪起初只是形成了从北门（临倒水河）到南门的街，叫正街，长400多米，宽3~5米。这条街分布着各种小店。粮油行是这里最大的商店，长胜街上有几十家粮行（又名六陈行），专门经营粮食。此外较多的就是杂货店了，包括大书店、布匹店、大药房、瓷器店、大糕饼店等，还有常年可以提供活鱼、鲜肉的鱼行、牛肉行，其中最有名的商号是刘聚兴和鼎祥泰①。

七里坪吸引了越来越多的做小生意的客商，正街的容量基本达到了饱和，不仅商铺不够用，房子也不够住了。因此，商户们寻找新的地点建设住房和商铺。为了充分保证人流和货流的方便性，保证足够的人气和客源，商户们选择在紧邻正街的西边，也就是更靠近倒水河边的区域，从小北门到小南门建设了一条新街，称为河街。河街两边分布着各种小商铺，有竹子行、药材行、羊肉行、打铁铺等，还有经营杉木的料场。虽然都是小生意，但是种类丰富，生意都还比较兴隆。竹排运输业带来的贸易的繁荣，使七里坪自1735~1926年这段时期都保持着商业的繁荣。

（2）太平天国运动促成石城的修建

七里坪历史上还曾修建过石城。众所周知，清末的太平天国运动席卷了大半个中国，太平军和清军都在七里坪驻扎过。太平军经过此地的时候，当地老百姓希望太平军能够多打胜仗，于是将正街改称长胜街，长胜街也由此得名，沿用至今。之后，清军中的一支谭军在追剿太平军的过程中，来到七里坪驻扎。为了加强防御，清军在当地采集石头修筑石城，但石城没有完工，谭军就被调走了，之后由卢军继续修建该工程。石城建起来之后太平军也回到过此地，但是石筑的城墙似乎并没有发挥多少防御作用。不过自从有了石头城墙后，可能因为安全感大大增强的缘故，来到七里坪古镇做生意的商人却逐渐增多了，古镇的商业贸易更为兴盛发达。到清末民初，七里坪古镇大约有居民300余户，1800多人。这个数据基本可以体现出其经济实力。

---

① 张莉. 湖北红安七里坪古镇研究［D］. 武汉：武汉理工大学，2005.

3. 停滞

（1）革命根据地的开辟与列宁市成立

七里坪在1923年就已经有一些革命活动，1925年成立了党支部，1927年在党的领导下兴起了农民运动。由于七里坪古镇地理位置独特，位于鄂、豫、皖三省交界之处，自然也成为鄂、豫、皖革命根据地的中心地带。也正因为如此，七里坪古镇也数次遭到国民党军队的"围剿"。战乱毁掉了七里坪大部分的商铺和住宅建筑，许多居民都没有了住所，也失去了赖以生存的店面，因此他们不得不在废墟上重新搭起草棚，继续居住在此地，并售卖商品维持生计。1929年，当地居民拆除了部分城墙，古镇空间的封闭性被打破，这对于七里坪古镇来说是重要的时间节点，其空间格局开始发生重要改变。

1930年，七里坪镇被命名为列宁市，并被选择作为苏维埃政府所在地，政府办公楼则设在了河街。同时，七里坪古镇内的部分地名和四座门都进行了重新命名。七里坪正街的中段称为"杨殷街"，是为了纪念和缅怀广州起义中牺牲的领导人杨殷；七里坪正街南段被命名为"正红街"，则是为了缅怀"五卅"惨案中的烈士顾正红；小北门和小南门分别被命名为"光浩门"和"南一门"，是为了纪念烈士吴光浩和张南；而东、南、西、北四座门则被分别命名为"二七门""八一门""十月门""五一门"，则是用革命纪念日来命名。另外，七里坪当地居民在古镇的废墟上建设了办公建筑供苏维埃政府使用。该办公楼于1931年11月7日，被转交给刚成立的红四方面军[①]指挥部使用（图3-2-8、图3-2-9）。

（2）战乱下商业衰落与古镇发展停滞

在多次被国民党军队"围剿""会剿"之后，红四方面军于1932年10月进行战略转移，列宁市随后被国民党军队占据，列宁市被改称为七里坪。1932年，蒋

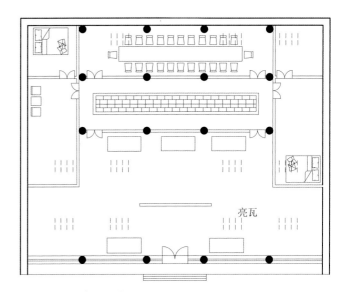

图3-2-8 红四方面军指挥部平面图（来源：岳欣妍 绘）

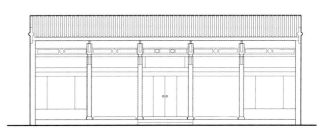

图3-2-9 红四方面军指挥部立面图（来源：范亚茹 绘）

介石为了围剿红军而下令在七里坪修路，从此建立了第一条连接红安与汉口的公路，七里坪与内陆九省通衢的武汉之间的交通变得便捷通畅。古镇也因交通的便利，逐渐沿公路不断发展，空间布局也在悄悄变化，倒水河的交通作用逐渐减弱，七里坪在红安县的交通地位也大大下降，因此无论是规模还是经济发展逐渐停滞。

抗日战争初期，日军在进攻红安县的时候，不仅出动飞机轰炸，还进行炮击，七里坪古镇的主要街道许多地方也因此化为废墟。据统计，1938年9月1日至次年3月期间，七里坪古镇受到至少8次轰炸，在此期间被日军机投弹数百次。

---

① 红四方面军以鄂、豫、皖、苏区部队为主力组成，于1931年11月7日在湖北黄安七里坪（现名七里坪）正式建立，总指挥由徐向前担任。

1939年4月，日军侵占了七里坪古镇，烧毁了古镇中三分之二的房屋。抗日战争胜利后，国民政府红安县当局组织当地居民恢复建设，并新建大、小和平街。虽然古镇建筑有所恢复，但是在当时严重的通货膨胀背景下，加上倒水河的交通运输地位下降等因素，古镇的商业难以恢复繁荣，其商业功能减弱，七里坪古镇长胜街的功能逐渐从商业为主向居住为主进行转变。

（二）历史发展影响因素

纵观其七里坪古镇商贸兴衰的历史，可谓是因水而生，因水而兴。七里坪的历史发展受到以下几个因素的影响。

1. 自然环境提供了物质基础

七里坪不是人工规划而成的村镇，而是自然形成的。村镇聚落的格局并不是《考工记》那种模式人工规划建立起来的，而是村镇利用自然环境的各种资源自然发展扩大而形成的。七里坪的发展离不开自然环境为其提供的特有的地理与资源基础。独特的地理环境为七里坪的发展提供了衣、食、住、行等方面的几乎所有基本条件。食物由七里坪中部大量农田和果林等来保证；衣服等庇护品也能由一些农业资料的二次加工来获得；七里坪的天台山，大、小悟仙山，香炉山以及满山的树林能为房屋的建造提供充足的建筑材料；居民的出行和客商的交通往来有倒水河和贯穿南北的道路保证。虽然还会有很多需求需要从其他途径得到，但是自然环境为人们所提供的资源已经能够达到基本的生活保障了，这也是第一批来到七里坪的人们所能依赖的物质条件。

湖北水网纵横，村镇聚落的选址往往要选择有溪流的地方，这样不仅能解决生活用水，也能解决生活废水的排放问题。七里坪充分利用了倒水河的水及其产生的资源来解决生产与生活问题。倒水河是七里坪的母亲河，滋养了七里坪八百余年，是其从无到有直至渐成规模的重要基础之一。但是，聚落近水还要考虑防洪，这也是七里坪最早的街道——长胜街并没有紧挨着倒水河建设的原因之一。

七里坪夏热冬冷的气候特点决定了冬天可能会有寒冷的西北风在此肆虐。七里坪古镇被山峦环绕，冬天的寒风也被山体阻挡而有一定程度的减弱；而由于古镇临近水面，人们又可以在夏天感受到东南吹来的凉风。这些环境条件保证了居住环境安全性和舒适性。

自然条件和环境是七里坪产生和发展的最根本基础，是这里的居民们赖以生存的基本条件。

2. 水陆交通带来经济文化繁荣

七里坪古镇的发展不能仅依靠天然的环境和资源，还需要外来资源带来的生活物资的充实，以及文化的交流带来科学技术的发展与文明程度的提升。所有这些都需要发达的交通才能实现，七里坪恰好具备这些条件。（图3-2-10）

发达的交通带来了物资交换的便利。七里坪不仅长期需要多种多样的物资满足本地日益增长的人口和往来客商的需要，同时由于区位交通条件的优异，各种商品需要借助七里坪作为交易中心，运往红安县各地或将附近的货物运送到武汉，是南来北往的商品集散地。因此，多样化且便利的交通形式是其支撑条件。一是自诞生以来就有的陆路运输，采用人力或者人力驱动的车辆，或者借助牲口及车辆，包括前文提到的手推车来进行少量货物的运输。当然，由于运输效率较低，参与运输的人力也会比较多，也间接给作为中转站的七里坪发展客栈和餐馆带来了更大的契机。作为陆路交通的重要补充甚至是不可替代的方式之一，竹排水运盛行了很长时间，直到水运几乎被公路运输取代为止。竹排水运运量大、速度快、线路固定，消耗也少，需要人力也相对少，优点突出，因此成为商品运输的重要形式。

图3-2-10　七里坪周边水陆交通（来源：郭建　摄）

随着水陆交通运输的发展，来七里坪做生意的人越来越多，带来了更多的资金，人口的增加也引发了更多房屋的建设，七里坪不仅自身发展起来，也带动了周边地区的发展，同时成为地区的文化交流中心。从发达地区带来的各种文化，包括建筑文化也经由七里坪传播到红安县的其他村镇。

商业不仅为本地居民服务，也同时为途经此地的客商服务，货运的发展带来更多的商业机会，更多商人来到此地做生意，寻找致富的机会，为七里坪创造了多种多样的需求，因此多样化的小型店铺应运而生。七里坪的发展历程呈现出一种湖北古代交通带动型的传统村镇聚落的发展模式，充分体现了聚落发展中交通条件和聚落之间的相互关系。

3. 空间环境塑造聚落空间

自然条件与空间环境决定了聚落的基本格局，为七里坪的总体布局划定了框架。地形限定了七里坪发展的范围和基本形态，水系与古镇的位置关系对其肌理影响较大。但是说到底，还是七里坪居民的活动推动了古镇空间格局与形态的形成。

三、文化特点

（一）丰富的商住文化

1. 多样的居住文化

七里坪有着丰富的居住文化和与居住连为一体的商业文化。

七里坪古镇的居民往往都是世代居住在此地，与历史街道有着深厚的感情，虽然街巷相对封闭，但是街道内部居民之间的交往空间却总是呈现出和谐亲密的景象。这里的许多居民彼此之间有着血缘关系，几乎所有居民家庭世代相识。观察长胜街就会发现，居民之间亲切交谈；路过彼此的房屋老远就打招呼；互相帮助照应家庭和商铺；街道出现了外地的陌生人，不仅会受到所有居民和商户的关注，有时候还会得到商户们的主动问候，这样既能保证古镇的安全，又能利于商户们做生意。虽然是以居住和商业为主要功能，但是这里的生活长期保持了"夜不闭户，路不拾遗"的特点。这恰恰是古镇居住文化和现代居住小区文化的巨大差异之所在，也是有别于纯居住区的文化特色。

2. 独特的鄂东北建筑文化

古镇的建筑，按照功能来说主要分为前店后宅型民居和普通居住型民居两类建筑。前店后宅型民居主要分布在长胜街和河街等街道两侧。街面上的建筑大部分都是居住和商业混合型，基本是以前店后宅的形式为主，这种建筑面街的部分空间往往作为商店的门面，而建筑后部的空间则作为居住空间使用，有的建筑往往还有天井和院子来保证采光和通风。店铺往往只有一进深，内院和天井根据使用的需要有时候会跨越若干进深，开间则多为一开间和两开间，大的也有三开间的，但数量不多。因为街道长度有限，在商业价值高的这种传统商业街上，多开间的建筑并不多见，可能是因为需要极大的财力与影响力，也需要对等的贸易额才能保证这种规模商铺的正常经营。沿街商铺基本为一层或者两层，一层基本是排门式店面，以六扇或者八扇门居多，主要是红色漆面。门扇在白天可卸下门板，可以让店铺内部空间完全向街道敞开，使内部的柜台可以直接与街道空间产生联系，店主和街道上的人们能够顺畅交流，内部的加工过程也能被外部看到，加强了商业氛围，提升了店铺的贸易销售能力，商铺的仓库则往往放在二层或者建筑后部的空间，这些地方有时候也作为临时休息之所。二层有时候从楼板处向街道挑出木板，常作为挡雨遮阳的构件。店铺后面是主人家庭的居住空间，较为封闭，有时候会利用天井和院落来采光和通风，并作为扩展内部活动空间的方式。

这种前店后宅式的建筑在长胜街发展的鼎盛时期特别多，那个时候商甲林立，生机勃勃，这类前店后宅式民居建筑布满了整个街道。

普通居住型民居分布在长胜街和河街各个角落。面街的民居基本采用的是下部空间居住，上部夹层空间储存物品的布局方式，但由于街面宽度有限，开间都不多，需要加大进深以保证足够的居住空间，所以有的进深较大的建筑往往采用了天井或者院落的形式。建筑一层面向街道设置入口，采用普通双扇木门，开大窗，入口连接了堂屋和街道，出入方便，建筑外部靠街边往往还放置了自家的座椅等物品，使内部生活空间向外部延伸。（图3-2-11、图3-2-12）

七里坪丰富的居住与商业文化是古镇的灵魂，是古镇发展中的重要特色，应该予以保护。保护七里坪古镇的居住与商业文化实际上是传承过去的生活与商业氛围，保持人与人和谐友好的交往方式，保持地方居民对古镇尤其是长胜街和河街等历史空间那种独特浓郁的地域情感，从而更好地使古镇居民在尺度宜人的街巷空间生活中获得更大的幸福感，在热闹繁华的小商业经营工作中获得更高的富足感。（图3-2-13）

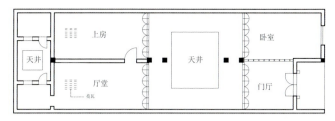

图3-2-11 七里坪工会平面图（来源：岳欣妍 绘）

图3-2-12 七里坪工会入口（来源：郭建 摄）

图3-2-13 尺度宜人的街道空间（来源：郭建 摄）

（二）绚烂的红色文化

七里坪是黄麻起义的策源地，是中国共产党鄂、豫、皖革命根据地建立初期的政治、经济与文化中心，是仅次于井冈山的第二大革命根据地。由于中国红军三大主力之一——红四方面军在这里诞生，红二十五军重建地、红二十八军改编地，从这里先后走出了143位党的高级将领和省部级以上领导干部，被誉为"红色的圣地、将军的摇篮"。七里坪古镇蕴藏着深厚的红色革命文化和英雄们英勇无畏的革命精神。所以说，红色文化是七里坪的重要文化特点之一。

七里坪的红色文化可以概括为以下几类：革命重要策源地、重大革命事件、革命人物、与革命人物和事件相关的物品以及由这些承载的红色革命精神等。七里坪毫无疑问是革命重要策源地之一，也是中国革命重要圣地之一。中国共产党在以七里坪为根据地开展的各种革命活动，不仅对鄂、豫、皖地区的革命活动有重要的贡献，更对中国革命有重要影响，这也是七里坪为人熟知的一个重要原因。七里坪近代史上发生过许多重大革命事件，例如黄麻起义，其红色文化影响就载入了史册，黄麻起义后成立"农民自卫军"，大别山地区革命斗争也就此拉开序幕。在七里坪建立了红四方面军，重建了红二十五军，改编了红二十八军，都是影响中国革命的重要事件。七里坪走出了众多的革命人物。这里诞生了秦基伟等25位共和国开国将军（含原七里坪籍现在划归河南新县的七位将军），有众多革命人物的故居和故事，它们是红色文化的重要体现之一。

七里坪是红色之乡、革命之乡、将军之乡，红色文化应该是七里坪古镇保护重要内容之一。

四、整体空间组织

七里坪镇坐落于丘陵中山水合围的平原之上，四周群山环抱。四周的山体围绕虽然保证了此地相对独立与安全，但是也导致七里坪与外部的交通联系受到了影响。而水运激活了七里坪的活力，促进了七里坪的兴起。周边的山水天然地限定了聚落的空间，七里坪整体顺应地势，逐步向南北两端呈带状发展，空间形态依山就势，高低起伏，和周围的环境高度统一。七里坪古镇以长胜街为主，和另外的河西街、解放街等4条街道一起构成"一镇数街"的街巷空间结构。（图3-2-14）

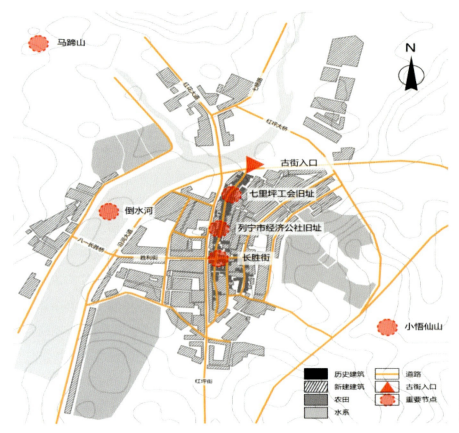

图3-2-14 七里坪平面示意图
（来源：夏炎 绘）

（一）选址特点分析

1. 山环水绕、环境宜人之地

七里坪选址独特、合理。四周为低山丘陵，中间为平地，倒水河由北向南流经中部的平地，七里坪古镇就选址在此南北狭长的平地上，倒水河绕过七里坪，流入长江，连接汉口和红安。这里气候温润，日照良好，水资源较丰富，植被繁茂，不仅减小了冬季西北风的影响，而且能为当地居民保证充足的动植物资源。七里坪古镇周边有天台山，大、小悟仙山和香炉山围绕，有杨山大河和同心小河在七里坪北部交汇，流入倒水河，走水路即可直达武汉。良好的地理位置，适宜的自然条件，优良的自然环境，特色明显的交通区位，无论条件还是环境此地都是比较理想的定居点。这是七里坪古镇的选址特色之一。

2. 连接南北、交通便利之地

合适的定居点不仅需要必要的自然资源作为生活资料，还需要良好的商业贸易机会才能够发展起来。在我国古代，村湾要自然发展到七里坪古镇这种规模，没有商业贸易的支撑是难以想象的。

而农业生产和商业贸易的发展都需要便利的交通条件，包括陆路和水路。由于湖北的地势地形复杂多变，鄂东北山地丘陵多，货物运输仅仅依靠车拉人扛是远远

048

不够的，运量小，速度慢，效率低，成本也高，难以适应商业发展的需求，因此河流不仅作为生活重要的水源之一，也是重要的交通通道，是影响村镇和城市发展的重要的因素。能够行船是河流成为交通要道的重要条件。

倒水河水位不高，山里丰富的竹林资源被利用制造的竹排，恰好能适应倒水河河道的特点，成为倒水河上重要的运输工具。七里坪古镇在湖北、河南两个省份的交界位置，倒水河由北向南流至七里坪古镇北面，就向西转折，并从西面绕着七里坪古镇向南流去，河道的转折使水流速度变慢，也因此使船只的停靠变得容易，众多物资大部分都是依靠倒水河竹排送至七里坪古镇，再由七里坪西门外的码头运向周边村镇输送。此外，七里坪的居民也仅仅只需要走几十步台阶，就可以非常便捷地从码头行走至长胜街或者从古镇来到码头乘船出行。七里坪古镇便利的水运对其周边地区乃至红安县有着很强的吸引力与辐射力。

七里坪不仅有陆路为商业贸易发展奠定了良好的基础，倒水河与长江的连接更是将七里坪并入整个长江贸易网络。交通条件便利，连通了山中小村庄与长江中下游地区，推动七里坪由村庄发展为小镇，并长期繁荣兴盛。从交通特点来说，水路交通的质量高低几乎成为决定古代村镇和城市发展高度的重要因素之一。

交通状况还影响了七里坪古镇的布局。古镇的发展基本也是沿着河流扩展延伸。

（二）布局形态分析

1. "三面河水抱平地，四围山势锁古镇"的总体格局

七里坪古镇位于大别山南麓，处于丘陵地形环境中，四周的地形起伏，山峦层层叠叠，风景秀丽。七里坪古镇东有大、小悟仙山，北边有天台山、香炉山等。其中东部的大悟仙山海拔高度为290米，小悟仙山的海拔高度为190米，北边的香炉山的海拔高度为474米，天台山最高峰海拔高度为817米，是由于山顶的巨石形似香炉而得名。古镇北部倒水河的两条支流在此汇成倒水河，河流从古镇北部向西呈半包围式绕古镇半圈，然后向南流去，在武汉汇入长江。倒水河西岸是潘家岗村，与七里坪古镇隔河相望。

山水环抱的空间环境，决定了七里坪的发展空间和发展方向，也决定了七里坪的形态布局。以倒水河为界，七里坪坐落在以北部天台山，东部大、小悟仙山等山体围合而成的南北狭长的平地上，位于倒水河转折处的东岸地块上，并沿河向南北伸展布局。

山水合抱，自然形成了古镇发展的空间边界，山水环境与七里坪古镇形成一个有机的整体，密切联系，共同构成了七里坪古镇特有的"四围山势锁古镇，三面河水抱平地"的自然生态空间，从而充分体现出完整、协调的湖北聚落之美。

2. 带形的空间形态

七里坪位于南北狭长的平地中，因为倒水河的空间限制，七里坪古镇呈现南北狭长的带状布局形态。所有的街道基本平行于西部的倒水河河道，贯穿古镇南北，而建筑物也随街道的布局向南北伸展。七里坪古镇的发展扩张空间也几乎沿着倒水河向南发展，北部要发展只有跨过倒水河，在古代缺乏大型桥梁建设技术以及缺乏足够资金的情况下，七里坪镇的主要发展方向基本是由北向南扩张，由东向西逐步靠近倒水河边。整个七里坪古镇的空间布局呈现出较为明显的带状形态。（图3-2-15）

3. "椭圆石城"防御性布局形式

七里坪古镇在清朝末年的战略地位日趋重要，清政府在七里坪修建石城来抵御太平军，提升了七里坪的防御能力。椭圆石城是七里坪古镇发展过程中的一种重要

图3-2-15 带形的空间布局（来源：郭建 摄）

形态，奠定了七里坪古镇布局形态的基础。石城建设中建立石头城墙，进一步限定了古镇范围，明确了六座城门的位置和名称，以及内部的数条街和城门的关系。

根据地形特点，石城建设为椭圆形，筑有东、南、西、北以及小南门和小北门共六座城门。每座城门设有门楼，城墙高8米，城基宽3米，城墙上面宽1~2米，周长约1.5公里，城墙内外均为石头砌成，城墙上设垛子，可架设土炮，放白龙枪，并建设有掩体便于观察城外。要从城外达到古镇内部，可以从古镇北门向南爬上十多级的台阶即可到达。但是百余年后，原城门城墙几乎都毁掉了，但基本可以确认城门的位置，在现在的仓库处，南门也就是"南一门"在现在的百货公司处，西门在今镇政府楼的后面，小北门即"光浩门"被基本保留下来。石头城的建设，使七里坪有了城墙，"市"就有了"城"，因此七里坪开始从村镇向"城市"转变，从而也有了更多的发展空间和潜力。这也是七里坪与其他湖北传统村镇聚落的不同之处。

石头城采用椭圆形布局有顺应地形的原因，但是更为重要的是因为这种城墙形式在军事防御上几乎没有死角，有利于防护。张驭寰在《中国城池史》中也认为"'弧墙'防护性强"。七里坪作为城市来说规模太小，因此不大可能进行很大的建设，作为防御据点则需要足够高大厚实的城墙以达到防御作用，才能应对清末大量使用的现代化兵器的破坏力，因此七里坪选用了弧形城墙的形式。但事实证明，即使是石头城墙也挡不住现代化武器的进攻，随之城墙逐渐失去了它原有的防御价值。因此，当七里坪这些城墙在近代被战争毁坏或者被人为拆除之后，基本就没有被修复了。所以大多时间，七里坪都没有城墙，但是其格局形态在太平天国运动之后就发生了转变，城墙拆除后，原有的空间有的就转变为道路，这和中国众多的古代城墙一样。不过，在文化遗产保护工作进程中，七里坪重修了部分城门，使我们还能看到石头城的影子。

五、内部空间组织

（一）街巷空间

1. 街巷空间概况

七里坪镇的主街是长胜街，是现存历史街道中最长的一条，也是规模最大、商铺最多、历史建筑最密集、对古镇最为重要的一条街道（图3-2-16）。

从现状遗存看，长胜街也是七里坪保存状况最好的一条历史街道，有一百余栋明清时期的历史建筑，整体风貌比较完整。长胜街原名为"正街"，可见其对七里坪的重要程度。长胜街是清末太平军占领时期被重新命名的街道，其含义是希望太平军能够打胜仗。长胜街北起北门河岸边，南北走向，向南至胜利街，这一段是历史街道，全长约400多米（图3-2-17、图3-2-18）。而长胜街南边的部分则是中华人民共和国成立后增加的一段。长胜街主街宽4～5米，临街两侧的建筑高度多为4.5～6米，大多为一层、二层，街道高宽比大约1:1，其空间尺度没有带给人压抑感，反而带给人们亲切感和步行的舒适感。

东后街比较短，是紧邻长胜街，位于其东边的一条

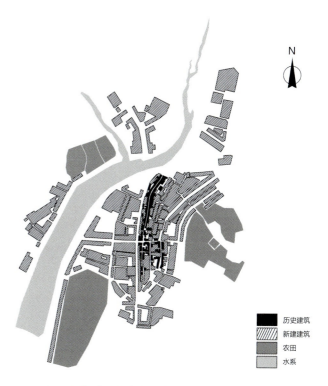

图3-2-16 七里坪肌理图（来源：杨熙 绘）

图3-2-17 长胜街南入口（来源：郭建 摄）

图3-2-18 长胜街北入口（来源：郭建 摄）

平行的街道，是一条生活性道路，开放性不强，空间较为私密。河西街是南起张南一烈士纪念碑，北至原列宁小学的一条街，同样是南北走向，长约300米，宽大约5米，路面基本用青砖铺设。该街道上分布着黄麻起义指挥部遗址、张南一烈士纪念碑等重要文物，两边主要是居住区，历史性的商铺较少。解放街是七里坪最东边的一条街道，北面是由倒水河边到南边长胜街的延长线。解放街原是一条连接红安和河南新县的交通公路的一段。这一段街道长600米，宽8米。如今该街道的风貌早已是现代风格了。和平街是南北走向的一条街道，长约200米，宽8米，街两边有黄麻起义遗址、革命法庭旧址等文物保护单位和历史建筑。河西街、东后街、解放街、和平街四条街道，在街道长度、商铺数量、繁华程度等方面都无法与长胜街相比（图3-2-19）。

2. 街巷结构

七里坪古镇的街道总体呈现出"一主四次"的结构。七里坪古镇自元代开始至清末，就已经建成了五条街道，包括长胜街、河西街、东后街、解放街以及和平街，共同构成了"一主四次"古镇街道结构，其走向基本都是南北向，基本平行于古镇西边的倒水河河段，也是码头所在的区域。

3. 街巷尺度

只有长胜街和河西街的尺度或多或少还基本保持着历史的尺度，街宽大都在3~5米之间。而其他的几条街道虽然位置没变，也保持着一定的历史肌理，但是空间尺度和风貌基本上已经失去了大部分的传统风格。七里坪古镇街巷空间中的历史建筑多为一至二层，高度在4~6米的区间，历史街道的高宽比接近1:1，空间疏密有致，步移景异，每一段尺度比例都有所不同。然而，这些街巷中的新建建筑高度却往往比较高，往往达到8~10米，大多是三层及以上，高宽比近似为1:0.6，空间尺度略微有压抑感，容易使人感到一些局促。（图3-2-20）

图3-2-20 局促的街巷空间（来源：郭建 摄）

图3-2-19 长胜街街景（来源：郭建 摄）

这些街道之间通过甲巷相互连接。甲巷是山墙之间的通道，因被夹在两座建筑的山墙之间故亦称为"夹巷"。这五条历史性的街道与其间长短不一的甲巷共同形成了七里坪古镇中四通八达的网状道路系统。甲巷不但宽度要明显小于主街，且路面亦难以做铺地，铺石板或者青砖。即使是最宽的甲巷宽度也不到2米，同时进入最多能容纳两个人并排通过，窄的甲巷宽度大约1米，两人同时相对而行则需要至少一个人侧身才可以通过。因此，这种甲巷非常适合人们随时畅通地从古镇西边穿行到长胜街这条以步行为主的街上，最多只能带少量的物品，而无法通过这些小巷运输大量的货物。

4. 街巷保护状况

长胜街是国家级文物保护单位，其街道空间尺度和风貌基本保持着原有的风格，其保存状况相对比较好。但是其他四条历史街道保护现状却不容乐观。因为随着人口规模的增加，居住条件的改善需求越来越高，加上保护意识不足等多种原因，除了长胜街之外的其他历史性街道的风貌大部分都消失了。因此，七里坪的历史文化特色和历史记忆可能主要靠长胜街去承载了。如果历史街巷失去了风貌，尺度也发生了巨大变化，街道的历史可识别性就打了大折扣，最终将会逐渐消失。因此，保护街巷结构和风貌刻不容缓。

5. 街巷空间特色

从街道空间尺度上看，历史街巷并不完全是直线，在与倒水河南北走向相适应的情况下，街道建筑也是各有进退，随地形与河流走向偏转，使街道呈现出一些曲曲折折，凹凸有致，但总体基本都在4～6米之间，完全不同于现代步行街的空间形式和尺度。虽然街道各房屋之间或毗连或共用青砖堆砌出来的山墙，但是界面连续，再加上建筑高度起起伏伏，所以使得街道的天际线显得高高低低，错落有致。南北走向的线性街道空间，充满着丰富的商业贸易活动，也交织着各种生活与社会交往活动，当街两旁的店铺建筑卸下木排门，将面向街道的围合空间向街道完全开放，街道和建筑的空间瞬间就融合为一体，街道的活动方式和类型也变得丰富，人们的行走线路也不是南北线了，叠加了东西向来回往在店铺和街道间的穿梭动线，从而使七里坪古镇呈现出扩大化了的交往和经营空间，互相重叠，营造出生机勃勃的湖北传统商业街巷的生活图景。另外，从街道空间中的活动类型和活动目的来说，古镇空间中存在昼与夜两种活动类型，这是与古镇商业与居住生活功能需求相适应的（图3-2-21），其差异较大，充分体现了湖北尤其是鄂东北地区传统街巷空间特色。

图3-2-21 七里坪的生活场景（来源：郭建 摄）

值得注意的是，长胜街的空间功能具有典型的复合性，且其南北纵向长度完全符合现代步行街研究中对步行空间长度的极限要求，非常适合步行，利于多样性商业与生活活动的产生。同时，街道上东西向穿行的动线并不多，开口较少，没有过度对外开放，在保证主街空间对外交通便利性的同时，也较好地保证了街道空间的完整性和适当的封闭性，有利于保持街道空间活动的连续性，从而为街道空间昼夜不同时间段的经济与居住生活提供了适宜的条件。

（二）中心、边界与节点

1. 中心

从宏观角度综合分析来看，长胜街作为主街是整个聚落的中心（图3-2-22），具有动态的、线性的特征。长胜街不仅是七里坪古镇发展过程中最关键的地段，而且是七里坪最重要的商业空间。在商业繁荣的时期，长胜街聚满了各种各样的小店铺，无论是码头还是河对岸方向来的人都会在这里汇聚。这里人流密集，人们往来频繁，商业与生活活动密度高，是古镇经济最为活跃的中心，也是人气最旺的区域，对周边地区的吸引力巨大。七里坪也曾被人们称作"小汉口"，长胜街则是"小汉口"的"六渡桥"。因此，它是毋庸置疑的古镇中心地带。

图3-2-22 七里坪中心场景（来源：郭建 摄）

另外，长胜街作为绝大部分商业活动的载体，很长一段时间都是居住人口最为稠密的区域，也是建筑密度最高的区域。古镇上距离主街越近的地方，建筑密度越高，步行活动密度越高。这也能从一个侧面说明长胜街是聚落的中心。

2. 边界

这里边界的含义往往是指乡村聚落有形的边界，也是人们日常活动的边界。本书中边界的论述并不包含山水、农田等自然和农业要素，有时候综合考虑聚落中人们活动的边界。

（1）山水组成的天然边界

七里坪古镇坐落于丘陵中的平坦区域，不仅四周群山环抱，隔出内外，而且倒水河流水潺潺，连通南北。山水环境共同组成七里坪古镇的自然边界。

（2）石城城墙构成的人工边界

七里坪古镇建设石城之前，并没有很明显的人工边界，其边界主要是由聚落最外围的建筑及其附属的场地共同构成的结合。但在清末的石城修建起来之后就出现了非常明确且能强烈地隔离内外的人工边界，城墙作为七里坪古镇的人工边界标志持续了很多年，且被人们记忆至今。但自从石城城墙被拆除后修建了新的建筑、道路和堤坝等，人工边界逐渐扩展至河边，边界所覆盖的范围大了很多，其边界的标志逐渐变成了堤坝与环绕古镇的马路。

3. 节点

如果说七里坪古镇的街道是流动空间，那么节点则是面状的、开放的或人流速度放缓的聚集空间。七里坪古镇是自然形成的，其节点也同样是自然形成的，并不是事先规划好或者设计好的，都是在陆陆续续的街道建筑建造过程中慢慢形成的。建筑、植被和一些构筑物等围合出的街道、集散场地等空间序列，结合地形的高差变化引导人的活动，其中部分区域能够聚散人流或吸引人停留，从而形成各种各样的限定性节点空间。节点空间通常具有很强的领域感，人们经过时，往往产生停留、休憩的活动类型。

七里坪古镇的节点主要在于主街两端入口处（图3-2-23），而街道内的街巷交叉口处没有特别的空间变化和提示性，因此其在街道中显得非常不易分辨，限定空间的作用也很有限，也难以起到聚散人流的作用，领域感也不强，因此并不是典型的节点。另外，曾经的码头早已湮灭，长胜街之外的几条街巷由于传统风貌的消失，基本不具有传统节点空间的特点。从现存传统风貌的节点分布看，离古镇中心长胜街近的地方节点因聚落的聚合而集中，在远离中心的地方，聚落的传统节点成离散状。

长胜街两端入口原来各有一处牌坊，但是原牌坊早已损毁，现存的牌坊是21世纪初重修的。长胜街两端的入口空间前都有一块比较宽敞的场地，由周围的建筑围合而成，也属于街道的一部分。南面的入口牌坊虽并不高，但非常显眼，尤其是与邻近建筑连为一体，但风格与之完全不同，入口节点的标志性很明显，场地界面并不是四四方方，而是局部因建筑界面变化带有弧度，可辨识性非常强，导向性也很强。北面入口处外部也有较宽敞的开放场地，有一定的引导性和辨识度，直接面向倒水河，是七里坪古镇保护工程建设中已经进行过整治修建的部分。但是由于街道之外的建筑大都失去了传统风貌，且地面铺装并不是传统的样式，仅靠牌坊来营造氛围，其历史感并不十分强烈。两端入口外部的开放空间节点使人们有了驻足停留之地，古人多在此会

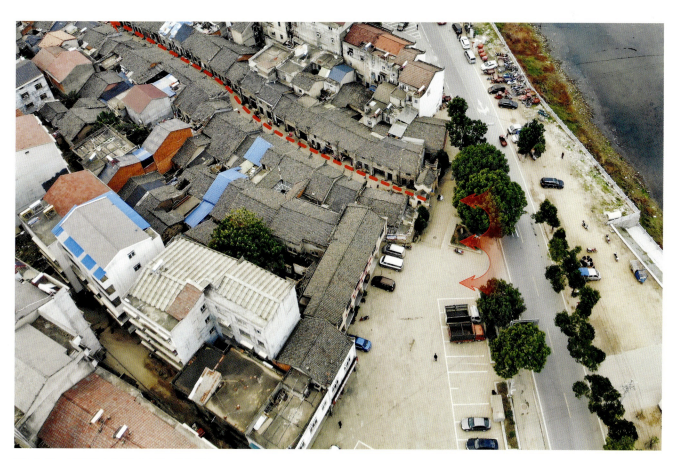

图3-2-23 七里坪北入口节点（来源：郭建 摄）

图3-2-24 七里坪周边交通节点（来源：郭建 摄）

面与休息或寻找各种机会，而现今更多地成为旅游人群驻足拍照之处，其尺度和人群活动方式与相对狭窄的长胜街街道形成了鲜明对比。

另外，列宁小学及其前面的广场是重要节点之一。列宁小学仍作为小学使用，其广场本来就是原来的操场，与周边的开放空间恰好还能作为游人的集散广场使用，是七里坪古镇北面重要的节点之一，但是由于其与长胜街隔开一条可车行的干道，因此该节点与主街的节点之间的空间联系稍弱，可能随着保护工作进一步到位，应该能还原一些传统风貌，使古镇风貌连续性和整体性更强。其他节点多是长胜街和甲巷的交叉口，有"T"字形和"十"字形，交叉口处虽然领域感不强，但是尺度与街道上其他部分相比有一定宽度的变化以及角度的转折。这些节点在长胜街不均匀地分布，街道上的人群随时可以从巷道走出主街到达其他街道。（图3-2-24）

第三节 大余湾

一、概况

(一) 概述

大余湾是木兰乡的一个传统村落。它位于武汉市黄陂区的东北部木兰乡黄陂区木兰山南麓,是双泉村的一个自然村,其东南西北分别邻近红安县、姚集街、长轩岭街、王家河。大余湾离黄陂市中心约20公里,离红安县城47公里,离武汉城区68公里。因在木兰山南麓,向北部的交通需要从东西两边绕行,因此古代时期的对外交通,尤其是与北边中原地带的交通联系并不是很便利。而现在因黄土公路、火塔线等道路的建设,其交通条件提升了很多,因大余湾西、南面地形起伏非常小,也有道路通达,因此其与武汉城区、孝昌县等地联系更为方便,车程基本都在1~2小时。另外,滠水从西面流过,直达长江,保证了大余湾与武汉城市中心的水路联系。(图3-3-1、图3-3-2)

大余湾始建于明洪武二年(1369年),至今已建村650年,是中国历史文化名村、中国传统村落、湖北省重点文物保护单位、武汉市文化风情特色小镇,2012年入选首届湖北十大旅游名镇。

(二) 自然地理环境

大余湾位于大别山南麓边缘的高峰之一——木兰山脚下的一片平坦地带,也是由南向北丘陵逐渐开始增多的地段。木兰山因木兰将军而得名,海拔高度582.1米,方圆20余平方公里,是大别山南麓的余脉,也是荆楚地区著名的风景区。明代著名诗人屠达在《登木兰山记》里夸赞道,木兰山为"西陵最胜,盖三楚之极观"。

从四周环境分析来看,大余湾北靠葫芦山,南望金屏山,美丽的清水河自东向西在村前流淌,弯弯曲曲流入1公里外的滠水。而发源于大悟县的滠水则从大余湾

图3-3-1 大余湾区位示意图(来源:夏炎 绘)

图3-3-2 大余湾卫星图（来源：肖曼雨 绘）

的西边由北至南流过，最后汇入长江。从更大范围看地理环境关系，大余湾大致是在木兰山谷地出口处，背山面水，被东北方向的木兰山脉和西边的滠水、南边的清水河组成的天然屏障四面包围着，其所在区域北高南低，向南和西较为平坦的开阔地带望去，是武汉中心城区和辽阔的江汉平原。（图3-3-3）

大余湾属于亚热带季风气候，雨水充沛，光照充足。其春季温和湿润，夏季高温多雨，秋季凉爽少雨，冬季阴冷干燥，四季非常分明。大余湾年平均无霜期是255天。

大余湾依山傍水，宁静如画，周围有山有水，生产条件比较好，物产也较为丰富。其主要农产品有西瓜、洋葱、洋芋、沙果、葡萄、羽衣甘蓝、大芋头、玉米等。

二、历史沿革

大余湾的居民主要以血缘为纽带聚族而居，迁徙繁衍而来。大余湾是随着人们生产生活而发展形成的以居住为基础、以匠人为特色的传统村落。研究大余湾的形成与发展历程，根据大余湾的现状、居民回忆与家谱分析，其发展过程大致可分为起源、兴盛与发展三个阶段。

（a）大余湾鸟瞰（来源：郭建 摄）

（b）大余湾及其环境

图3-3-3 大余湾

（一）历史发展分期

1. 起源

大余湾的先人是余姓大户。明初，朱元璋发布了赣湖大移民的诏令。在明洪武二年（1369年），大余湾的先人们从江西婺源、德兴等地搬迁至木兰湖畔，聚居成村。

据《余氏宗谱》的记载，余氏先祖"唐末徙居徽州婺源沱川"；宋朝时"宓仲卜葬于江西德兴县南长塘荷叶坡"；而到元朝时期，"元明族姓愈昌，支派愈繁矣。我支自荣甫公避乱创基徙居湖北武昌，遂卜宅于黄陂北乡黄土港。"之后，"明洪武二年公（余秀三）始由武昌再迁黄陂县黄土港。"[①] 据《余氏宗谱》中的这些记载可知，先辈余荣甫为了躲避乱世，从江西德兴迁徙至湖北武昌之后，其中余秀三率领族人于明洪武二年（1369年），又由武昌辗转迁徙到黄陂黄土港，也就是现在大余湾西边不远的滠水河畔。元朝末年，各地兴起的农民起义军最终推翻了元朝政府。朱元璋凭借其与陈友谅在鄱阳湖的最后一战赢得了政权，但却因此使得长江中游地区的老百姓颠沛流离，民生凋敝，田地荒草丛生。所以才有了明朝政府发起的移民计划，朱元璋希望借此恢复这个地区正常的生活和农业生产。这些移民迁徙的具体情况缺乏正史的记录，因此族谱就成了移民迁徙状况的推断参考。江西北部的部分居民经过很长一段时期辗转多地，最终迁徙到黄陂大余湾，不仅是政府有要求，可能更是出于想逃离战争和寻找生存空间的原因。从家谱中不难发现，来到大余湾的移民还很有可能认为大余湾这块地区是一块极为珍贵的"风水宝地"。例如，余秀三的墓选址就非常讲究，其墓地位于村东北的稻田间，关于此问题在《余氏宗谱》有记载："公（余秀三）葬村北石头塘右上坂来龙束气处。横受作穴，立辛山乙"。大余湾的环境被余氏家族认可，因此才能选择他们所认可的地段安葬先祖。余秀三对于大余湾的村民来说是始迁祖，受到了大余湾人的极高尊重。大余湾的形成是与余秀山及其族人迁徙至黄陂研子岗和木兰川分不开的。他们在此地繁衍生息，逐渐形成了村落。因此，当地的建筑风格、生活习俗与江西是有许多关联的。

2. 兴盛

明清至民国时期，大余湾人做生意积累了一定的财富后，便大力建造更好的住宅用于居住，现存的老建筑就是那个时期建设的成果。大余湾的先辈们来到大余湾，和其他农民一样，依然是以种田为主要生活来源。就如同像中国广大的农民一样，以务农养活自己和家人。不过到15世纪明中期的时候，大余湾有了较好的发展，有外出经商之人，回到家乡买地建房，开展经营活动，推动了当地经济发展。据《余家菊景陶先生回忆录》中描述，当时当地曾有一人叫余文发，是余氏家族的第16代，其读过书、明事理、处事机智，为人也很忠厚，当地人亲切地称呼他为余四爹。他于壮年时期回到了大余湾，买田地造房子，房屋均是直墙到顶的式样，同时还建造了一些商业店面来经营，例如典当铺、永兴号铺屋等，据说资产有白银十万两。所谓的"石墙到顶"的建筑就是传统硬山民居建筑，当然其建设中采用了院落的布局，"大院套小院，小院围各房"[②]。那个时期全村有上百户人家，院落之间相互连通，户与户之间用隔墙分开，并设有分户门以便互相通达，路面则采用了石板铺砌，呈现了"滴水线石墙，顶有飞流瓦，檐仲鸟兽状，室内多雕刻，门前画檐廊，流

[①] 黄伊. 武汉市黄陂区木兰乡大余湾明清时期古村落 [J]. 江汉考古，2011（3）：120-124.
[②] 参见《余家菊景陶先生回忆录》。

水穿村过,过溪搭桥梁,出门到田间,观鱼清水塘"的优美景观。村里还修建了百子堂、源丰、德济三座花园,其建筑均为木结构。

之后在清乾隆、道光年间,大余湾有了更大的发展,进行了比较大规模的建设。因为其商业较为繁荣,经济情况较好,当地余氏族人逐步开始改造和新建自己居住和生活的环境。最终形成了大约四片建筑群,分别属于家族的四个分支,同时建有祠堂、亭廊等公共设施,改善了排水设施。东西向的主干道穿过村中,连接了各个主要家族分支的建筑群。(图3-3-4)

(二)历史发展影响因素

具体来说,其历史发展受到以下因素影响。

古代村落选址布局都特别讲究风水。所谓风水上的讲究,实际上体现了古代朴素的自然观。大余湾的布局讲究道法自然、尊重自然。其形态总体为不规则船形,百十户人家在一片高亢坡地上错落排开,村前两座小山连绵起伏,七块形色相似的花岗岩零星分布在距离村落不远的地方。村湾左侧山脉蜿蜒,并且和稻田相连接;右侧坐落着一座小山。(图3-3-5)

在进行具体村落建设的时候,不同于与自然对立对抗的做法,人们顺着山势流水建造村落。也正因为这样,大余湾和自然的联系亲密而又有机。大余湾古村落体现了贴近自然、尊重自然的人文精神。大余湾在木兰川的乡土文化也与这一带秀美的自然景致相融合,并且相互塑造着。(图3-3-6)

如今的大余湾也能依稀看到历史演变的痕迹,村落格局和明清时期原貌相仿,延续了大余湾独特的民俗风情。

三、文化特点

(一)以赣文化为核心的移民文化

江西是移民史上重要的集散地,在中国移民史上占有重要地位。湖北有许多地方的移民都来源于江西。大余湾主要因为来自江西北部的移民定居此地而形成,赣文化在大余湾及周边江西移民聚居地留下了深刻而厚重

图3-3-4 大余湾的古民居(来源:程鑫 摄)

图3-3-6 大余湾的航拍图（来源：郭建 拍摄）

图3-3-6 大余湾入口方向鸟瞰（来源：郭建 摄）

的印记。可以说，大余湾是以赣文化为核心移民文化的典型代表之一。

大余湾家族源流绵衍久远、历史民俗人文积淀浓厚。村中还依然保留着传统的民风民俗，有别于武汉其他地区的文化特点。在大余湾内，仍大量分布着农业时代所依赖的各种农业工具以及各种文化物品，例如许多家房前屋后有石碾、石碓、石磨（图3-3-7），其中一些石碾刻有"嘉庆廿二年立"字样；有藏有"雍正朱批谕旨"的箱子；有二三百年前雍正朱批谕旨、钦赐的"四豆同荣"贺寿匾；有一些老房子的屋檐下还有古代工匠绘制的"高山流水觅知音"之类故事的精细彩绘；

图3-3-7 石磨石碾垒成的护栏（来源：程鑫 摄）

村子里"百子园"发生的传说故事也还在流传着。另外，家家户户都有古董，有些还在继续使用。比如，有的村民家还留着自建房以来就添置的红木雕花床，上面雕有明代的官服等，一直用了几百年。

大余湾的村民依然保持着许多传统的民风民俗。例如饮食、传统节日的庆祝等。人们崇尚传统的棋琴书画、诗词歌赋，许多人古诗古词信手拈来。每当到了农闲的时候，居民总是在一起进行各种社会活动，比如玩龙灯、唱社戏等。

另外，大余湾的规划布局本身就充分体现了村落选址中古人的大智慧，且有传统文化的深刻影响。例如，村中就有一个八卦图形式的水塘。如此种种都可以印证大余湾深厚悠远的历史民俗文化。

（二）悠久的工匠文化

大余湾里多工匠。自建村以来，村里涌现了许多能工巧匠，这也是大余湾从移民的临时定居点发展为富裕村庄的原因之一。这些工匠世代传承，不仅解决村民自己的生计，也为社会创造了许多的物质与文化作品（图3-3-8），让大余湾远近闻名。

大余湾有培养雕匠、画匠、石匠、木匠、窑匠等手工艺人的传统，其工匠自古以来就远近闻名。其中，大余湾的窑匠特别多，民间曾有"十汉四窑匠"之说。[①] 即使是现在的大余湾也有许多陶工、木匠、石匠。这些工匠为各种传统产业的发展作出了巨大贡献。这里的制陶业一直都很发达，黄陂区很多人仍在用木兰川当地产的各种"川里货"。另外，当代的大余湾还走出了一个有规模的建筑公司，从当初的两三个人的乡村建筑队变成了五百多人的公司，显然，是因为这里有匠人的传统底蕴。

大余湾人在现代生活中并没有放弃传统的生活和工

图3-3-8 大余湾的木雕
（来源：程鑫 摄）

匠精神。村里至今都还有窑坊、碾米坊、布坊、豆腐坊在运转，可以满足全村人的基本生活需要，农业生产中也还保存着分离谷壳和米粒的风斗车、脚踏龙骨水车等农业工具。

（三）深入骨髓的勤俭精神

大余湾人的祖先移民到此地后，世世代代居住此地并繁荣持续了六百多年，勤俭是大余湾重要的精神特质。《周易》中有古语云："君子以俭德避难"。大余湾人的祖先就是凭借勤俭节约，靠开油坊、做生意积累财富，逐步置办田产，兴建宅第，最终发展成为较为富裕的村落。而在建筑样式上也同样体现了这种勤俭文化。村落布局很讲究，受江西建筑风格的深刻影响，具有赣派和徽派风格的一些特征。但是其建造过程中，采用独特的"木兰干砌法"，大石块用来做墙体的主体，小石块则用来填缝，直接干砌上去，里面没有粘合的物质，这样综合利用大小石块，充分发挥其特点，非常节约材料，也做到了因地制宜。这种建造方法既是一种创

---

① 林艳. 湖北民俗与乡村旅游发展研究[D]. 武汉：华中师范大学，2011（10）.

图3-3-9 采用"木兰干砌法"砌成的石墙（来源：程鑫 摄）

造，也体现了其勤俭节约的理念。（图3-3-9）

如果说建筑和器物是勤俭精神的一种物化，那么生活方式则是勤俭精神的文化体现。大余湾流传着很多谚语或者俗语，例如"精打细算，油盐不断""常将有日思无日，莫把无时当有时"等，不仅说明了大余湾人勤俭的原因，也从侧面反映了古代社会老百姓一种未雨绸缪的生活态度。大余湾的大门都是"宽进窄出"的形式，表达了大余湾村秉承的一种开源节流、俭而有度的生活理念。另外，家家户户都有许多器物和生活用品被几代人使用和传承，不仅让我们看到一种尊重文化遗产的传统，也让我们意识到节俭精神早已内化为一种大余湾文化。

（四）独特的书香文化

古代大余湾人一直奉行"耕可致富，读可荣身"的生活理念。因此，大余湾人也特别重视教育，盛行读书之风。在古代"学而优则仕"的社会环境中，大余湾走出了许多秀才、举人、进士，近现代也有许多名人学者。百户的大余湾能涌现这么多的人才，都是因为尚读书的原因。大余湾一直都有一种"晒书"的传统文化活动，这在我国传统村镇中是非常少有的。在"晒书"活动中，村民们会挑选一个天气好的日子，各家各户将自家的字画、典籍和书信等搬到室外来晒一晒，这样可以防止纸质的书籍字画等发霉，从而长期保存下来。这些珍贵的古籍、书信和字画中曾经不乏珍贵之物，但不幸的是大多数在"文化大革命"中已被毁。每到这种"晒书日"，都使人深深地感受到几百年来大余湾人传承的浓厚的耕读文化。大余湾对书香文化的重视是重视教育的一种体现，且已经成为大余湾的一种文化。

（五）丰富的历史名人文化

春秋战国时期的著名琴师俞伯牙被大余湾人奉为余氏的先祖，因此余氏宗谱里记录了"高山流水觅知音"故事的檐画图谱。除此之外，大余湾的历史文化名人数不胜数。古代"学而优则仕"的社会环境中，大余湾曾有过"一门三太守，五代四尚书"的传奇历史，除此之外，也曾科举考出了不少秀才、举人和进士，这在宗谱上都是有详细记载的[1]。近代以来从这里走出了许多著名学者，有百余位之多，其中以棉花专家余传斌和铁路专家余传典为代表。而且大余湾作为黄陂区著名台乡和侨乡也出过不少名人，他们留下的"一门四博士""父子四留洋"等故事被传为佳话。

四、整体空间组织

大余湾聚落是以血缘为纽带聚族而居，迁徙繁衍而来的，有丰富的历史民俗文化和独特的书籍文化。由于人们朴素的地理认知和与自然结合的乡土文化与生态观，大余湾聚落整体呈现了融于自然的聚落形态。大余湾聚落中横贯东西的主街，使村落总体上呈线性分布，由于人的活动形成的"街—巷—台—庭—室"的空

---

[1] 参见袁红，王英哲编著的《楚城春秋 荆楚古城文化》第二十四章。

间序列，使得公共空间向私密空间逐步过渡的空间层次得以形成。

（一）选址特点分析

1. 傍溪卧岗，环境优美

大余湾先辈来到位于玉屏山和木兰山之间的木兰川，选择了南部川口定居下来。木兰川长十多公里，其川径深邃，气息清幽，碑碣散布，别有洞天。木兰川的美丽风景在清代就非常有名气了，清康熙时期的《古今图书集成》中就提到过木兰川。大余湾的选址位于木兰山南端川口，靠东南坡的位置，并且倚靠两山，环境秀美。远离大城市，也就减少了战争和社会动荡的威胁，因此这种优美的山水环境既能提供丰富的生产生活资源，也为大余湾提供了安全的保证，简直是世外桃源。

距离大余湾西侧大约两里路有一条河，是发源于大别山腹地的滠水。滠水大致为南北走向，贯穿了整个黄陂区，而流经大余湾的一段，被村民们称为"黄土港"①。这种独特的山水环境为大余湾的发展创造了优良的生活环境。

2. 临溪而居，交通便利

大余湾在木兰川口，因此可以非常方便地享用木兰山上顺流而下的溪流的水资源，其生活用水洁净、便利，而且能利用水车等工具改善劳动生产力。人们傍溪而居，但是远离滠水，这样的环境非常适合生活与农业生产，而且不用太担心1公里外滠水的泛滥。

大余湾的发展不仅是靠农业本身，还有赖于商业贸易，而商业则需要与外界联系，尤其是贸易发达地区的交通联系。滠水离大余湾不远，步行也能到达。古代大余湾与武汉及长江中下游的交通联系，最方便的是靠水路交通，因此滠水是大余湾必不可少的交通线路。河口镇就曾因滠水水路交通的便利性而成为"小汉口"。滠水使大余湾与外界联系更为方便，大余湾人去外地经商或者寻找生计也比较便利。近滠水而不是临滠水，这使大余湾不仅躲开了洪水泛滥，也便利了对外交通。

（二）布局形态分析

1. "背靠木兰面朝水，民居院落一街牵"的总体格局

大余湾南面的金屏山和村北面的木兰山余脉构成了连绵起伏的丘陵环境，大余湾就在山体之间不大的平坦地。大余湾背靠木兰山脚下小山包——葫芦山，面朝曲折流淌的清水河，清水河流入村中央的大水塘，形成了有趣的旋涡状形态。而大余湾西北侧山坡连接着稻田，其东侧则面向木兰川。对面山坡上的岩石形似葫芦，村南山脚下有个太极图形的水塘（图3-3-10）。

居民们以血缘关系为纽带，比邻而居，随着主街的弯曲，民居群落也围合出了一个个形状各异的院落，这些院落与民居建筑一起形成几个组团，被大余湾的主街串成了一个整体，从而形成了"背靠木兰面朝水，民居院落一街牵"的总体格局。（图3-3-11）

2. 组团式分布

大余湾聚落因坡地走势由东北向西南梯次展开，整体布局如同不规则的船形，民居建筑群错落排开于层层坡地之上。民居群落被山体、水塘和溪流划分为一个个组团。按照聚集程度和空间特点大致可以分为4处组团，每个组团都至少有一处水塘位于组团的南部。无论

---

① 参见《余氏宗谱》。

图3-3-10 "太极"图形的水塘鸟瞰（来源：郭建 摄）

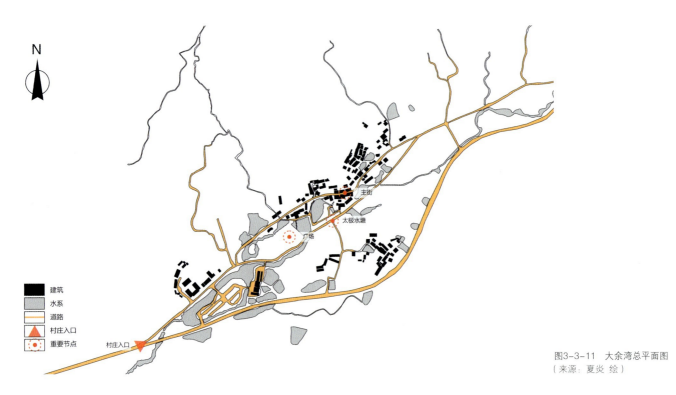

图3-3-11 大余湾总平面图
（来源：夏炎 绘）

哪一个民居院落组团，皆大体是坐北朝南。从大余湾总平面图上看，组团轮廓清晰明了，规模也大致相当，水塘分布也较为均衡。大余湾的主街蜿蜒曲折，恰好将4个组团的民居群落全部串联起来，使这些组团总体沿着主街呈线性分布，并最终形成一个有机的聚落。这种自然形成的组团式布局既有利于家族的各个家庭之间互相照应和共同生活，也具有一定的对外防卫性特征，在一定程度上维护了村落的安全。（图3-3-12、图3-3-13）

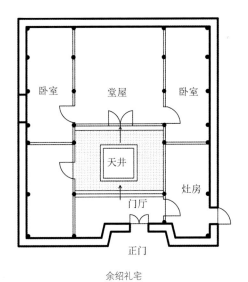

余绍礼宅

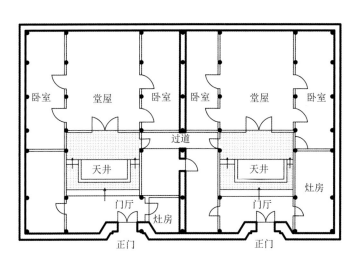

余传进宅

图3-3-12　大余湾民居平面图（来源：岳欣妍、肖曼雨 绘）

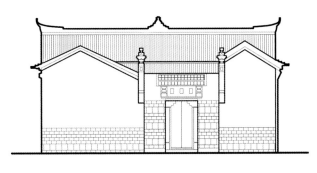

余绍礼宅　正立面

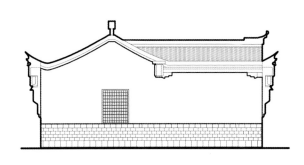

余绍礼宅　侧立面

余传进宅　正立面

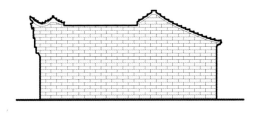

余传进宅　侧立面

图3-3-13　大余湾民居立面图（来源：范亚茹、肖曼雨 绘）

五、内部空间组织

（一）街巷空间

1. 街巷结构

大余湾里有一条横贯东西方向的主街（图3-3-14），将村落中的各个居住组团连接起来，使村落总体呈现了"一横多纵"的空间结构。大余湾的发展基本是沿东西向的主街发展，并围绕街巷形成4个组团，各组团的内部巷道将组团民居群落和主街连接起来，这些巷道虽然没有明确的名称，但是必不可少，既能保证各组团的独立性，互不干扰，又能保证村落各组团之间的便捷交通联系和村落的整体性，为整个村落的生活与生产活动环境与文化氛围奠定了基础。

2. 街巷布局

大余湾的主街是村中最长、最完整的街道，也是对村落最为重要的街道。从现状看，沿街并没有什么商铺，这和村落的主体功能为居住有关。街巷上大约有50余处明清建筑，主街长约800米。主街长度的计算主要是截取的进出村庄建成区的主要道路的交叉口之间的距离，不仅包含了村落的古民居群区域，还包括水塘和村前两片稻田等村落重要构成要素。主街的宽度在不同位置均不同，一般在2.5～4米之间，街道两侧建筑主要为一层。由于地形的限制，村庄呈东西向展开分布，受到村内水塘和北部葫芦山的影响，布局不仅是组团式，更有特色的是，村内主街从一头到另一头，有的地方两边分布着田地与水塘，两侧都开敞；有的地方两侧均为民居，街巷显得相对封闭；还有的则是一侧为民居，另一侧为水塘或者花园或菜园等，一种半开敞的空间；其空间形式变化丰富。另外，主街在中部扩展为一个宽敞的广场空间，适合村民的聚会与公共活动。从街巷线性变化上看，街巷空间沿大余湾主街有一点较为平缓的弯弯曲曲的形态，但是在与组团交界处，巷道分叉较多，长度较短，曲折有致，街巷之间的角度也比较多样，使巷道空间比主街空间更加丰富。主街和巷道空间主要是生活空间，这两种线性空间不同程度的曲折变化共同构筑了大余湾街巷空间尺度宜人的生活空间。（图3-3-15）

3. 街巷尺度

大余湾的街巷空间完整地保持着原有的尺度。其800米长的主街非常适合步行，核心地带大约500米长，主街上的古民居外墙高约6米，街巷由于在2.5～4米宽，因此高宽比大约在2.4∶1～1.5∶1之间。而其巷道大约在1.5～4米之间（图3-3-16），有个别地方

图3-3-14　大余湾主街（来源：程鑫 摄）

图3-3-15　大余湾大尺度街巷空间（来源：程鑫 摄）

图3-3-16 大余湾小尺度街巷空间（来源：程鑫 摄）

宽度甚至到6米，但是长度都非常短，其高宽比大约在4∶1~1.5∶1，显示出空间变化的丰富跨度。这种街巷的空间尺度宜人，其中的生活安静恬淡，非常适合村民普通的居住生活，而不适合大量人流往来和众多商业的开展。应该说，大余湾的街巷空间尺度就是一种生活的尺度。

4. 街巷保护状况

大余湾的主街和各种巷道基本保持了原状，虽然全面的保护工作开展了至少十来年，但是并没有去改变街巷空间的原始面貌，仅仅只是做了局部的修复和整治，保证了生活环境的品质。另外，现在大余湾也引入旅游开发公司，对基础设施进一步进行了完善，并正在对旅游进行策划、引导和管理。从目前了解的情况看，村庄未来的建设计划并不会进行大拆大建，只是旅游开发中如何协调好保护与利用的关系，平衡好保护与发展的关系，这些可能还需要进一步探索。

5. 街巷空间特色

大余湾的街巷并不是横平竖直，也不是经过规划的城市那种矩形网格状分布，而且不像任何一个其他的传统村庄，它形成了一个自己独有的体系。依靠主街和各组团空间的有序联系，大余湾街巷空间表现出主次分明、曲折多变的特点。这是因为台地空间主要分布在街道和巷道空间向院落和室内空间的过渡区域。这种街巷随台地空间及其所依托的自然地形发生变化，具有明显的拓扑特点，极大地丰富了大余湾空间的维度，同时也能够提供给居民从内向型空间到外向型公共空间转变的心理上的引导。街、巷既是村镇形态的骨架，也是村镇空间的重要组成部分。它们从不单独存在，而是与村镇建筑及环境共存；它们通常基于村路内部交通需求，有主次之分，在村镇中有序流通。大余湾丰富的街巷空间变化获得了丰富有序的空间层次，为村落生活创造了重要条件。（图3-3-17）

（二）中心、边界与节点

1. 中心

宏观分析聚落的中心，由于大余湾聚落形态是较为明显的网格式聚落形态，其聚落中心较为零散，以一个大的入口广场和四个水塘为中心形成了大余湾的格局。

中观分析聚落的中心，广场是传统乡村聚落中公共性交往场所，往往是聚落的活动和社群聚集的中心地带。过去因为被封建礼制所影响，人们对公共性的交往活动没有足够的重视，通常以扩大化的街巷空间作为

图3-3-17 大余湾肌理图（来源：杨熙 绘）

广场空间，供居民的公共活动使用。大余湾中两处广场——芋子田和耒稆园，被主街联系起来，也可以看作主街的空间扩大化。这两处广场三面基本都是由周围的民居建筑围合形成的，广场南面都面朝清水河，比较开敞，是一种半封闭和半开敞相结合的空间模式。广场旁边都还保留有过去遗留下来的压力取水口，即汲水台。汲水台的环境绿化和池塘亲水空间环境在人们日常生活场景中相得益彰。

另外，还有一种是以水塘为中心的模式。中国传统乡村聚落常常会借助地形的起伏，选择村落中方位合适的低洼处作为池塘，或直接灌水或开挖而成。大余湾即这种案例，但是与众不同之处在于：水塘与陆地均有一点"S"形的形式，表明以水为阴面，陆为阳面的概念，自然形成八卦图形的意象，尤其是村最南面跨过梳研公路的水塘及其附属平地是一个非常典型的八卦意象图，而村中的4个水塘分别在4个村落组团中起到了中心的作用，村民活动和行走基本都是围绕着水塘展开，民居建筑也基本是顺应水塘的排布方式布局。

大余湾独特布局特色的形成，与当地众多的水塘离不开关系。大余湾的村民日常生活都离不开水塘，同时水塘作为公共的活动空间，也加强了人们的日常交流，促进了邻里之间的关系（图3-3-18、图3-3-19）。

图3-3-18 大余湾水塘和水车（来源：程鑫 摄）

图3-3-19 大余湾水塘空间（来源：程鑫 摄）

2. 边界

（1）天然边界

大余湾的天然边界都是自然山水相分隔。大余湾南边两座小山连绵起伏，勾画出村落向南发展的极限，而村湾西部则被田地和山脉围合出有限的空间，村北部木兰山的余脉葫芦山高低起伏，限定了村庄的发展边界，东部低矮的农田也表示出村落另一端的界限。

（2）人工边界

与自然边界不同，人造的事物往往直接给村落划定了边界，这种边界往往是有意而为之，是人们改造自然的产物。有学者指出："村落和自然界的关系是选择、适应、改善、享受自然的过程，我们所看到古村落布局是建设过程的调整和最终结果的统一。"[①] 大余湾的规划与空间组织就非常突出地体现了这种过程和结果。在适应和改善自然的过程中，大余湾村民体现出劳动人民的高超智慧，也展现了与自然和谐共处的一面。在村的外围，他们用麻石垒砌了村前的清水河，不仅作为村落的护村河，也为村落划定了一条南边的边界，同时他们砌筑了村落北部的石墙，以此作为村落的防御屏障，既可以对外抵御敌人，也能多少阻挡一下山上的洪水和落石的侵袭。在村内，道路和广场构成的边界，既可以保证村里人家相互的联系，也保证了各个民居建筑拥有一定的隐私空间和家庭的天地。人工边界不仅使村落空间不断与村民取得和谐的统一，而且也促使大余湾聚落形成了一个相对独立的生活体系。

3. 节点

乡村聚落中的节点对于村落来说也很重要，它既是

[①] 朱晓明. 历史 环境 生机——古村落的世界[M]. 北京：中国建材工业出版社，2002：38.

村落气质的外在表现，也往往是村落独一无二的特征。

一般的乡村聚落，最重要的节点之一就是宗祠，有的村落的宗祠及其建筑前的广场空间其实也是村落的中心。村落的西部与对外的主要交通道路相连接，既能通过水路通达滠水，也能通过陆路到达武汉中心城区。毋庸置疑，村西部的入口是大余湾最重要的主入口，而大余湾的余家宗祠就放在西部入口附近，但是很遗憾20世纪80年代就被毁坏了，现在的位置是村中小学的建筑。

由西向东的节点依次是"百子堂""德记院""源丰花园"等，都是村落中特别的建筑群落空间，分别属于大余湾余姓家族的不同分支居住。其外部空间形式彼此不同，且各有特色，只是都有水塘与其呼应，并通过小巷道与主街联系。其建筑则都是三合院形式，都是三三两两地并联在一起。

其中，百子堂南边有一处芋子田大屋，也是村主街旁的一个重要空间。该建筑是传统石墙黛瓦的颜色搭配，马头墙体现了当地外立面的特色，屋子内部结构主材料是木头，屋子中间有天井。

其他的节点还有许多，例如戏台、亭台以及各种建筑间的开放空间节点等，丰富了人们的日常生活，也增强了村民之间的关系。（图3-3-20～图3-3-24）

图3-3-20　大余湾宅前小广场（来源：程鑫 摄）

图3-3-21　大余湾有余亭（来源：程鑫 摄）

图3-3-22　大余湾戏台（来源：程鑫 摄）

图3-3-23　大余湾长廊（来源：程鑫 摄）

图3-3-24 大余湾宅间交通节点（来源：郭建 摄）

第一节　鄂东南聚落概况

鄂东南地区主要是指湖北东南部长江沿线及其以南的地区，包括黄石市的市区和大冶市，咸宁市的咸安区、赤壁市、嘉鱼县、崇阳县、通城县、通山县以及鄂州市。鄂东南地区东面与安徽交界，东南与江西省的瑞昌接壤，西南与湖南省的临湘县（临湘市）相邻。

鄂东南地区保存下来的传统聚落以村落为主，主要分布在咸宁的通山县、崇阳县、赤壁县（赤壁市）、通城县等地，以及黄石的阳新县、大冶市等地，而以通山县和阳新县的传统村落为最多。保存较好的传统村落分布也比较集中，例如崇阳县的回头岭村、通山县的宝石村、西泉村，赤壁市的羊楼洞、咸安区的垅口冯村以及阳新县的大田村、山下村，还有大冶市的上冯村等。

一、历史文化

鄂东南地区的文化风俗不仅受自然环境的影响，也受到宋以后的移民文化影响。尤其是几次大的移民潮，如"江西填湖广""湖广填四川"，对鄂东南地区的聚落构成和文化影响较大。此外，此地多水系和平原，南部则均为丘陵，因此其风俗文化大多与稻作有关。鄂东南从北向南，其地貌特点从沿江平原向丘陵低山变化。因地形影响，沿江平原和丘陵地带适于粮食生产和渔业，具有"一山三水六分田"的格局特点，因此聚落往往体现出与稻作和渔业相关的农业文化影响。比如，农业习俗就有颇具地方特色的"吊包""开秧门""怀秧"等稻作相关的习俗，还有渔业有关的"开业""开潭""禁潭"等习俗。而鄂东南南部山地地区则呈现了"八山一水一分田"的特点，农田和水域都相对变少，山多林多，文化与风俗与平原地区有不少差异。

二、聚落及建筑

鄂东南地区保存了非常丰富的传统聚落。适宜的气候和丰富的自然资源为人们的栖居创造了良好的条件，而类型多样的地形地貌促使传统聚落呈现了多样化的布局形态。由于鄂东南与湘、赣两省都接壤，受到湖南、江西、安徽等经济相对发达地区的文化影响较多。鄂东南传统聚落往往具有"一姓多村，团状聚集"，或"一姓一村，分散聚居"的特点，祠堂往往成为村民的公共活动中心，以此为中心开展祭祀、会议、教育、娱乐等活动，成为宗族发展与联系的重要纽带。尤其是江西与湖北之间历史上的移民潮，加强了这个地区的宗族观念，这也是鄂东南地区血缘型家族聚落较多的原因之一。

由于鄂东南地区地形地貌从北到南变化较大，聚落选址种类也较为多样，从大的位置关系看，有在沿江平原与丘陵地带的，有位于山地的，甚至还有水上的。由于丰富水系的存在和渔业的发展，除了陆地的聚落，还曾经有一些浮居于水上的聚落，但其游移性强。鄂东南地区的传统聚落基本会基于地形条件，选择山水之间建立村镇，依山傍水的特点较为突出。

聚落现存的传统建筑类型主要有住宅、祠堂、店铺、牌坊屋和廊桥等，但住宅类型的建筑是主体，祠堂则是等级最高的建筑。由于文化的交流与相互影响，鄂东南地区的传统建筑具有和华中地区许多聚落类似的特征，例如马头墙、天井院、青色或灰色瓦屋面等。品质较好的传统建筑还有精美的木雕和石刻。住宅建筑往往采用的是"五间三天井"的所谓"五间制"规则，当然也有一些较小规模的民宅采用三开间。一个天井院即一个居住单元，由若干个单元组成一个较大的住宅。建筑整体多呈轴线对称形式，有一些主入口在轴线上，有的因地形原因位于中间，也有的是后来加建使轴线发生了偏移。住宅主入口往往采用的是一个正对山坳的"歪门"，期望与环境取得和谐的关系。而祠堂的入口也有以上考虑。

第二节 江源

一、概况

（一）概述

江源村是咸宁市通山县九宫山下的传统村落。通山县北接咸宁市区，南临江西省武宁县和修水县，东望黄石阳新县，西连咸宁崇阳县。江源村位于通山县洪港镇杨林乡南部的群山中（图4-2-1、图4-2-2），与洪港镇中心相距约8公里，属于鄂东南低山丘陵区，地理位置较为偏僻。因此，其历史上对外交通条件并不是很好，有利于躲避外部的恶劣环境，由于此地生态条件较好，历史上也是外地移民的理想选择之一。另外，江源河流经该村湾，历史上曾有村民利用竹排来进行短途的货物运输，但受到河流宽度和河水流量小的影响，这种交通方式在此地早已消失。江源村始建于明隆庆年间（1573年），至今已有四百多年，是北宋名将王韶的后人世世代代居住的地方。目前村落肌理格局保存较为完好，该村现存明清古民居建筑群1处和其他历史建筑十余处，其建筑风格具有明显的地域特色。江源村被列入了湖北省历史文化名村和特色文化村等名单。（图4-2-3）

（二）自然地理环境

江源村位于九宫山脚下一片丘陵的谷地，由于群山环抱，村庄总体大致呈现东西向分布，也是鄂东南群山中较低的位置。源自九宫山麓的江源河穿村而过，江源村被自然划分为南北两个部分。四面环绕的丘陵地带古时为森林覆盖，既可采薪，又可伐材。因为多条支流水系灌溉土地，使该地区易于农耕，尤其易于水稻的种植。

江源村温暖湿润，四季分明，雨量和日照充足，无

图4-2-1 江源村区位图（来源：杨熙 绘）

图4-2-2 江源村卫星地图（来源：王镔宇 绘）

图4-2-3 江源村村落肌理格局(来源:郭建 摄)

图4-2-4 江源村地理环境（来源：郭建 摄）

霜期比较长。由于雨热同季，时空分布不匀，春天和夏天的降水量多于秋天和冬天，在4~9月多发暴雨，因此此地发生过一些洪涝灾害。（图4-2-4）

江源村位于深山之中，地处山谷，可用于耕种的土地较少，因此只要是能开垦的土地就都已被改造为良田，因此山谷中的平坦地带基本用来居住或者作为农田使用。基于客观自然条件，这里主要以农业生产为主，盛产水稻、玉米、油菜，还出产一些茶叶和楠竹。

二、历史沿革

（一）历史发展分期

江源村最初的形成源于血缘宗族的聚居，在逐步发展的过程中，江源村的空间形态演化显示出较强的自组织特征。研究江源村的形成与发展历程，可将其整个发展过程分为起源、兴盛、发展、停滞四个阶段。

1. 起源

根据碑记、史料、家谱等记载，在唐代就有先民在江源村居住生活，历史上这里曾是姜、曾、李、陈、成、王等26个姓氏的聚居地。姜姓先民在沿江源河两岸居住，所以此地曾被称作"姜源"。但后或因战乱、瘟疫、外迁等故，今江源村居住的主要是王、成两姓的家族，而现存传统村落部分则均为血脉相连的王姓家族的村民居住。

图4-2-5 江源村老宗屋（来源：郭建 摄）

图4-2-6 江源村王氏老屋（来源：郭建 摄）

明隆庆年间，王丹斯之子王嘉瑞携家眷从江西德安迁居此地。为了表达源远流长、生生不息的祝愿，当地村民把作为姓氏的"姜"字改成了潺潺无尽的"江"，从此，"姜源"就便成了"江源"。王氏家族先后在江源河北和河南岸兴建了王氏祖祠（老宗屋）（图4-2-5）和进士府邸（王氏老屋）（图4-2-6），作为传统村落发展中最初的两个"空间基核"。此时村落规模较小，建筑不多[①]。

2. 兴盛

随着人口的增长，村落的建设基本围绕王氏老屋和老宗屋展开。但由于老宗屋周边可供建设的空间有限，村民后来也选择沿江源河建房。这个时期的江源村已经初具规模，村落空间呈现出"沿溪而居、组团发展"的形态。清末，整个江源村展现出青瓦飞檐的整体风貌，风景如画。江源村建筑组团在建设高峰期曾达到11栋老屋群落。

3. 发展

随着村北公路的建设完善，村民的住宅建设开始以对外交通更为便利的主路两侧为主，产生自组织聚集。而村南的发展则由于区位环境所限和用地不足的原因而较为缓慢。总的来说，虽然村落规模在不断扩张，但是从图底关系上来看，村落的传统空间格局仍然比较有序。

（二）历史发展影响因素

江源村的历史发展主要受到以下因素影响：

1. 丘陵谷地的环境对村落发展方式的影响

古人选择的聚居地出于生产生活的考虑，通常背山面水，傍溪卧岗。江源村选址基本符合理想的选址模式。江源村坐落在鲤鱼山、海螺山、大横山三山围绕的小盆地中；而源自九宫山麓的江源河，将江源村两岸古朴的村落连接在一起，与西边流来的大垅溪在水口汇合，就像两条飘转的玉带，环抱起江源村这颗明珠，环境十分优美、生态。村前古树林，如巨大的绿色屏风，屏风边的河道有两只大石龟（路旁水下各一只）在看管水口（河堰），使人过水口时，有柳暗花明又一村，步入天堂之感。

江源村所处地带四季分明，气候温和，雨量充沛，土地90%以上被森林覆盖。四面环绕的丘陵地带，

---

① 郭锐. 基于自组织理论的传统村落当代更新模式研究[D]. 武汉：华中科技大学，2013.

既可采薪，又可伐材。王氏先祖定居于此的前提条件就是江源村所处的可耕、可居、可樵的环境。江源村有四条水系可以灌溉土地，这里非常适宜耕种，尤其是水稻的耕种。

2. 移民文化带来显著的聚居形态

受宗族文化观念和完整的家族组织观念的影响，江源村自形成之日起就一直是以祖屋为核心向外扩展的发展方式，体现了移民文化影响下鄂东南村落的发展特色。江源村还建设有祠堂（王氏宗祠与成氏宗祠均为重建），并且有定期的族人聚会，决定村落经济发展和房屋建设等大事小事。因此，其乡村建设与经济发展也始终体现出一定的宗族文化脉络，即使现在依然如此。

三、文化特点

（一）独特的宗族文化

江源村具有非常强烈的宗族文化观念和完整的家族组织。因此，其定期的族人聚会、乡村建设与经济发展都具有非常显著的宗族文化特点。江源的王氏宗祠以及保留至今定期的家族聚会习俗已充分说明这一点。该地区深受明初"江西填湖广"等移民运动的影响，也因为这些地区经济文化繁荣，有着系统完善的宗族组织系统。故而和湖北其他地区相比，江源村村民的宗族观念非常强，家族关系也很紧密，家族活动也十分丰富。江源村的宗族文化依然保持着传统的脉络，这是其乡村文化的精髓之一。乡村是宁静、安定、自足的象征，人们对故乡也有着魂牵梦绕的情怀，总是期待并选择回到故乡，落叶归根。江源村是在外工作生活的江源人的根，也是联系他们的重要纽带，这种宗族文化是外出打工的江源村民能经常回家住的原因之一，村落因此而并未有空心化趋势。

（二）丰富的历史建筑文化

老建筑见证历史的沧桑。江源村保存着1处明清古民居群（图4-2-7），是湖北省文物保护单位，分别由王氏老屋、老宗屋、义筹老屋等构成，其中附属房屋还包括高明书屋和两栋沿河古商铺。老宗屋始建于明朝隆庆年间，迪德堂（义筹老屋）始建于清代光绪年间。江

图4-2-7 王氏老屋鸟瞰（来源：郭建 摄）

图4-2-8 王氏老屋的马头墙（来源：张曼 摄）

图4-2-9 江源村民居天花造型与主梁的雕刻（天花名为"吉祥八宝"）（来源：郭建 摄）

源村还保存着近二十处历史建筑，大多保存完好，以土坯民居为主。这些民居建筑或多或少都有天井院、马头墙、石刻、木雕等特征（图4-2-8、图4-2-9）。古民居建筑材料多用青砖、土坯与木材。位于老宗屋东边是一条宽窄不一的小巷，串联起记载了历史的古民居与商铺群落。这条街巷目前依旧保持着原有风貌。

这些古民居中，王氏老屋规模最大，特色最为鲜明（图4-2-10）。王氏老屋的别称是迪德堂，老屋是清光绪辛卯年（1891年）由进士王迪吉和大地主王迪光主持建造的，修建过程历时三年（图4-2-11、图4-2-12）。整组建筑坐北朝南，由东西并联的正屋和横屋组成，面阔八间，占地面积达到1300平方米，建筑面积约2700平方米。其主屋一进四重，穿斗与抬梁木构架结构。正屋面墙呈八字门楼式，硬山顶是一字式山墙，屋盖顶部被小青瓦覆盖，各进明间设置了槽门、中门，前进天井两侧饰镂孔花砖看墙，各进前后檐饰卷棚和望板，正脊饰斗栱，浮雕龙状挑尖梁。横屋二进、三进之间以影壁式镂孔花墙隔断[①]。青砖黛瓦，滚龙墙，马头垛，横屋相互连接，客屋则在外，内设有17个天井。整体空间丰富，细节精美，气势雄伟，有很高的建筑艺术价值。

（三）淳朴的村风民俗

耕读世业，忠厚传家的村风是一笔厚重的文化遗产，为后人积累了无价的精神财富。古民居中有8块古牌匾保留了下来，这些牌匾都是历史上村民对国家贡献巨大或精神品格高尚而受到的嘉奖，是江源民风淳朴和人文深厚的有力见证（图4-2-13）。

江源村历来重视教育，在宗族文化的影响下，营造

图4-2-10 王氏老屋的入口之一（来源：肖曼雨 摄）

---

① 刘鼎. 省内多处历史古迹亟待保护[N]. 湖北日报，2010.

图4-2-11 王氏老屋的平面图（来源：肖瑜、薛馨雨、张炜、汤笑萌 绘）

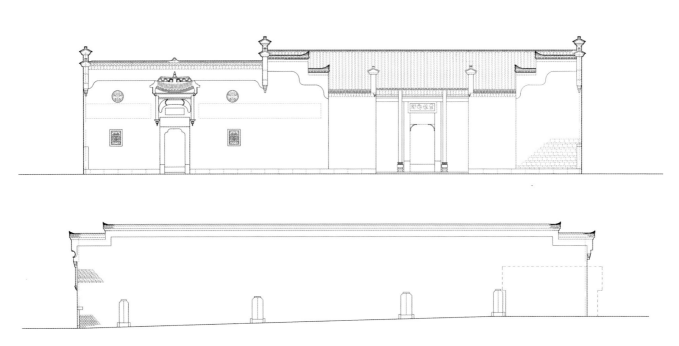

图4-2-12 王氏老屋的立面图（来源：肖瑜、薛馨雨、张炜、汤笑萌 绘）

了良好的乡风。村民们受其影响，或不辍耕作，或外出经商，或学而优则仕。清代咸丰年间，王氏家族诞生了一位进士，名叫王全俊（字迪吉）。但他不求升迁，不求好运，而是终生教书育人，乐在其中。他培养了一百多名学生，其中有三十多位中举人，七位中进士。他的弟弟迪光严格要求自己，致力于公益事业，为贫困和渴望受教育的学生免费开办了私塾——高明书屋。据记载，历史上该村落走出了进士4人，举人12人，太学生56人，中华人民共和国成立以来这里产生了112名大学生。代代相传的淳朴村风，不仅是优秀的历史文化遗产，也是村落基本格局能保存至今的原因之一。

图4-2-13 江源村牌匾（来源：刘勇 摄）

（四）丰富的民间艺术文化

江源村有多种多样的民间艺术，是乡村文化的展现，比较著名的有采茶戏、黄梅戏、京剧等，村里留有戏台。江源村的采茶戏已经有200多年的历史，在清朝中后期较为繁荣。每逢春节、祝寿、喜事等，就会迎请采茶戏，以示同乐。

四、整体空间组织

江源村形成源于移民家族的聚居。在逐步发展的过程中，江源村依靠山水环境优势和丰富的自然资源吸纳人口，并通过宗族组织的强化，结合自然环境的特点，逐渐催生出"山环水绕、一河两岸、两组团"的空间形态，显示出较强的自组织特征。（图4-2-14）

（一）选址特点分析

1. 群山环抱，环境优良

江源村坐落在由东南鲤鱼山、西人横山、北海螺山三山围绕的小盆地中，是群山谷地的平坦地带，有多条溪流灌入村口水口处，村中有源自九宫山麓的江源河从

图4-2-15 江源村内江源河（来源：郭建 摄）

村中部流过，贯穿整个江源村，并与西边大垅溪在水口汇合。村落位于丘陵地带，周围的群山并不高，这保证了村民有良好的生态环境，同时也为村落提供了许多赖以生存的自然资源，其对外交通也并不至于困难，同时也不容易受到外界打扰，保证了村落的安全和宁静。总体来说，江源村生态宜居（图4-2-15）。

2. 小河穿流，宜农宜居

山中小溪——江源河横穿江源村，为村落提供了充足的农业和生活用水。江源村有整片适宜耕种的肥沃土地，集中于溪流南岸沿线，同时农田南面也有一些民居分布，北岸则主要作为居住用地，分布着较为密集的村民住宅。这样的选址使农业活动方便高效，保证了村民的耕作距离足够短，灌溉距离和成本也较低，从而使得虽用地紧张但还能有便捷的生活工作环境和较高的农业生产效率。

（二）布局形态分析

1. "山环水绕、一河两岸两组团"的总体格局

江源村的山水关系基本是一种"环山绕水、一河两岸两组团"的理想格局，也是村民所认为的"风水宝地"。村前、村后有连绵起伏的群山环绕；左右有低矮的丘陵，村子前面有蜿蜒的河流潺潺经过；村落处于山

图4-2-14 江源村总平面图（来源：夏炎 绘）

水的中心，良田环抱，山林茂盛，水清澈见底。从规划与建筑科学角度讲，其空间格局有利于村落的通风、采光和避寒，保证了生活的舒适性。其形态顺应地形，位置恰当，工作生活节点之间距离较近，有利于农业资源的高效利用和生活便捷。

2. 民居建筑呈现集中式分布

村落位于丘陵中间的缓坡，四周环山，有多条溪流流经村落及其周边，聚落及其建筑围绕老宗屋和王氏老屋向外扩展，同时被江源河走向所指引。聚落被江源河分为南北两部分，北岸的居民沿溪而居，南岸的居民则在田边面水靠山而居。聚落建筑受到血缘宗族观念的影响而聚居在一起，因用地局限，建筑密度非常高，有别于高山和平原地带的村落。

五、内部空间组织

（一）街巷空间

1. 街巷空间概况

江源村的主街是顺着河流的方向建立形成，周边民居建筑也都围绕其分布，路网明晰，道路之间的间距非常小。江源村的街巷主要由穿村主街、沿河古街、南北支巷以及连接各支巷的小路和连接两岸的各种桥梁组成。穿村的主街与乡道相连，主要以对外交通功能为主，沿河古街原为沿河商业街，是村中一条重要的街道。古街一侧均为古商铺，但现在商业早已衰落消失，基本只剩下生活和内部交通的功能。（图4-2-16）

图4-2-16 江源村肌理图（来源：杨熙 绘）

2. 街巷结构

古镇的街巷结构由其主干道路（即主街），以及分支道路（即南北支巷、沿河古街）构成，大致呈现"鱼骨"形。江源村街巷的结构并没有表现出明显的几何形式，而是围绕着两个核心建筑群，构筑了衔接主街和沿河商业空间的街巷体系。

3. 街巷尺度

江源村中心地带的街巷空间基本还保持着原有的尺度。主街穿村而过，承载了村庄的对外交通功能，其长度大约为300米，而沿河古街长度为130多米。主街的宽度较大，两侧建筑高度为二至三层，多已经不是古民居了。而村内围绕老宗屋建筑群的街巷尺度则大多比较小，除了部分路段外，其宽高比多在1:1~1:2之间，两侧建筑则多为5~7米高。这些街巷虽然不长，但四通八达，不同位置的两侧建筑高度差异也较大。从村口延伸至老宗屋的巷道的宽度较大，街巷空间围合性并不强，空间较为开阔。而曾经古商铺云集的两条街巷尺度都非常小，空间围合感强，界面相对比较完整，有利于商业氛围的形成。（图4-2-17）

4. 街巷保护状况

江源村肌理格局基本保存了下来，中心地段的街巷尺度也基本保持未变，但是主街另一边由于古民居的消失，原有尺度逐渐发生了变化。现存明清古民居建筑群与传统民居较为集中，鉴于这些民居历史较长，有一些建筑局部有坍塌风险，需要及时保护与修缮。另外，为了改善居住环境，十余年前村民开始自发重建住宅，江源村传统村落的整体风貌受到了不小的影响（图4-2-18）。虽然近几年因保护力度提升，基本没有历史建筑被村民擅自改造或拆除，但是由于资金筹措的难度大，保护规划及其实施都比较滞后，村民改善居住条件的愿望难以在短期内实现，因此村民居住在外地的现象比较多，这也间接导致了一些历史建筑缺乏维护。因此，若要做到传统风貌的延续，需要尽快根据国土空间规划的要求建立适应村庄发展的保护规划，同时根据保护规划严格控制重建和新建与改造活动。

5. 街巷空间特色

江源村的街巷非人为规划而成，基本是在以老宗屋和王氏老屋等为中心建设的同时，向南北山体脚下和向中部河边进行扩展而逐渐形成目前的格局。当然，村

图4-2-17 江源村的街巷（来源：肖曼雨 摄）

图4-2-18 紧挨新建建筑的古民居（来源：郭建 摄）

落在发展过程中也受到沿河商业街的影响而开辟多条连接江源河的巷道,从而呈现了一种无法复制的空间特色。江源河北部的街巷主要是由老宗屋向外辐射扩展,而环绕老宗屋的街巷,串联起古民居群,与河岸边的江源古街相连,显现出曲折多变的街巷景观。而在江源河以南,则是在带状农田的分隔下,以王氏老屋和祠堂为中心各形成一个民居组团,从河边田地向东南扩展至山脚下,因建筑密度较低,空间围合感不强,并未形成连续可解读的街巷空间。依靠主街和沿河古街将各条巷道连接起来,江源村的街巷空间表现出多变的空间特点,同时体现出明显的功能差异和水适应性。江源村的街巷空间层次和走向都与江源河有关,也与街巷的空间功能密切联系,是鄂东南地区丘陵地带由农业和商业活动影响下形成的有一定特色的聚落。(图4-2-19)

(二)中心、边界与节点

1. 中心

宏观分析聚落中心,因其建设发展的方式影响,其聚落中心较为特别,不止一处的聚落中心呈现较为分散的形态。江源村的中心大致有三处,分别以老宗屋、王氏老屋以及宗祠(与村小学共同成为集体活动的中心)为核心形成了江源村的中心。老宗屋和王氏老屋都有民居群围绕着建设,这与家族传承有关联,分别是江源河两岸居住生活的核心,而宗祠则是族群精神的中心。

中观分析聚落的中心,广场作为公共场所,是街巷空间的延伸。江源村大致有两处广场空间。首先是老宗屋前的广场,两侧为民居,形成了三面围合之势,一面开口,朝向东面的江源河,是村民日常活动的地方。其次是宗祠与学校共用的广场,它通常作为重要仪式和家族会议的场所,是重要节日中人群聚集的中心,也是村落文化活动的中心。

2. 边界

(1)自然边界

村落的自然边界非常清晰,分别是农田、山体以及河流(图4-2-20)。由于丘陵中的谷地用地紧张,江源村的住宅和农田基本用尽了所有能用的土地,所以村落的边界也基本由自然要素所限定,主要是山、水以及田地等。这也是江源村的规模增长到一定程度就基本停滞了的原因之一。

图4-2-19 巷道中的石板路与排水沟(来源:肖曼雨 摄)

图4-2-20 江源河空间序列(来源:郭建 摄)

（2）人工边界

因充分利用了土地，江源村的人工边界类型实际上比较单一，其主要类型为道路。仅有一条从村北山脚下穿过的乡道作为村落北部的边界，同时也限制了村庄跨路向北发展。村落其他方位并没有可辨认的人工边界。可以看出，小型丘陵谷地下的村落，由于区位和地形的原因，其人工边界较少，其发展方向多与自然边界有关。虽然近年来由于人们逐渐认识了交通在经济发展中的重要性，村落有沿乡道向东西两端延伸的趋势，但是不可否认，在古代传统聚落形成与发展过程中，人工边界更加不确定，且可能会随着聚落发展而发生变化，最终影响聚落形态的往往是自然边界。

3. 节点

江源村主要有四处节点：村落入口处的水口、主街与江源河交汇处的桥梁、王氏老屋后的古树群下以及街巷旁的半开放院落。这些节点都是人们日常经过、停留驻足或观景之处，既是交通节点，也是景观节点。这些节点也是在村落选址之初就基本形成（图4-2-21~图4-2-23）。

江源河从村入口的水口处流向村落中心地带。入口处的河流两岸一边是主街，另一边是长满高大古树（多为是樟树）的小山包。江源河在这里变宽，并随着地势的轻微变化而演化为叠水景观，观赏性极佳，这也是村民心中所一直认可的宝地。入村后到古街前的一段，江源河一侧有比较密集的落叶木，其中还有一些古树，偶尔落叶随清澈的水流向下游漂去，自然气息十分浓郁。古树林的河对岸是老宗屋前的广场，这里是村民日常活动的聚集地。村中心地带是东西流向的江源河和大片沿河的农田，可从桥上沿河边的台阶走近水边，水流清澈凉爽，常有孩童在这里畅快玩耍，农田十分开阔，放眼望去绿意盎然。王氏老屋屋后有一片古树群常有村民来此祈福。

还有一个节点，是古代江源村的私塾——高明书屋的前院。这个院子在布满店铺的商业性巷道上，是孩子们文化活动的节点，代表了村庄对未来的期待（图4-2-24）。

图4-2-21 沿河古街开放空间节点（来源：郭建 摄）

图4-2-22 江源村村落中心节点
（来源：肖曼雨 摄）

图4-2-23 江源村王氏老屋宅前空间节点（来源：郭建 摄）

图4-2-24 巷道旁的高明书屋前院
（来源：郭建 摄）

第三节　羊楼洞

一、概况

（一）概述

羊楼洞地处湖北省东南部的赤壁市西南约30公里处，南可通岳阳，北可达武汉，为湘鄂交界之要冲。羊楼洞是明清时期蒲圻（今赤壁市）六大古镇之一，素有"砖茶之乡"的美称，不仅入选了中国历史文化名村名单，其明清石板街也被列入湖北省重点文物保护单位。（图4-3-1～图4-3-4）。

（二）自然地理环境

羊楼洞属于亚热带季风气候区，暖湿多雨，四季分明，阳光充足，常年环境空气质量达标二级标准，年均气温约17℃，年均无霜期约260天，降雨量1251～1608毫米，这样的气候条件为茶叶的生产奠定了基础。

"中国砖茶之乡"的称呼就已经说明了自然界为羊楼洞带来的物产资源。砖茶是一种通过外力将茶叶原料压制成砖形便于储存运输的再加工茶，起初主要是为了专门满足西北少数民族的需求而生产的茶叶制品。砖茶虽不是中国六大茶类之一，但是由于其可长时间保存和便于运输等特点，使其能得到广泛的认识。两千年前羊楼洞就开始种植茶叶，唐朝时期则"唯以植茶为业"，而且更重要的是在大约1736年第一块砖茶诞生之后，羊楼洞便逐步发展形成了完整的砖茶制造与销售的产业。其久负盛名的青砖茶是由当地及附近种植的老青茶经多道工序制作而成。

有古诗云："羊楼古巷青石幽，洞庄百年木楼秋，千载修得茶香绕，观音泉韵洗风流。"其茶叶及其制品不仅是羊楼洞重要物产资源和经济发展物质条件，更成为一种影响力巨大的社会文化载体。

图4-3-1　羊楼洞区位图（来源：杨熙 绘）

图4-3-2 羊楼洞的街景
（来源：郭建 摄）

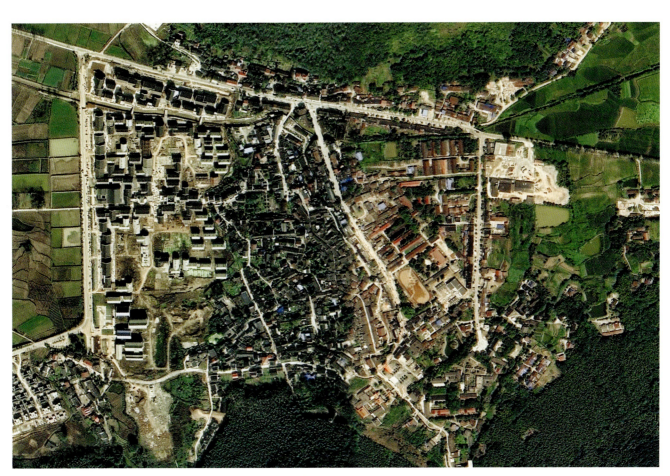

图4-3-3 羊楼洞卫星图（来源：肖曼雨 绘）

图4-3-4 羊楼洞鸟瞰（来源：郭建 振）

二、历史沿革

（一）历史发展分期

羊楼洞古镇形成与发展的历程既具有一定的规律性，也具有一种独特性，难以复制。羊楼洞古镇的主要产业基础为采茶和茶叶的加工贸易，对羊楼洞的整体发展产生了决定性影响。茶叶生产和买卖是古镇居民的主要收入之一。为满足居民的生产和贸易需求，古镇在农业加工和贸易空间等方面功能的针对性上都比较明显，特别是生产经营与空间格局有密不可分的关系。考察羊楼洞历史变迁过程，将其分为起源、发展、兴盛、停滞、转型五个阶段。

1. 起源

羊楼洞自唐代就有少数民族（瑶族）聚居，但明初因受到镇压，村庄被焚毁，从此长期无人居住。明洪武年间，"江西填湖广"的移民潮给当地带来新的居民。相传因昔有牧者建楼饲羊于此，此地被移民至此地的雷氏家族取名为"羊楼峒"，但由于"石人""凉荫""观音"三泉的存在，后又更名为"羊楼洞"。经过多年发展，此地最终形成了雷、饶等八大家族，其宅院保存至今[1]。

由于自江西带来了茶叶种植技术，而当地又有特别适宜茶叶生长的环境，羊楼洞居民开始种植茶叶。由于此地茶叶味道独特而广受喜爱，因此明代中叶逐渐开始有茶叶贸易，并有"帽盒茶"等远销蒙古等地区。

2. 发展

至清代，晋商开始进入羊楼洞进行茶叶贸易。清代作家叶瑞延在《莼蒲随笔》卷四中记载："闻自康熙年间，有山西估客购茶邑西乡芙蓉山，峒人迎之，代收茶，取行佣。估客初来颇倨傲，所买皆老茶，最粗者，踩作茶砖"。文中的"芙蓉山"指的是羊楼洞境内的松峰山。据文中记载，当时制茶多以小作坊形式，以家庭为单位，加工规模小[2]。晋商实际上是一种包买商，他们通常给茶农预付款来加工茶叶，并控制茶农对茶叶的加工和再生产。这种经济模式是伴随着我国古代经济的发展而逐步形成的，是资本开始从流通转向生产的表征。羊楼洞因茶叶生产和加工逐渐成为有一定规模的村庄。清代以后，当地村民开始在晋商的引导下种茶，并在羊楼洞设茶叶作坊和店铺，进行贸易活动。羊楼洞茶叶贸易的最早记录是清乾隆年间，山西茶商"三玉川""巨盛川"在羊楼洞兴办农场采摘砖茶，年产砖茶80万斤，但青砖茶的发展相对缓慢。大部分晋商以买包商的身份进行贸易，每年在羊楼洞买茶，并将砖茶用白纸封好，贴上红纸，印上'本号监管，仙山名茶'等字样。（图4-3-5）

清道光四年（1825年），大批粤商陆续前来羊楼洞采制红茶。到1840年第一次鸦片战争爆发之前，当地红茶茶商数量已达50多个，年产红茶总产量约500万斤。红茶的发展引领了茶砖的整个发展时期，从清乾隆年间

图4-3-5 "盒茶帮"旧址（来源：郭建 摄）

---
[1] 赵逵，马锐. 湖北赤壁市羊楼洞古镇——国家历史文化名城研究中心历史街区调研[J]. 城市规划. 2016, 40 (06):2-3.
[2] 陈凡. 湖北赤壁羊楼洞古镇研究[D]. 武汉：武汉理工大学, 2005.

外国资本第一次进入羊楼洞到1840年鸦片战争，历时百年。这一阶段，羊楼洞出现了以分工为基础的手工业。与发展初期简单的小作坊协作相比，这种新的生产方式拥有更高的生产效率。由于手工业发展对劳动力有很大需求，当地农民逐渐开始向羊楼洞集中，从事茶叶的生产、加工和贸易，城镇化开始显现。而资本的快速积累则带动促进了配套产业的发展与当地基础设施的建设。

3. 兴盛

1840年的鸦片战争，英国人用坚船利炮打开中国的国门。鸦片战争之后，五口通商，广东的商人大量来到羊楼洞购买红茶，极大地促进了红茶的生产销售。至1850年，古镇的茶商激增至70余家，每年红茶产量达1500万斤。1861年汉口码头开放。在羊楼洞古镇开设了顺丰、新泰、富昌等三家砖茶馆。后来，英国、日本、德国等国的客商也来到这里设厂。到清光绪时期，羊楼洞大大小小的茶场有200余家，年产各种茶类达约5000万斤。羊楼洞已成为产业中心。该镇人口一度达到约4万人，有5条主街与数百家商铺。民国时期，羊楼洞茶叶产销仍保持良好的态势。

从1840年鸦片战争到1937年抗日战争爆发，历时约百年。这一时期也是羊楼洞古镇的近代化阶段。由于外来商业资本的进入，古镇的茶叶生产和加工达到了顶峰，销售量也因此快速攀升。羊楼洞也因此盛极一时，成为地区茶叶贸易中心。生产方式也发生转变，小作坊被大型的手工业工场所取代，企业实行自由雇佣的劳动制度。到此，羊楼洞具有双重职能，既是茶叶加工基地，也是地区茶叶贸易集散中心。

4. 停滞

1937年，抗日战争爆发，由于战争影响，茶叶需求跌至低谷，茶产业受挫，茶叶产量也大幅度减少。1937年前，羊楼洞砖茶年产量约20万石。而战后砖茶的年产量只有6万石。1938年，羊楼洞被日军占领，茶叶种植产业遭到破坏。羊楼洞古镇茶馆、作坊纷纷关门。直至1949年，古镇上仅存寥寥几家茶馆，茶叶贸易接近停滞。而部分街道也由于战争面目全非，其主街之一的复兴街也受损严重。古镇的空间功能由商业转变以居住为主，并在此之后才逐步恢复原有功能。

（二）历史发展影响因素

纵观羊楼洞的历史发展过程，其历史变迁主要受到以下几点因素影响。

1. 自然环境提供了茶叶产业发展基础

羊楼洞古镇境内山峦起伏、沟壑纵横，由于地形的丰富性也形成了多样的微气候。这些优越的自然条件，十分适宜茶树的生长繁殖。民间传说在唐太和年间，当地居民从山中采来野生茶，对其人工培植，这儿便成了松峰绿茶最早的产地。羊楼洞古镇紧挨松峰山脉，"凉荫""观音""石人"泉水昼夜流淌，水源充沛，著名的"川"字砖茶，因三大天然泉水而得名。在这三眼泉中，观音泉是最有名的。因为泉水含有丰富的矿物元素，所以用泉水泡茶和用生活水泡茶有很大的不同。从明代开始，村民就用"观音泉"制茶，其砖茶以香醇而闻名。丰富的水系保证了古镇居民的生活与生产需要。在古镇四周还分布许多池塘，也有灌溉、积蓄雨水、调节河流和防旱防火的作用。

2. 水陆交通促进羊楼洞古镇对外贸易

通达的交通条件有助于当地产业的发展。与周边重要经济和文化中心城市联系便捷，对羊楼洞茶叶贸易向海内外的扩展有重要作用。此外还有赤壁（原名蒲圻，下同）到嘉鱼、赤壁到羊楼洞，赤壁到崇阳三条道路将古镇与周边的茶叶产地相联系。凭借交通优势，茶叶产业得以兴盛，羊楼洞也由村庄蜕变为城镇，据1936

年《农友月刊》刊文记录:"全镇街道,以青石铺成,尚属清洁,惟狭窄过甚,沟中溪水,清澈见底,潺潺之声,不绝于耳,颇饶诗韵。全镇烟囱林立,颇具大观……"[①],不仅经济有长足发展,而且聚落风貌也有了较大变化,因而有了"小汉口"之称。

3. 茶叶生产和贸易活动塑造聚落空间

羊楼洞的古镇上以加工和贸易为主,因此古镇分布着各种与这些加工和贸易有关的建筑,也有许多配套设施,这些建筑的布局均受到茶叶产业的巨大影响。其原有街巷虽然狭窄,但是其主街长而完整,并由巷道与平行于古镇的河流保持着紧密的联系,非常适合形成以步行为主的商业氛围。由于历史的原因和技术进步的影响,现存的聚落空间早已与历史上最为鼎盛的时期不同,仅有一条400多米的主街保持着原有风貌,但人们仍能深切感受到昔日的壮观景象。

三、文化特点

(一)独特的茶文化

羊楼洞有万里山林,千亩茶园。羊楼洞被认为是最早生产绿茶的产地之一。相传,元末朱元璋在推翻元朝过程中,羊楼洞茶农奔赴边城新疆、蒙古地区后,看到部队里有人饭后腹痛,就会拿绿茶递给病人喝,患者服用后陆续康复。这件事促使朱元璋在建立明朝后不仅为羊楼洞的绿茶起名为"松峰茶",而且还养成每天喝此茶的习惯,不仅宣传了羊楼洞的绿茶,也使当时的茶农刘玄一成为世界绿茶制作第一人,羊楼洞也以绿茶发源地而闻名天下。虽无法考证其历史真实性,但这种与羊楼洞采茶、加工、贸易以及喝茶习俗有关的传说故事非常多,并形成了一整套文化体系。

(二)悠久的晋商文化

若说到羊楼洞发展的关键要素,晋商有着无可替代的地位。其历史文化源远流长,从明清一直到20世纪初一直名扬海内。在清代,茶叶便是晋商的主产业之一。

最早晋商只在羊楼洞采茶,后来则引导当地居民开展规模化种茶,并且输入资本,发展茶叶的加工与制造技术,广泛开办制茶手工业作坊。在羊楼洞的各个历史时期,晋商对其发展都起到了至关重要的推进作用,让它慢慢成为我国著名的茶产业中心。

(三)近代早期工业文化

鸦片战争之后被迫开放通商,客观上再一次推动了羊楼洞制茶业的发展。外来资本的涌入,不仅带来了雄厚的资金支持,更带来了近代工业化的观念和技术;不仅极大提高了产量,销量迅猛提升,外销范围也迅速扩大,且推动羊楼洞茶叶的生产与贸易进入鼎盛时期,羊楼洞也由此成为该地区茶叶贸易中心。(图4-3-6)

图4-3-6 中俄万里茶道展览馆(来源:郭建 摄)

---

① 余玮. 羊楼洞——中国青砖茶的摇篮[J]. 中华儿女,2017(11):61-63.

四、聚落整体空间组织

羊楼洞三面环山，北面是绵延起伏的北山，东南面是马鞍山，南面是松峰山（又名芙蓉山）。羊楼洞在三山之间的平坦盆地中，呈现为"一镇两河三山"的独特空间布局。街道是古镇的经济中心，是其最主要的商业空间，也是整个古镇布局的核心。因此，区别于其他以村落为中心的布局，羊楼洞聚落结合商业空间性质形成了富有特色的布局特征。（图4-3-7）

（一）选址特点分析

1. 三面环山与两溪穿过的盆地

羊楼洞古镇选址于丘陵之间的面积比较大的平坦地带，其三面环山，两面临水。虽然古镇为了与水保持紧密的联系，并不是完全坐北朝南，而是选址在地势平坦的盆地，沿着松峰港向南北布局，北面以石人泉港为界，南面则以松峰山为界，总体显现出背山面水的基本原则（图4-3-8）。由于古代羊楼洞村民深受"以水为财"的思想影响，所以房屋大都选择建在水边。古镇内街道沿河而行，房屋沿河而建，形成了沿河的线性空间肌理。周边的山体并不高，南部的松峰山海拔也才200多米，又称芙蓉山；古镇东南的山因其呈鞍形，故得名马鞍山；北部是绵延起伏的北山。松峰港则由泉水汇聚而成，由南向北贯穿羊楼洞古镇，在古镇北端与石人泉港相接。

2. 农业条件优越的山水之间

羊楼洞古镇境内山峦起伏、沟壑纵横，由于地形的丰富性，由此形成了多样化的微气候。同时此地土地肥沃，水系丰富，水质也很好，农业条件优越，十分适宜茶树的生长繁殖。民间传说在唐太和年间，当地居民从山中采来野生茶，对其进行人工培植，这儿便成了松峰绿茶最早的产地。

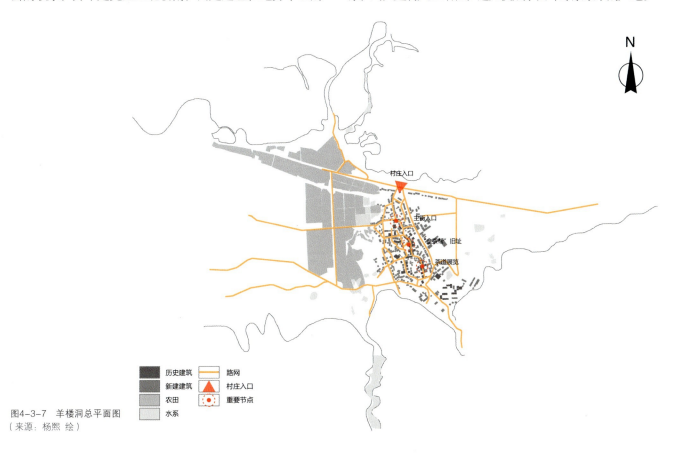

图4-3-7 羊楼洞总平面图
（来源：杨熙 绘）

图4-3-8 羊楼洞的滨水空间（来源：邹源 摄）

3. 交通便捷的区位

通达的交通条件有利于当地特色产业的发展。起初，羊楼洞的茶叶经过鸡公车队的运输达到南部的潘河上的港口（后名曰"港口水驿"），并装船沿着潘河到达新店之后被装上大船先后转运到黄盖湖和长江，然后运送至全国各地乃至海外。后来，羊楼洞砖茶改走西边，经七里冲、金兰湾和雷家桥到达潘河中下游的马口湾，并由此通往新店直至最终进入长江运往其他地方。从水陆交通条件看，羊楼洞的选址为未来贸易的大发展奠定了坚实的基础。

（二）布局形态分析

1. 沿河而居的线性总体布局

聚落的形成和周边的环境有着密切的关系。羊楼洞古镇的整体形态适应周围的地势，在背山面水的同时，主要沿着松峰港建房生活和开展生产和贸易活动。整个羊楼洞的布局无不体现出与水的适应性关系，与河流的紧密关系，保证了生活、生产的方便性，也使建筑的消防安全得到了保障。

2. 因街成市的建筑布局

古镇因街成市。街边建筑沿着主街呈带状排列，表现出明显的线性空间（图4-3-9）。羊楼洞固定的商铺基本都是"坐着卖"，商铺完全向街道敞开，建筑内部空间和主街空间融为一体，在白天成为一个大规模的茶叶集市。街道上的建筑紧密挨在一起，建筑之间几乎没有缝隙，连巷道也不会太多，几乎完全由建筑围合出街巷的空间的界面。而这些大街小巷构成了古镇的骨架，与建筑一道共同构成了羊楼洞居民生活空间的基本形态。（图4-3-10）

图4-3-9 羊楼洞肌理图
（来源：杨熙 绘）

■ 历史建筑
■ 新建建筑
■ 农田
■ 水系

图4-3-10 羊楼洞街道上的商铺（来源：郭建 摄）

3. 街随河走、屋随街建的线性空间布局

羊楼洞古镇基本呈线形布局。古镇地处三山之间，东西两侧为较为平坦的地带，具有发展空间，但整个小镇并未向东西方向延展，而顺应河流方向在南北向呈线性发展，古镇上的建筑通过围绕主街而东西向布局来解决一定的采光问题，这与中国传统的坐北朝南有很大不同。

羊楼洞古镇整体的空间格局顺应了河流走势。松峰港是整个羊楼洞发展的基点，是整个古镇空间格局的决定性因素。街道、建筑都与河流平行布置，逐渐形成"河—建筑—街道—建筑"的断面关系。庙场街和复兴街是古镇的两条主要街道，共同构成主街，由北向南相互连接为线性空间，与松峰港平行，贯穿古镇。主街与巷道形成骨架，两侧的建筑则像骨肉充实其中。古镇的形成与发展看似有自发性，是集体无意识建设的结果，但却体现出与自然山水的高度契合。

羊楼洞的河流因为流量太小，基本没有交通功能，仅作为生活、生产水源使用。河边修建了石阶或平台，便于居民取水。而在江南水乡古镇中，通常河流不仅作为生活水源，还起到交通作用，河上常设有私人水道和公共码头，用来接收船只上的货物。对比羊楼洞，可以发现布局上有本质的区别。（图4-3-11）

图4-3-11 松峰港河道（来源：郭建 摄）

五、聚落内部空间组织

（一）街巷空间

1. 街巷空间概况

羊楼洞聚落主街长度约为400米，通常古代作为日常生活中步行和贸易货物运输的通道，这也是路面铺装青石板的原因之一。主街可以划分为三段：庙场街段、复兴街前段和复兴街后段。庙场街和复兴街前段街道呈现曲折的走势以及商住合一的街道模式。街道尺度和谐，风格统一，很多商业店铺坐落于此，布置得错落有致，形成折线形街道和丰富的开放空间。不同于那些平直单调让人乏味的街道，羊楼洞的街道曲折多变，既有平直，也有弯折，步移景异，空间富有趣味性，易于激发人们的空间的探索欲，是形成步行商业氛围的良好保证。同时这种街巷空间形式也能减弱冬天寒流的影响，使街道空间的活动在四季都能得到保障。（图4-3-12~图4-3-16）

2. 街巷结构

聚落街巷网络十分明晰，主要由主街、东西多条支巷以及连接支巷的小路组成。街巷作为古镇的骨架，沟通了聚落的各个区域，并且有效组织了交通，使人们来往通畅。而作为聚落主要的经济中心和文化中心，它又是居民进行贸易和社交活动的舞台。羊楼洞街巷的结构表现出自由而丰富的特点，体现古镇风情，展现了古镇魅力。

3. 街巷尺度

街道的宽度基本在4米左右，变化并不大，但是两侧建筑高度则有一定的变化，大部分都是一层的建筑。主街的高宽比平均大约为1.4∶1，尺度宜人，并没有压抑感。街边建筑连续挑檐强化了街道的延伸感，使街道和远山勾勒出一幅古镇意象图。走在街道上，古朴聚落与自然美景的结合尽收眼底。（图4-3-17）

图4-3-12 羊楼洞主街鸟瞰（来源：郭建 摄）

图4-3-13 复兴街通向松峰港的巷道（来源：郭建 摄）

图4-3-14 羊楼洞主街中部的转角处节点（来源：郭建 摄）

图4-3-16 羊楼洞街道节点2（来源：郭建 摄）

图4-3-17 尺度宜人的街巷（来源：郭建 摄）

4. 街巷保护状况

庙场街与复兴街的保护较为完好，原有古典端庄的历史风貌被基本保留了下来。周边的一些支巷由于历史变迁不断发生变化，和最初的风貌已经有所不同。松峰港两岸的沿河景观也经过改造，尺度基本未变，但是古镇区对岸一侧的建筑已经被更新，传统尺度早已消失。羊楼洞已经开启了旅游开发的模式，也得到了人们的喜爱，但是在旅游开发中，如何处理好保护和旅游开发的关系是古镇未来可持续发展的关键，同时应对古镇业态进行策划研究，使羊楼洞曾经的重要特色不至于在未来若干年完全消失。

图4-3-15 羊楼洞街道节点1（来源：郭建 摄）

5. 街巷特色

羊楼洞的街巷主要特色可从街道和巷道来分析。

主街的特色主要在于整体形态协调、商业与居住功能高度统一、空间富于变化、路面铺装质量非常好等。

羊楼洞街巷两侧建筑之间联系紧密，互相连接自然，虽高低错落，但是差异并不大，檐口连续性好，街巷空间整体非常协调统一。

至于位于街道两边的建筑界面，最大的特点就是开放性。由于聚落因街成市的原因，街边建筑大都商住合一，融合得非常好。建筑多采用可以拆卸的木排门作为街道的临街立面，白天打开木排门，店铺全部开放，营造吸引顾客的商业氛围，形成开敞空间，用各色各样的商品陈设让街道充满商业气息。（图4-3-18～图4-3-20）

羊楼洞的主街空间十分丰富。由于街巷依靠界面与空间形式被人们熟识，街道界面担负着强化古镇空间可识别性的功能，并帮助构筑街道生活的场景，形成街道印象（图4-3-21、图4-3-22），羊楼洞街巷丰富的空间变化使其特色鲜明，可识别性强，在400米的街道中行进，仍能辨识不同部分的空间，并获取街道的基本印象。可能这也是古代商业街道给现代城市带来的启示之一吧。

羊楼洞的主街铺装质量很好。路面基本都采用质量上好的青石板铺设，满足了大量人流的穿行和货物运输的长期需要，也为商业的进一步发展创造了高品质的物质条件（图4-3-19、图4-3-23、图4-3-24）。石板路塑造了古色古香的氛围，同时又坚固且易于清洁，不易产生积水。根据街巷不同地段的功能与性质的不同，其铺地材料也随之变化，有石板、土路等。

另外，巷道是主街与外部的主要联系方式，是居民出入、运送货物的通道，相比主街的宽阔和繁华，小巷则狭窄而幽静。巷道主要有两种形式：

（1）巷道两侧都是高大封闭的防火山墙，巷道两侧

图4-3-18　开敞的街道（来源：郭建　摄）

图4-3-19　白天的街道（来源：郭建　摄）

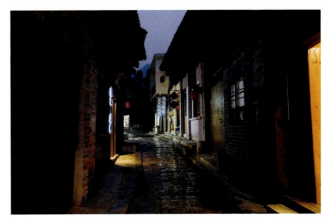

图4-3-20　晚上的街道（来源：郭建　摄）

图4-3-21 街巷铺地材质(来源:郭建 摄)

图4-3-22 羊楼洞主街入口(来源:郭建 摄)

图4-3-23 羊楼洞复兴街转角场景(来源:郭建 摄)

图4-3-24 羊楼洞主街商铺(来源:郭建 摄)

图4-3-25 山墙之间的狭窄巷道（来源：郭建 摄）

图4-3-26 局部建筑退后扩大了街巷空间（来源：郭建 摄）

没有门窗，并不是人们日常停留的空间，只具有交通功能，给人以高墙深院的感受。（图4-3-25）

（2）巷道一侧留有生活出入口，建筑平面在此适当退后，巷道相对开敞，便于人和货物的进出。（图4-3-26）

（二）中心、边界与节点

1. 中心

从宏观分析聚落的中心，主街没有明显的核心点，整个主街就是羊楼洞的中心。庙场街段和复兴街前段是羊楼洞聚落空间的主干，主街南北贯穿，联系全镇各个支路，是古镇的交通中心。在日常生活中，人们每天从自己的宅子里外出，穿过巷道，到达主街，或直接在临街的店面中打开木排门，开始每天的工作生活。从居民的活动范围与方式分析，主街也是聚落的经济和公共活动中心。（图4-3-27）

中观分析聚落，古镇内部的特色建筑及重要标志性建筑大都位于接近几何中心的主街两侧。这些标志性建筑作为古镇的精神和文化象征，往往选择较好的地段，同时也部分承担了聚落公共活动场所的功能。

微观分析聚落，羊楼洞沿街住宅的天井是居民在家生活和生产活动的中心。带有天井的住宅遍布主街。天井式住宅是中国南方民居的常见住宅样式，各房屋通过屋顶相连，相邻屋顶围合形成天井。天井营造出相对通透的住宅空间，有机联系了室内和街道空间，是人们家庭活动的中心。（图4-3-28）

图4-3-27 居民社交活动（来源：郭建 摄）

图4-3-29 羊楼洞的沿河空间（来源：郭建 摄）

图4-3-28 房屋内中庭天井（来源：郭建 摄）

2. 边界

由于羊楼洞的选址显示出与山水的关系，因此其自然边界分别是南北分布的松峰山、马鞍山和北山。这些边界限定了古镇未来向南北发展的空间范围，也起到了为古镇防风御寒的作用。另外，两条河流也限定了古镇核心区的边界，突出体现了"水"在羊楼洞居民心目中的重要地位。

羊楼洞东北面人工修建的公路是聚落居民外出的交通通道，为古镇未来发展划定了边界和方向。另外，建筑中也存在一些强烈的人工痕迹的边界。其中，天井的应用不仅带来了良好的采光和通风效果，还带来了较多的半室外空间，弱化了建筑内外明显的边界感，加强了空间的渗透。而建筑山墙墙体也是一种微观的人工边界，尤其是狭窄巷道中两侧的山墙面，可以营造出强烈的隔离感。

羊楼洞古镇道路和山体的双重制约影响下形成了空间发展的边界。与很多其他古镇或城市明朗的边界相比，羊楼洞所谓起到内外分隔作用的边界形状显得更加复杂曲折，具有多元化的边界形态。古镇内部的小路作为一种人工边界蜿蜒延伸至作为自然边界的山脉，与周边山川相互渗透，形成富有人文趣味的边界景象。（图4-3-29）

3. 节点

聚落的节点往往位于街与巷交界处，是空间的连接点，也是人们进行社交活动的中心，在聚落空间中具有重要作用。因此，深入研究空间的肌理与结构，对理解其空间活力具有重要意义。羊楼洞的空间节点既是主街与巷道的转换标志，也是主街分区分段的提示。某种意义上来说，它是一种过渡空间。

（1）朱巷与庙场街的交汇处

朱巷与庙场街之间近直角相接，呈现"T"字形。朱巷长约23米，宽约2米。这段街道整体呈现曲线状。在两条街交汇处的西北侧，庙场街相对朱巷侧移，退开适当距离，并形成一个三角形的开放空间，便于疏散交通。

（2）庙场街与幸福桥巷道交汇处

在庙场街与幸福桥巷道交界的位置分别有小巷道。两条巷道在庙场街相接，但并不完全相对，有一点错位，街和巷在此共同构成接近"十"字形的街巷空间，形成了比较特别的空间形式。该节点处还有店面正对朱巷开口，建筑可识别性很强，虽然巷道很窄，但该建筑充分利用了这种十字路口难得的商业地段。在中国传统城镇街道布局中，这种十字连接的交通形式往往是街道人流相对集中的地方，交通繁忙。重要的商业建筑会在发展中逐渐占据交叉口周围的地段，形成一个商业中心。羊楼洞主街上的一些交通节点也确实符合这种特点。

（3）庙场街与复兴街的交汇处

庙场街与复兴街的交汇处形成一种"Y"字形交叉口。该节点由三条道路交叉形成，各条道路尺度相近，并无明显的主次之分，既是空间可识别性强的地方，也是商业价值高的店铺之所在。以该节点为中心，四周布满了高大的建筑，既是交通空间的转换节点，也是一个充满活力的商业节点。

第一节　江汉平原聚落概况

江汉平原主要包括荆门市的东宝区、掇刀区、钟祥市、沙洋县、京山县和荆州市的市区、石首市、洪湖市、松滋市、江陵县、公安县、监利县，以及仙桃市、潜江市、天门市。江汉平原位于湖北省中南部的广袤平原上，北连随州市与襄阳市，南部与洞庭湖平原相接。

江汉平原保存下来的传统聚落有许多村落和一些古镇，与其他区域相比数量并不多，主要分布在荆门市的钟祥市、荆州市的监利县、天门市等地。但保存下来的传统聚落数量相较于鄂东和鄂西南地区来说较少。保存较好的传统聚落有洪湖市的瞿家湾、钟祥市的张集古镇、监利县的程集古镇和周老嘴老街等。

一、历史文化

江汉平原有大片平坦的土地，水系纵横，土地肥沃。优良的自然地理条件为传统聚落建立和发展奠定了良好的基础，并分别产生了大溪文化、屈家岭文化以及石家河文化，对荆楚文化形成了深远的影响。江汉平原早在春秋战国就拥有大量人口，但由于洪涝灾害的影响，农业发展较为缓慢，直到宋代以后垸田建设技术的提升推动了农业的快速发展。大量的周边移民来到了江汉平原定居，同时还吸引了大量江西籍的移民。他们不仅带来了人口的剧增和文化的繁荣，而且也带来了文化的交流。由于水系纵横，水运交通便利，江汉平原上逐步发展出越来越多因商而兴的大型城镇聚落。城镇的发展带动了周边村镇聚落的发展，使荆州逐步成为湖北中西部农业和商业的中心。荆州的程集古镇、朱河镇、洪湖市的峰口镇、荆门的沙洋县等地都曾被美誉为"小汉口"。农业的良好发展使江汉平原形成了丰富的稻作文化与渔文化，也发展了商业文化，从而影响了村镇聚落的习俗和生活方式，进而对聚落的规模和形态格局产生潜移默化的影响。

二、聚落及建筑

江汉平原曾拥有大量的传统聚落，但能保存下来的传统聚落却较少。其中一个重要原因是，江汉平原经济发展较好，平坦地势利于建设，建设成本也较低，所以随着社会发展，传统聚落很快被新的建筑所替代。保存下来的聚落有不少古镇，多是因水而立、因商而兴，特色鲜明。这些传统聚落多临水而居，聚族而居。另外，在湖北普遍存在的宗族观念和聚居形态同样在江汉平原也有充分的体现，同时也因为移民的到来得到了加强。

江汉平原传统建筑类型多样，既有民居和祠堂等常规建筑，也有店铺、店宅混合式住宅等。传统建筑多为天井式、天斗式，还有天井天斗混合式。天斗式建筑是湖北地区较为特别的建筑空间形式，可以说是天井式建筑的一种改造后的形式。它既能挡风避雨，又能减弱夏季的日照，使得天井空间四季都可以使用。天斗造型样式较多，可分为四坡屋脊顶、四面攒尖顶、卷棚顶、双坡顶和歇山顶等多形式。建筑平面多为三开间，而少用五开间。布局中多强调中轴对称和空间的秩序感，也强调以天井为组织空间的核心。

第二节　张集

一、概况

（一）概述

张集古镇位于湖北省钟祥市北部边缘山区，大洪山西南麓，东邻客店镇，南临温峡口水库，西连宜城市，北交随州市，有两条过境公路钟（祥）随（州）路和张（集）客（店）路相交于此。张集古镇是钟祥、随州、宜城三市交会处，离钟祥市42公里，素有"荆钟北大门"之称（图5-2-1、图5-2-2）。

张集古镇自古农业和贸易较为发达，现为钟祥市农产品出口第一镇。现存的张集古镇位于张集镇中部，面积约6000平方米，尚有居民82户，大约350人。（图5-2-3）

（二）自然地理环境

张集古镇在中纬度地区，所在地属于亚热带季风气候，热量丰富，四季分明，气候温和湿润，光能充足，日照时间长，雨量适中，雨热同季，春季多东南风，冬季多西北风，年平均气温15.9℃，年平均降雨量940毫米，为农作物的生长发育提供了有利的气候条件，为稻作文化的发展提供了土壤。

张集镇处于低山丘陵地带，关桥河北面较为平坦的缓坡地，其正对南面燕子湾山，与西面朝天岩山隔河相望。其周边有一些较小的丘陵，林业资源十分丰富，森林覆盖率较高（图5-2-4、图5-2-5）。

二、历史沿革

（一）历史发展分期

张集古镇最初是伴随着商品交换而形成的。其发展主要是依靠商铺市集的繁荣，从而由零星的过路店铺发展成为影响周边地区的商品交换市场和物资集散之

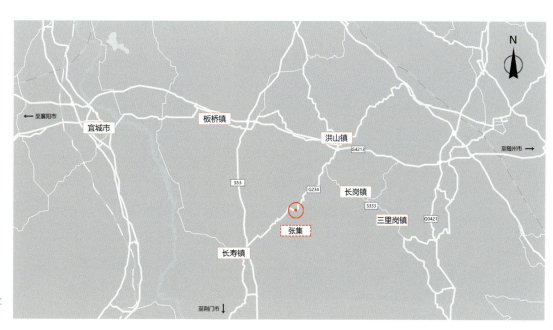

图5-2-1　张集古镇区位示意图（来源：夏炎　绘）

图5-2-2 张集古镇卫星图（来源：王镔宇 绘）

图5-2-3 张集古镇整体风貌（来源：郭建 摄）

图5-2-4 张集古镇的周边环境（来源：郭建 摄）

地。随着经济发展和规模的扩张，其逐渐由村落发展为小镇。根据张集古镇的发展特点，大致可以将其发展历程分为起源、发展、兴盛等阶段。

1. 起源

据《钟祥县地名志》记载，明朝初年，店子岭由于交通便利，过往人流量较大。因此有人在店子岭附近的交通要道建造了几家零星的过路店铺。这些过路店铺可以为过往旅客、马帮提供饮食和休息的场所，类似于古代驿站的作用。古镇最早的起源也正是这些过路店铺。

2. 发展

随着过路店铺的增加和商业的起步，来到张集古镇做生意并居住的人逐渐增多，并逐渐出现草市，人们带着各种农产品以及禽兽毛皮等来张集交易，换取农业生产工具和生活用品，用来满足生活方方面面的需求。由于商业的发展和人口增多，张集古镇逐渐从过去零星的过路店铺逐渐演变为地区性的物品交换集市。因这里张姓住户较多，所以该地被称为张家集。这段时期，虽然张集渐渐繁荣起来，规模不断扩大，但是发展空间却不足。明末清初，张集古镇从店子岭迁移到现在的老街

图5-2-5 张集古镇与关桥河鸟瞰（来源：郭建 摄）

处,从而获得了更大的发展空间,也与河流关系更紧密。迁至新址的张集古镇顺着关桥河的走势呈东西向布局,沿河呈带状伸展,承担起大洪山地区的物资集散功能。

3. 兴盛

直至清朝乾隆年间,张集古镇发展到达一个高峰。由于经济的发展和人口的增加,张集古镇兴建了大量的民居,其空间肌理逐渐变得完整和丰满。据《钟祥县地名志》中记载,当时古镇中的商人来来往往,络绎不绝,十分热闹。即使到中华人民共和国成立前夕,张集古镇的商业依然较为繁荣。当时,老街上有三家粮店,还有茶馆、肉店、杂货店和餐饮店等十几家[①]。有一些来自洪山、板凳岗、洋梓、客店、长寿等周边地区的人专程到张集做生意。他们或租买固定门面,或提篮挑担走街串巷,各种形式都有。从客商的来源就足见张集古镇对周边地区的影响力了。另外,古镇中现存的四块石碑也能说明当时的繁荣程度。在其中一块刻有"大清道光十七年二月二十四日众姓公议同立"的石碑上,有当时行市情况和应遵守的规则。这说明这段时期张集古镇的商业已经发展到有组织、有规则的阶段,表现出比较大的商业规模、良好的经济秩序和较高的繁荣程度,充分体现了兴盛时期的特点。

(二)历史发展影响因素

自然地理环境和区位条件的特色为张集古镇创造了发展的条件,使其成为一处商贸文化发达的聚落。纵观其历史发展过程,其历史发展主要受到以下因素的影响。

1. 独特的自然资源为经济发展奠定基础

有民间俗语曰:"小河门前走,财源滚滚来"。古人通常出于生产生活的考虑,选择背山面水,自然资源丰富之地。张集古镇在大洪山与关桥河之间,土地较为肥沃,还有良好的日照和丰富的雨水,这里不仅出产粮食,而且还能提供一些山林中的特产,非常有利于古镇经济贸易的发展。因此,丰富的自然资源对于聚落发展很有利,但是具有经济价值的独特资源有时候对聚落发展可能会更为有帮助。

2. 合适的地理区位有利于商贸地位的形成

张集古镇处于钟祥、随州和宜城三地之间。借助三地之间频繁的商业贸易关系,以及自身独特的自然资源和交通运输条件,张集古镇成为重要的货物集散地和地区性的经济中心。钟祥、随州和宜城三地之间的距离并不短,排除古代交通条件的差异,它们之间的距离都不会少于百余公里。其中,宜城和钟祥之间还能通过汉水加强贸易联系,但是宜城和随州、钟祥和随州之间都缺乏水运交通条件,因此张集古镇的出现恰恰为他们彼此之间创造了一个很好的货物中转地,弥补了距离造成的贸易困难,同时也推动了张集古镇自身的农业产品销售,成为连接三地的贸易平台,才有了民间所谓的"小汉口"的称谓。

3. 安全舒适的环境条件适于聚落形成与发展

人对于居住的主观愿望是安定、安全、环境适宜等。张集古镇选址于四面环山的岗地缓坡,首先,此地有山有水,环境优美;其次,有利于借助山势和河流,阻止外部的入侵者,一定程度上保证了自身安全。张集古镇南侧紧邻的关桥河是一道自然的屏障,而其余方向都有高大的墙体环绕。整体平面形式大致呈椭圆形。这种山水空间格局营造了安全舒适的环境条件,利于聚落的形成与发展壮大。当然,由于张集古镇是商业推动发展的聚落,因此其格局并不封闭,其路网

---

① 周红. 湖北钟祥张集古镇研究[D]. 武汉:武汉理工大学,2006.

虽不是四通八达，但其开放性还是比较强的。

4. 地区性贸易中心是持续发展的动力

张集古镇是周边地区交通往来的重要节点，有很强的区位优势。这种优势转化为发展动力，从而使张集成为周边地区贸易往来的中心和平台。张集古镇自身资源并不算特别丰富，但是借助其区位优势，从过路店铺到村落直至发展为商业发达的小镇，可持续发展了几百年，这与其地区性贸易中心的地位是分不开的。

三、文化特点

（一）繁荣的商贸文化

因商业的发展而兴起的张集古镇，其商业文化发达。首先，长期的商业发展影响了古镇的生活方式，许多建筑都是受到商业文化影响而被建设为适合商业经营的形态，例如店铺面朝街道方向开放性强，且多用木排门。其次，张集古镇目前还有一些碑刻存留，明确了一些商业经营的规则，是当时商业发展规模化、规范化和某种程度制度化的一种体现，是商业文化发展到一定程度的体现。

（二）丰富的历史名人故事

张集古镇有较为丰富的历史名人和传说故事，其文化内涵较为丰富，尤其是古代时期这里发生过许多事件。例如，楚武王在春秋时期就曾两次在张集驻扎军队，军队需要武器、粮食、装备等物资，也为当地经济发展带来了契机；唐朝末年的名将王元獐在汉水一战之中战败，后来孤身逃入张集，并且自刎于九花寨的二虎山下面，至今仍旧流传"五龙二虎逼死王元獐"的历史故事。这些名人及其传说故事的丰富度可以算是张集古镇商业影响力的一种侧面体现。

张集古镇在近代也有不少名人故事，也有着丰富的红色记忆。例如，张集古镇黑王寨中的普汉寺曾是中共张集区委会的所在地，是当地农民运动的指挥机构；抗日战争时期，张自忠将军在张集古镇指挥了五战区右翼兵团的对日作战；中国女作家丁玲与美国女作家史莫特莱曾在此地采访过抗日英雄；解放战争时期，江汉军区司令部及其军区直属单位也曾迁移到张集古镇。张集古镇发生过的历史事件和名人故事都是其经济和文化发达的表现，也是张集古镇作为一种地区性商业聚落对周边影响力的体现。

（三）独特的寨庙文化

张集古镇区域内有很多山寨庙宇，曾经几乎是遇山建寨，逢岭筑墙。这主要是因为张集古镇地处三地交会之处，过往人流复杂，且又背靠大洪山，经常有土匪侵扰居民。明清时期，大部分山寨建成，其共同之处是寨顶端都有一个道观或者寺庙，形成独特的"寨庙文化"。自清嘉庆时期起，清朝逐渐衰落，富裕的商人、皇室、官僚集中了社会的财富，而平民仍旧处于水深火热之中，社会面临重大危机。为进行适当防御，当地民众兴建了许多山寨，其中能够容纳万人的山寨有扁寨、九花寨、云岭寨、黑王寨、小寨子山、大寨子山、望湖山等；可容纳数千人的山寨有三花寨、五龙观、沙河寨、牛寨等；可容纳百人的山寨则比比皆是[①]。

四、整体空间组织

（一）选址特点分析

1. 坐北朝南，临水而居

张集古镇坐落在一处山岭坡地上，南低北高，其坐北朝南，南面临河，并望向南面不远处的燕子湾山，西

---

① 周红，李白浩. 传统山区聚落的防御特征研究——以湖北钟祥张集古镇为例[J]. 华中建筑, 2008（06）:170-174.

面与朝天岩山隔河相望。关桥河和张畈河分别是张集古镇南北的两条河，它们都发源于大洪山西南麓望湖山，并在古镇西侧汇聚。张集古镇的民居建筑沿关桥河呈带状布置，而河边一侧的建筑都是紧贴着河而建，随着河流的走向而呈流畅的弧形，这种聚落与山水的位置关系使得古镇与山岭和河水自然融为一体（图5-2-6），是聚落与环境融合密切的体现。

2. 依山就势，顺势而为

选址于山岭南侧的坡地上，依山势而成北高南低的形态，不仅少占用耕地，而且十分有利于排水防涝，还能够使东西向的主街和街道两侧的房屋有更好的日照，对日常生活和商业经营都有利。但这种选址增加了房屋建设的困难，因此需要选择有适宜坡度的用地。（图5-2-7）

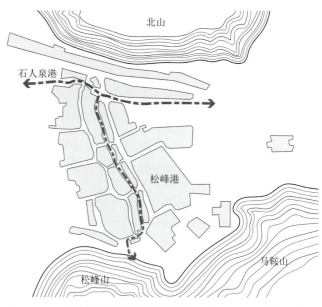

图5-2-6 "一镇两水三山"的古镇空间环境图（来源：范亚茹、肖曼雨 绘）

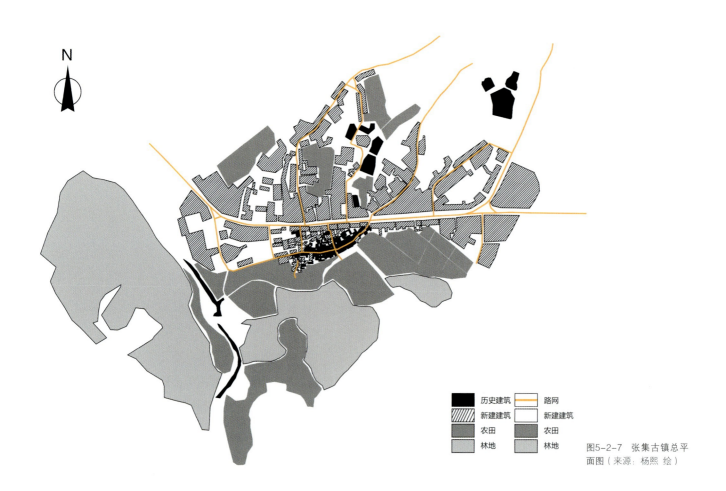

图5-2-7 张集古镇总平面图（来源：杨熙 绘）

3. 山环水抱，安全防御

选址于钟祥、随州和宜城三地之间的必经之路上，既有利于商业贸易发展，也较能提高安全性，还蕴含着一些安全防卫的思想观念。首先，因交通要道上人流量大，信息灵通，交通方便，便于得到安全相关的信息而及时做应对准备，也相对容易得到官府的帮助，而若远离交通节点，不仅不利于商业发展，还容易受到大洪山及其周边盗匪的侵扰而无外人知晓；其次，张集古镇位于山水环抱之地，其环境具有一定的围合性和封闭性，加上四周城墙和关桥河组成的屏障，形成了一定的防护能力（图5-2-8、图5-2-9）。

图5-2-8 连三桥鸟瞰（来源：郭建 摄）

图5-2-9 城门前的连三桥（来源：郭建 摄）

4. 沿河面山，景观优美

张集古镇坐落于景观优美之处。河流蜿蜒而过，人们沿河而居，站在古镇对面的燕子湾山上回望古镇，会看到一幅小桥、流水、人家的画面，充分体现出古镇与周围山水环境的和谐关系。古镇秀美的身姿恬静，倚在小溪旁，就如同山岭的一部分，凸显了丘陵中古镇的独特韵味（图5-2-10）。

（二）布局形态分析

1. "枕山环水，一河一街环城墙"的总体格局

张集古镇的地形起伏并不大，其所处的山岭坡地北部高，南部低，一直延伸至关桥河边。张集古镇枕山环水，整个聚落空间沿河平行展开，由关桥河和主街共同奠定了总体格局。适宜的街区尺度，古朴的材质肌理，饱含当地特色的标志性建、构筑物，中心节点及周边山水环境等共同构成，具有依山就势、枕山环水、高低起伏的整体特色（图5-2-11）。

2. 沿单边河岸带形分布

张集古镇因坡地和河流的共同限制，整体呈现东西向"带"形布局形态。古镇中有一条平行于关桥河的主街，向东西伸展。古镇的绝大部分建筑都是沿主街两侧布局，东西向伸展。中部向南有一个重要出入口，通向关桥河上的连三桥。有趣的现象是，古镇从未跨河向南发展，即使河流不是很宽，也不深，而且南岸地形较为平坦，也没能吸引老百姓在南岸沿河设立定居点。另外，沿单边河岸带状分布使得关桥河两岸的景观有很大差异，河北岸是古镇区，南岸则是大片平坦的土地，基本都开垦为良田。总而言之，张集古镇的平面形态受到河流形态的影响，恰好使得建筑能够东西向排布，并获得了较好的朝向。

图5-2-10 张集古镇周边的山水（来源：郭建 摄）

图5-2-11 张集古镇山水环境（来源：郭建 摄）

124

3. "两关三巷六门"的式防卫格局

张集古镇经过几百年的发展，已经形成了"两关三巷六门"的防卫格局。南面为关桥河，另外三面用石墙包裹，现存石墙宽约2.5米，长不到千米，有5个大门，1个便门。所谓的"两关"，是指古镇南北主要出入口分别设置的朝阳关和阙平关，现已基本毁坏；"三巷"，是指南水巷、爬踏巷和北山巷，三条巷子均与主街（老街）垂直，并都设置了门。"六门"，包括北侧的小北门和爬踏巷门，南侧水巷子的巷门和斗迎门，西侧的魁星阁的大门和东侧的大东门。历史上社会动荡、兵匪较多的年代，六门的开闭既可以保老街平安，又不影响古镇的贸易发展和日常生活。该布局充分体现了张集古镇较强的安全防卫功能，与老汉口的堡墙布局有一点相似，属于湖北古镇中较为特别的古镇。

五、内部空间组织

（一）街巷空间

1. 街巷空间概况

张集古镇的街巷顺应山岭坡地的走向和河流的流向，因地制宜地利用缓坡地，建设了纵横有序的街巷空间，营造出错落有致的街巷空间，将台阶、平地和建筑结合起来灵活布局，使其与山水融为一体。（图5-2-12）

图5-2-12　张集古镇主街鸟瞰（来源：郭建　摄）

2. 街巷结构

张集古镇街巷骨架形态为"一横四纵"的形式。一横是指横贯张集古镇的主街——老街；四纵是指北山巷、爬踏巷、南水巷以及斗迎门石台阶。主街横贯东西，三巷和斗迎门石台阶沟通南北。张集古镇"一横四纵"的街巷结构是较为典型的"鱼骨"形的街巷结构。张集古镇的街巷密度并不高，陆路水路、四面八方都有通道，较好地满足了日常生活和商业贸易的交通需求。另外，主街上的岔路不多，有利于商业氛围的营造，也能在防卫的时候减少工作量。（图5-2-13）。

3. 街巷尺度

张集古镇主街两侧的铺面组合呈线形分布，并且形成了较为清晰的空间界定，表现出较为明显的领域感。现存主街长度400余米，宽度为3.2~3.6米，平均3.4米，邻近主街建筑檐口高度大致在3.0~4.5米之间，建筑单开间的面宽是3.0~3.8米，主街的高宽比值大约是1.0~1.2。这种街巷空间尺度带给人的感觉比较亲切，比纯居住的街巷要略宽，与主街的商业贸易功能相适应。此外，建筑单开间小于街宽，主街空间也维持着比较好的比例关系，街道生活氛围也显得比较温馨。古镇巷道空间主要是由临街建筑的山墙组成的，巷道宽为1.5~3.5米，两侧山墙高约为5.8~7.5米，其高宽比平均值大致在2.5左右。街巷的空间尺度随着地形变化而表现出错落有致的变化，空间丰富而自然。（图5-2-14、图5-2-15）

另外，张集古镇主街西部比东部高，高差大约在3~4米。主街西段较为平缓，相比纵向坡度较大的主街东段，可建设面积比较多。爬踏巷和北山巷位于主街北部，和外部道路垂直连通，是老街到外部最重要直接的通道。北山巷地势起伏波动比较大，长度大约是53米，宽度大约是3.3米；爬踏巷虽然是坡路，但是

图5-2-13 张集古镇肌理图（来源：杨熙 绘）

图5-2-14 张集古镇主要街道空间形态（来源：郭建 摄）

存着，只是部分墙面经过修补有所变化。张集古镇与河流之间仍然保持着传统的空间关系，连三桥虽受到山洪暴雨的侵袭，但经过抢救，目前仍然是此处关桥河南北连通的通道。由于经济的发展，古镇居民有了许多提高生活环境质量的诉求，因此一些未被列入保护建筑的民居正不可避免地面临更新或者改造。有的建筑已经成为危房，可能会因资金的限制而有垮塌消失的危险。因此，张集的传统街巷保护需要寻找新的方法。（图5-2-18、图5-2-19）

图5-2-15 张集古镇次要街道空间形态（来源：郭建 摄）

图5-2-16 张集古镇主要街道风貌（来源：郭建 摄）

地势平缓，长度大约是71米，宽度大约是2.7米，是古代居民和客商频繁使用的通道。南水巷在老街南部，是古镇居民到关桥河取水的主要通道。巷道长度大约是80米，宽度大约是1.8米，铺路的材料主要是青石板，巷子两侧材质多是土坯山墙，表现出古朴的氛围。（图5-2-16、图5-2-17）

4. 街巷保护状况

张集古镇的街巷肌理基本保存了下来，但是部分建筑由于缺乏资金而逐渐老化垮塌。其中，一街三巷以及古镇的边界基本保存了下来，尤其是河边的古建筑仍保

图5-2-17 张集古镇次要街道风貌（来源：郭建 摄）

图5-2-18 街巷中的历史建筑1（来源：郭建 摄）

图5-2-19 街巷中的历史建筑2（来源：郭建 摄）

5. 街巷特色

张集古镇街巷的主要特色可从街道和巷道分别分析。

主街的特色主要在于整体形态非常协调、空间连续性好，商业、居住与防御功能高度统一，以及空间蜿蜒起伏变化丰富。

主街两侧建筑彼此相连，高差本身并不大，但是借助地形的起伏呈现出较强的高低错落感，空间方位感和可识别性很强，而主街两侧建筑也不高，使得建筑空间相对宽大，人在街巷中易感到轻松安逸。另外，巷道也较少，南北开口不多，保证了主街空间的完整性，从而让街巷的连续性变得较为明显。

前述章节也论述了张集古镇是多功能合一的聚落。居住、商业和防卫功能中，居住是基本功能，而商业是由其区位特点决定的，防卫功能则是由自然和社会环境所决定。多功能合一的聚落为了适应各项功能的需求，将商与住的功能整合进建筑，但是商业要求开放性强，对内对外通达性都要好，而防卫功能则要求对外应能隔离，还要适当增加交通上的障碍。为了解决这些矛盾，张集古镇是在多年的发展中逐渐达到了商业、居住和防卫需求之间的平衡。

张集古镇有较为完整的内部交通网络，随地势变化

图5-2-20 街巷的地势变化（来源：郭建 摄）

而起伏和蜿蜒曲折，街巷空间在垂直方向上变得较为丰富，这与七里坪和羊楼洞等平坦的街道有不少差异（图5-2-20）。从张集古镇街巷剖面来看，街巷特色往往由空间尺度所决定，但有时候也被街巷空间中的细部、材质以及人们的各种活动等所定义。张集古镇街巷的凹凸错落、蜿蜒曲折、高低起伏而又收放自如，与此同时，街道上人与人交往洽谈、闲聊落座、商业贸易……这些都为街巷勾画出了轮廓。

（二）中心、边界与节点

1. 中心

宏观分析聚落的中心，主街如同羊楼洞等古镇一样，没有特别明显的点状中心，整条街几乎就是古镇的中心。张集古镇的主街（老街）是主干，主街贯穿东西，联系着三条巷道以及各个出入口，既是交通的中心，也是生活空间，更是商业空间。人们的生活起居、忙碌工作和社会交往基本都在主街上。作为聚落的中心，街道也是人公共活动的中心，也因此成为聚落的重要标志，是聚落居民记忆中许多事件发生的场所，保存着许多历史的记忆，因此街道往往是物质的，也是精神的中心。主街是南北两侧居住生活的居民最易到达的场所，比巷道的吸引力要大很多，人的活动频率也远高于巷道。根据聚落建筑的主入口方向基本都面向主街这一特点，可以验证张集古镇的这条主街即聚落的中心。

中观层面分析张集古镇，可以发现，主街沿线与支路交叉口分别有财神庙、杜家庙、关帝庙等。这些建筑周边的公共空间都是聚落中尺度略微被放大的空间，人们行进在主街上会受到这些空间的吸引而停留，而这些空间强化了主街的中心性，承载了人们丰富的商业活动和公共社交活动，是聚落主要的社会活动空间。与此同时，庙宇等建筑在某种程度上也是人们心中聚落的"符号"与"标志"，是人们从精神上区分聚落的一种方式。

从微观分析聚落的中心。张集古镇中每处建筑都具有较好的独立性，虽然彼此连接，但却在彼此的空间上是分开的。大部分建筑都有多个天井，从而形成了以天井为核心的室内活动空间。这是一家人聚集、起居活动的室内中心。张集古镇建筑的天井往往有较大的进深、小尺度的面宽，可分为中轴式、偏轴式和折轴式等多种形式（图5-2-21、图5-2-22）。

图5-2-21　老街B13号民居立面图（来源：范亚茹、肖曼雨　绘）

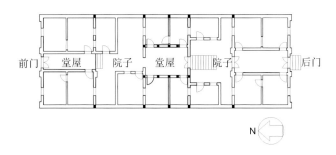

图5-2-22　天井中轴式建筑平面图（来源：岳欣妍　绘）

2. 边界

（1）自然边界

古往今来，聚落的选址往往会适当考虑防御功能，通常会利用有利地形创造边界，隔离内外，张集镇即如此。其自然边界非常清晰，关桥河为其南部边界，其他三面则以岗地高坡为界。自然边界比较多，意味着自然的地形地势被充分利用，这样往往可以大大减少建设工程量，还可以带来良好的视野，有利于侦察防御，也能让入侵者不能轻易进犯。另外，借助山势还能够抵挡西北方的寒流。

（2）人工边界

因为防卫的要求，张集古镇的人工边界也比较分明，且明显较多。这些边界是所谓的"两关六门"和包裹着古镇的石墙。"两关"是古镇南北主要出入口，"六门"是各巷道和东西两端的出入口，前文已经叙述。而半包裹着张集古镇的石墙虽然现在已消失大半，但从关桥河边的建筑立面可以看到一些痕迹。

张集古镇的人工边界相对羊楼洞等古镇来说更多，可以说明地形地势难以满足使用需要，而古镇居民对环境改造的意愿较高。综合前文分析，可以推测，提高聚落的防御能力是张集古镇的人工边界比较多的原因之一。

需要指出的是，张集古镇规模并不大，但却有如此多的关口和门，就已经能说明虽然其需要足够的防卫，但是更需要频繁地对外联系，从一个侧面说明了商业贸易对于张集的重要性。

3. 节点

张集主要现存有三处节点：主街东端入口处（大东门）、主街中部的斗迎门与连三桥处，以及三处庙宇节点。

大东门入口节点位于新街、老街交会处，不仅是老街的起始点，同时也是聚落内外的连接与转换处。大东门是老街的出入口，关帝庙被设置于此处，是古镇居民和做生意的商人们表达希望门神关帝庇护的一种美好愿望。关帝庙在张集古镇聚落中具有显著的标志性，对强化入口和营造古镇的文化氛围有较强的作用。此外，大东门附近有一定的坡度，视线开敞，易成为人群聚集的场所。

主街中部的斗迎门通道与连三桥相衔接处是张集古镇最为活跃的节点。该节点既是人行交通最为频繁之处，也是景观最为有特色的地方。该节点包括斗迎门、连三桥等重要历史建筑。斗迎门节点是主街与两条支巷的交通枢纽（图5-2-23）。不仅是聚落中富有特色的综合节点，也是以"老街、小巷、门洞、小桥、流水"为主轴的结合自然景观与历史人文特征的中心节点。

三处寨庙节点曾是张集古镇富含传统文化的地方，但是寨庙实际上早已经消失。寨庙节点包含有魁

图5-2-23 斗迎门前景观（来源：郭建 摄）

星阁、财神庙和杜家庙，是聚落居民聚集祭祀庆典的重要场所，蕴含张集古镇悠久的历史和民俗文化，是比较典型的承载聚落公共活动的空间。在庙会和集体节日的庆典中，寨庙节点的作用就是提供一个可以超越阶级地位、社会背景和经济利益的场所。因而，人们可以在古镇中感受古朴传统的生活，凝结成一个多元的集体，进行各种社会文娱活动。精神情感得以寄托的背后是共同的乡土和广为接受的文化传统。

第三节 程集

一、概况

(一) 概述

程集古镇位于湖北省监利县西部,也是监利、石首、江陵三地交会之处,素有"一声鸡鸣闻三县"之称。程集古镇地势平坦,河湖遍布,土地肥沃,因此此地一直是农业发达之地,是湖北重要的粮食产地。程集古镇的区位很好,交通自古就比较便利。作为监利西部的重镇,其水路可"西进蜀黔,北通汉口",而陆路则连通江汉平原的南北和东西,因此程集古镇一直是商业发达之地,曾有"小汉口"的美誉。(图5-3-1、图5-3-3)

程集古镇现存老街和三岔街,街道地面由青石板铺砌,街道历史风貌基本保存下来。程集古镇是中国历史文化名镇,也是湖北省文物保护单位。(图5-3-2)

(二) 自然地理环境

程集古镇具有亚热带季风气候特点,夏热冬冷,光能充沛,每年的日照时长约2000小时,年均气温约16℃,这样的气候为农作物的生长奠定了良好基础,很适合棉花、水稻、麻类、瓜果等种植。

程集古镇河网密布,纵横交错,自然生态环境良好。程家集河(也称程家集老长河)穿镇而过,是其最重要的河流,与周边的中心河、内荆河等都连通起来,既可以通向长江,到达长江沿线城市,也能连接汉水,达到汉口。(图5-3-4)

二、历史沿革

(一) 历史发展分期

程集古镇的形成、发展和演变受到区位条件、当地

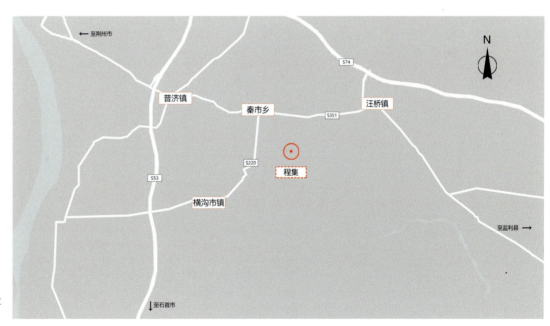

图5-3-1 程集古镇区位示意图(来源:夏炎 绘)

图5-3-2 程集古镇鸟瞰（来源：郭建 摄）

图5-3-3 程集古镇卫星图（来源：肖曼雨 绘）

图5-3-4 程家集河鸟瞰（来源：郭建 摄）

自然环境与社会经济环境等多方面的影响。程集古镇的形成发展首先得益于其基本条件很好，拥有江汉平原肥沃的土地和密布的河湖水系资源；同时也得益于其区位条件好，交通通达，连接南北和东西，是货物运输和商品交换的好地方。综合考察程集古镇的发展过程，大致可以将其发展历程划分为起源、发展、兴盛等阶段。

1. 起源

追溯程集古镇形成的开端，可以发现其形成与商业是密不可分的。起初，程集是一个临江的小村子，由于长江改道，留下的长江故道成为支流，并为村庄留下大片肥沃的土地，可耕种土地增多后，人口也随之增加，对外交通联系越来越多，水运交通逐渐兴起。此时的程集逐渐出现了"草市"，有一定规模，商业活动也较稳定。南宋嘉定年间，一位程姓富商看中此地的区位和交通条件，在程集河边修建码头、开设商铺，因此沿河一带区域逐步形成了集市，此处因而得名程家集。《中国文物地图集——湖北分册》中对此有论述："程集镇程集老街，始建于南宋嘉定年间（1208~1224年），现存为明清建筑"。程集古镇在南宋嘉定年间已初具形态，距今也有七百年的历史了。

2. 发展

程集古镇的发展阶段是指南宋以后至明洪武年间魏桥建立之前这段时间。据当地传说，明代初期，有一个名叫宋连的开国大学士，被奸臣迫害，他的家人迁移到三岔街生活。三岔街的宋姓居民大多是他们的后裔。他们居住的地方因此而逐渐成街，即三岔街。从程集老街和三岔街的位置关系可以看出，程集老街的历史应该最为悠久。其位置条件最好，紧临程集老长河，非常利于水运交通，且用地较为充裕，有发展空间。而三岔街位于程家集河的南岸，从风水角度看，也不是最优选择，其建设发展其实是程集老街的延续。《监利县志》记载："魏桥，又称宋桥，位于监利县程集镇程集老街东南端，1989年文物普查发现。该桥为'敞肩单拱'式，始建于明洪武十三年（1380年）"[①]。魏桥的建成晚于程集老街上百年，说明程集古镇在这百年中有了较大的发展，至少其跨河向南的扩展过程较大可能表明程集老街当时已经拥挤不堪了，抑或程家集河北岸的沿河空间已被充分利用，要临河而居必须到南岸居住。

3. 兴盛

明清两代，中国的聚落发展达到了新的高潮。明代商业贸易的发展促使资本主义的萌芽，部分聚落因经济发展而繁荣兴盛。另外，江汉平原的垦荒和堤防建设也极大地促进了农业经济的发展和聚落的扩张。"湖广熟，天下足"反映了当时湖北地区粮食生产的繁荣。随着农业生产力的发展和商业、手工业水平的不断提高，农业与商业相结合，大量农产品的商品化带动了区域经济的发展，也使得聚落间的经济往来和文化交流日益紧密。在这样的大环境下，程集古镇凭借自身优良的地理区位、交通条件和农业资源，获得了商业和规模的迅速发展。

明代永乐年间，程集古镇发展到鼎盛时期。周边地区的商品会集于此，程集古镇成为江北最大的商品集散中心之一。此时的古镇已经因为魏桥的连通而成为一个有机的整体。程集老街与三岔街共同构成了古镇的核心，整体性得到强化。而古镇的码头也愈加繁忙，来往人流络绎不绝，沿街店铺生意蒸蒸日上，这种繁荣景象一直延续至清末民初。

程集古镇的兴盛时期几乎跨越了500年。程集古镇

---

① 闵雷. 湖北监利程集古镇研究[D]. 武汉：武汉理工大学，2005.

的空间肌理在此时基本形成，现存的临界房屋几乎都是明清时期建成。中华人民共和国成立后因兴修水利，航道被裁弯取直，古航道逐渐废弃，再加上现代交通的发展，程集古镇也失去了其原有的水运交通优势，商业开始衰落。

（二）历史发展影响因素

程集古镇因集而兴，自形成便有繁盛的水陆商埠文化。程集古镇依靠地理环境资源优势，吸纳人口聚居，而又借助交通条件和区位优势发展兴盛。在发展兴盛中，程集古镇的民居建筑也以程家集河为边界，沿河带状排布扩展，同时也形成了基本平行于河流的街道，呈现了"河、街、房并置组合"的形态。

纵观程集古镇的发展过程，其历史变迁主要受到以下几点因素的影响。

1. 江汉平原提供了农业基础和广大的市场

江汉平原地势平坦，土地辽阔，土壤肥沃，气候优良，十分有利于发展农业经济，是有名的鱼米富足之地。明清时期农耕经济高度发展，农田水利技术也有相应的提升，使得江汉平原成为"粮仓"。粮食的高产使得江汉平原聚集了更多的人口，为程集古镇提供了充足的市场需求，促进了程集古镇的对外贸易，而明清时期私营手工业占据主导地位，商品得到了极大的丰富，也刺激了程集集市的兴盛，聚落得以发展壮大，建设也得到了加强。

2. 水运交通带来商业繁荣和文化的交流

程集古镇地处江汉平原与洞庭湖盆地的交界之处，河流密布，互相连通，从而保证了其交通网络可以连接到更大的市场和生产资料集中之地。大批的物资和商品交易需要大运量的交通条件，而水运交通恰好能满足这个需求。程集古镇离长江古航道很近，其南部不远处是一处拖船埠。当时的内河船要开入长江则需要从拖船埠把船拖过江堤再进入长江。而程集古镇周边地区的船只都需要从此地进入长江，也因此使得程集古镇成为诸多进出长江船只的集散地。程集古镇由此也获得了更多的商业贸易机会。此外，水运交通带来了各地区各民族的商人和旅客，也为程集古镇带来了各种各样的不同地域的民风民俗，南来北往的文化在此碰撞。程集古镇的街道和建筑风貌也因此不仅是本地地域的，更是文化交融的产物。

3. 商埠码头催生了独特的布局形式

作为远近闻名的商埠，程集古镇的商埠文化不仅蕴含着发达的商业文化，也蕴藏着码头文化。居民对于生活与水的关系认知会比较深入，各项建设活动和生活习惯也显然离不开水，而且会将其放在很重要的地位。从古镇的形成发展来看，码头和河流是其生存发展的根本，临河的空间是最为宝贵的，因此其建筑无一例外尽量临河而建，而街道不仅较为宽阔，也与河流非常近，甚至三岔街的形成也似乎只是老街的延伸和复制。这种商埠文化催生了独特的集市空间，对街道走向和建筑以及古镇形态尺度产生了许多影响。

三、文化特点

（一）丰富悠久的建筑文化

程集古镇是江汉平原保存原貌最为完好、保存规模最大、传递历史文化信息最直观的传统聚落。（图5-3-5）

程集古镇的建筑类型包含了丰富的人文建筑遗产，包括茶馆、酒馆、药房等传统店铺作坊，还有寺庙、古桥等分布于街道两侧。其建筑空间布局种类多样，有院落式（图5-3-6）、天井式（图5-3-7）、单幢式、天斗式、天井天斗式等各种形式。天斗式建筑是对天井式建筑的改善，是一种古代民居适应夏热冬冷地区内部空间的组织方式。

图5-3-5 古街两侧的古建筑群(来源:郭建 摄)

图5-3-6 紧密相连的天井式建筑(来源:郭建 摄)

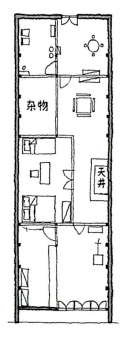

图5-3-7 天井式建筑平面图（来源：岳欣妍 绘）

部分建筑形式和细部是程集古镇的特色，比如许多民居使用了灌斗墙、蚂蝗攀、亮瓦、天斗、木排门（图5-3-8）等。临街建筑的第一进多采用抬梁——穿斗混合式木构架，而第二进多用穿斗式构架，这是按照空间需求的营造方式，既容易获得较大的内部空间，便于布置柜台，摆设商品，也可以满足小尺寸的居住空间需求，节省材料，减小建设的难度。灌斗墙也是程集古镇的建筑特色。这种墙体比较节省工料、降低造价，也较为经济适用，并且在空心墙内灌入碎砖瓦等材料，能够增强墙体的刚度、加强保温隔热效果。程集古镇常用的有用合欢式或者镶思式灌斗墙。蚂蝗攀是一种湖北民居中常用的稳定墙体、增强建筑整体刚度的构件，在程集古镇使用非常广泛。亮瓦则是程集古镇民居中常用的一种屋面构件，形似青瓦，其目的是为了增加屋内采光，方法是将屋面的青瓦替换为透明的亮瓦，简单实用。程集古镇建筑的特色所具备的这些特点，都是与自然环境、生活需求和技术水平分不开的。

金庸曾在其武侠小说《连城诀》中多次出现过"程家集"的场景。一些建筑学家与历史学家都前往程集古镇考察，甚至将程集古镇的建筑称为"最具湖北传统特色的商埠建筑"，可见程集的传统建筑文化影响力。

（二）独特的商埠文化

程集古镇所在地区水网相贯、交通便利，其形成与商业有关，并逐步发展为集市，最终变得繁荣，成为著名的商业码头而远近闻名。大量来自东西南北各地的商人、船只来到程集进行贸易，其"小汉口"的称呼并不是浪得虚名。其发展方式与同样为商埠的汉口有一些相类似的特点。由于通过水路产生的商业贸易联系逐渐变得更加广泛，其与汉口等经济中心城市的联系增多，影响力也逐步增大，商埠文化逐渐得到认同，从而使得程集古镇吸引了社会的广泛关注。（图5-3-9）

图5-3-8 木排门（来源：郭建 摄）

图5-3-9 程集古镇俯视（来源：郭建 摄）

四、整体空间组织

（一）选址特点

1. 地锁三县，连通荆楚

程集古镇位于江陵、监利、石首三地交界处，是三地之间的重要交通和贸易节点。同时，由于水路航运条件出色，其与长江、汉水上下游都能保持通达，从而使自身经济影响力远远超出了三地的范围，不仅覆盖了荆楚地区的重要城镇，甚至能与川黔、湘赣等地都有来往。临近长江（故道）及其支流的选址非常有利于其经济和文化的发展。

2. 水土丰沃，临水而居

程集古镇地处江汉平原与洞庭湖盆地的交界之处，土地肥沃，水资源丰富，有许多洼地、湖泊、河流、湿地，自然生态环境好，为农业创造了充足的条件。另外，水网纵横，为水运交通和贸易的展开奠定了基础。这是程集古镇选址中最为显著的特点。程家集河穿镇而过，可由此到达不远处的拖船埠而进入长江，人们临水而居，在此地从事水运贸易工作，创造了百舸栉比、百货流通的繁荣景象。值得注意的是，程集古镇并没有先选择毗邻的中心河为发展的核心，而是选择中心河与程家集河共同围合形成的一块三角地作为建设用地，从而使得其发展可以背靠两条河。另外，由于程家集河较宽，也便于修建码头停泊船只。恰当的选址是程集在江汉平原众多聚落的发展中脱颖而出的根本原因之一，也是其跨越500年长期发展而不衰落的原因之一。（图5-3-10）

图5-3-10 程集古镇总平面图（来源：夏炎 绘）

（二）布局形态分析

1. "一河两街，纵横交错"的总体格局

程集古镇自从程集老街和三岔街形成之后，很长一段时间都保持着"一河两街、纵横交错"的总体格局。程家集河将古镇一分为二，北部是程集老街部分，南部是三岔街部分，而程家集河从两条街之间穿过，河上架桥，谓之"魏桥"，将古镇南北两部分连为一体，形成了河流与古镇纵横交错的格局，并构成一个不可分离的整体。

2. 带形的空间形态

程集古镇的居民沿河而居，以水为界，建设集市和居所，形成程集老街，后续建设由于地形限制而跨河发展，继续沿河建设街道和集市，形成三岔街，所以整个古镇呈现出"带"形的空间形态。其"带"形的街道比较封闭，巷道支路极少，从商业发展的角度来看，容易形成较为完整的商业氛围，也能保证自身的安全。从现在的肌理图就能看出，原有的"带"形布局形态显然影响了现代时期古镇的扩展。

3. "河、房、街"并置的布局形式

程集古镇的房屋沿河排布，一栋挨着一栋，彼此并列相连。从布局形式看，房屋与街道和河流几乎是平行布置（图5-3-11），顺应了河道的走势，完全覆盖了河流之间的地块，高效地利用了土地，也保持了与河流的

紧密关系。此外，程集古镇的巷道非常少，并没有与街道形成纵横交错的网格式布局，可能是因为以下几点原因：第一，程集古镇的老街两侧被河流和水塘限制了发展空间，在进行填塘改造地形成本较高的背景下，向街道两侧延伸的空间仅仅能满足每一户民居的使用需求，所以街道与两侧空间的交通联系没有实质需求。第二，来到程集古镇老街和三岔街的人流基本都是从街道两端的出入口过来，巷道支路没有存在的必要。第三，从现存情况看，程集古镇的老街有500米以上的长度，加上三岔街接近300米的长度，整个步行空间达到800米，步行距离已经达到了人的舒适活动限度，而且古镇的店铺数量多，集市规模也非常大，满足周边贸易需求，没有进一步向街道两侧扩展的必要，因此古镇的核心只有老街和三岔街，这种河、房、街并置的布局形式保持了五百年以上，并未发生巨大变化（图5-3-12）。此外，由于受限于资料收集的渠道河调研方式，码头位置目前不可考，所以难以判断，这种布局形式和码头的位置有多大关系，这也是今后进一步研究的方向。

图5-3-11　街河平行（来源：郭建　摄）

图5-3-12 河、街、房并置的布局（来源：郭建 摄）

五、内部空间组织

（一）街巷空间

1. 街巷空间概况

程集古镇的街巷主要包括程集老街和三岔街。对于像程集镇这样的滨河古镇，其主街——老街作为空间骨架，对于空间的构成和空间中的活动具有重要影响。程集老街连通各个区域，有效地组织内部交通，使人们往来通畅。而作为聚落主要的经济和生活中心，它为贸易活动搭建了舞台，同时也是古镇居民平时进行社交活动的场所。由于人们的生产生活多在老街进行，因此其在当地民居心中的地位不言而喻。在人们印象中，街就是古镇的代名词，程集老街早已与古镇融为一体，老街便是古镇的形象和标志。（图5-3-13）

2. 街巷结构

程集古镇的街巷主次分明，呈现"一主数支"的空间结构，具有一定的"鱼骨"形特征。程集古镇自南宋开始形成集市直至明代形成"一河两街"的总体格局，建成的街道为两条，相互连接，连续性很强，包括程集老街和三岔街。其走向基本为自西北向东南方向，比较平直，局部略有弯曲，通畅也比较好，因此与聚落有较好的可达性。聚落内部巷道数量非常少，主要是建筑山墙之间的通道，主要分布在古镇东北部，以连接老街和背街的扩展空间为主（图5-3-14）。

3. 街巷尺度

程集古镇街道宽度多为3~4米，建筑大多只有2~3个开间。街道空间尺度亲切宜人。在街道中，人们可以看到街道中的深处，不仅能更好地感受到街道中

图5-3-13 程集古镇肌理图（来源：杨熙 绘）

历史建筑
新建建筑
农田
水系

图5-3-14 程集古镇街巷（来源：郭建 摄）

的氛围，也能比较容易地找到自己需要或者有兴趣的店面，微微仰头便可以仰望天空，感受被民居檐口与山墙围合出来的天空界线。（图5-3-15）

程集古镇的老街平行于河道，是古镇中最长的一段主街，长约500米，宽3~4米，高宽比值约1。老街两侧的建筑基本都是一层楼高，基本保持着明清时期的风格。三岔街长约300米，相较于老街而言，三岔街更加宽阔，宽度甚至达到6米，高宽比值达到0.5。两侧建筑基本都是一层。该街道虽然比较开阔，更适合货物运输等活动，但是却缺乏了一些亲切感，对居民可能也缺乏足够的吸引力，否则其不到300米的长度很难保持几百年，并没有随着明清商业的繁荣而继续增加长度和规模。另外，由于三岔街是在程集古镇的老街产生之后的百余年才形成的，因此其商业氛围和在人们心中的地位和老街还是有差距的。（图5-3-16）

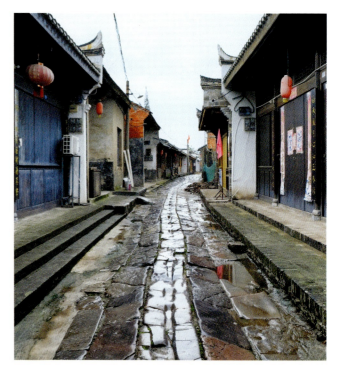

图5-3-15　程集老街一瞥（来源：郭建 摄）

图5-3-16　三岔街（来源：郭建 摄）

4. 街巷保护状况

程集古镇老街两侧的建筑基本都保存了下来，只是一些建筑的局部做了粉刷。还有一些建筑年久失修，需要维修加固。老街现在被挂牌为"石板街"，青石板路仍然还保存着，但是因为多年的使用导致局部有破损，需要尽快维修。十几年前，程集古镇已被列为湖北省文物保护单位，之后也入选了中国历史文化名镇的名单，未来的保护值得期待。

5. 街巷空间特色

程集古镇的街巷空间具有一些独有的特色。

首先，其街巷比较平直，曲折度不大，只是局部有一点弯曲，这和河流的走向有关系，也和所在地块的形状有关联。较为平直的街道适合货流的运输和大量人流，也使得建筑排布更为容易，内部空间也较好利用。

其次，街道空间较为宽阔，而且在建筑面向街道一面留出了一定的檐下灰空间，其标高抬高到与室内接近一致。这种檐下空间既可以挡风雨，也能摆货物，更是人们休息聊天的地方。另外，抬高的空间可以防止因街道积水而影响室内卫生清洁。这与此地靠近长江，地势平坦，雨水丰富，经常会有洪涝灾害有关。（图5-3-17~图5-3-19）

（二）中心、边界与节点

1. 中心

从宏观角度分析，程集老街是整个聚落的中心。老街不仅是空间结构的主干，其南北贯穿，将古镇所有的民居连接在一起。老街两侧基本上都是商业店铺和各式作坊，老街将物理空间的中心、生活的中心和商业活动的中心互相叠加，创造了一种较为独特的空间环境，吸引着各地的商人和游人来到此地。

从中观角度分析，街道上重要的历史和文化建筑是

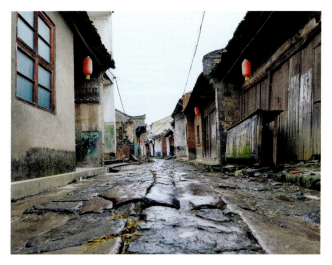

图5-3-17 雨后的老街（来源：郭建 摄）

图5-3-18 老街的青石板铺装（来源：郭建 摄）

图5-3-19 老街的建筑檐下灰空间（来源：郭建 摄）

其社会文化的中心。程集古镇老街和三岔街的历史遗存多，沿街建筑基本保持了明清时期的历史风貌，具有历史年代感，不仅是人们的视觉中心，也能为人们的丰富活动提供多样化的场所，例如，三岔街的文昌宫和作为文化建筑使用的老街110号和140号民居。

从微观角度分析，程集古镇老街两侧建筑大部分都有多进天井，还有一些带天斗的天井，是居民室内活动的中心。建筑凭借天井（图5-3-20）产生空气对流，在湿热的夏季改善室内微气候。同时又给街边店铺提供了室内灰空间，可以使商业活动类型更丰富，活动范围更广，自然也成为人们交流的空间。

图5-3-20 天井式民居（来源：郭建 摄）

2. 边界

(1) 自然边界

程集古镇选址紧邻程家集河和中心河。程家集河也称为程集老长河，是程集古镇西部边界，北部端头则以中心河边为界。古镇东边是一些水塘，也为古镇的东扩划定了边界。程家集河为古镇提供了便利的交通，为人们的生活和生产提供了必要的水源，是重要的自然边界。这些自然边界限定了古镇的发展空间，也勾勒出了发展方向。

(2) 人工边界

程集古镇的人工边界主要是位于北部的牌坊和南部横跨程家集河的魏桥。它们既是古镇的边界标志，也是地标，经过漫长的年代已内化成程集古镇的代表和象征。在许多聚落中，道路是聚落发展的人工边界，但是在程集古镇中，这种现象不明显，因为与外界的交通联系主要是由程集古镇的老街来完成。

3. 节点

程集古镇的老街与支巷构成了古镇的交通系统。街巷间的交叉口是人流交会之处，也是空间转换的标志，起着节点的作用。视觉的中心地带景观丰富的外部空间也是景观性的节点，包括程集古镇主要北入口牌坊前的开放空间、老街和三岔街交界处的魏桥以及文昌宫周边的开放空间。古镇的北入口牌坊预示着已经达到了老街的起点。牌坊前是一处相对较为宽敞的开放空间，也是人们驻足聊天、碰面的户外空间节点（图5-3-21）。魏桥全长10米，在程集古镇老街的南端和三岔街北端交会之处，是连接古镇南北重要交通节点，也是一处视野开阔的景观空间。

图5-3-21 入口牌坊（来源：郭建 摄）

第一节　鄂西北聚落概况

鄂西北地区基本属于秦巴山区的一部分，是指十堰、襄阳和神农架林区等地，与河南、陕西和重庆相毗邻的区域，包括了十堰市的市区、丹江口市、房县、竹山县、竹溪县、襄阳市的市区、枣阳市、宜城市、老河口市、保康县、南漳县、谷城县等地。鄂西北地区位于汉水中游，是汉水在湖北最先流经的区域。

鄂西北地区保存下来的传统聚落以村落为主，古镇则较少，主要分布在十堰市的郧阳、郧西、竹溪和房县等区县，丹江口也有一些，以十堰市的传统聚落为最多。但由于历史原因，保存下来的传统聚落并不多。保存较好的传统聚落有十堰市张湾区的黄龙滩村、郧西县的上津古镇、丹江口市的黄龙村、竹溪县中峰镇的甘家岭村等。

一、历史文化

鄂西北地区大部分属于秦巴山区，也有部分汉水平原，受到中原文化和秦巴文化的影响，也有楚文化的强烈烙印。这不仅是该地区与陕西、河南以及重庆等地区经济文化往来频繁的原因，也因为古代大量周边地区移民的到来推动了这里的发展，尤其是十堰的繁荣。所以才有所谓十堰有"民兼秦晋之俗"，有"西北之风"，"襄阳是楚文化、汉文化以及三国文化的发源地"之说。这种文化的交融使鄂西北地区的传统聚落呈现了多元的文化特点。这从其方言和饮食的种类极其多样化就能看出来。

虽然鄂西北地区有所谓"八山一水一分田"的格局，但其传统聚落的发展大多还是基于农业基础的，但良好的区位优势和汉水的水运条件，加上与中原地带频繁的联系，为一些在汉水和重要的陆路交通线路上的传统聚落带来了经济上的繁荣。有一些村镇位于山间水边较为宽敞的平坦地区，借助水运交通加强了和陕西、武汉以及江汉平原的商业贸易往来，逐步发展为较大的繁荣村镇，例如上津古镇和黄龙滩村。

二、聚落及建筑

鄂西北的传统聚落基本都是定居型的传统聚落，游移性的聚落不多见。这里不仅有聚族而居的聚落，也有不少地缘而居的聚落。由于战乱、灾害等原因，周边地区的人们避难到此定居，或聚族而居或加入当地的村镇，融入当地的生活。古代此地是军事战略要地，因此有一些聚落还具有一定的防卫功能，十堰的山寨聚落就是这样。而古镇这种规模较大，经济较为发达的传统聚落对于自身防卫似乎更为重视，郧西县的上津古镇就有厚实的城墙。山地的聚落如果具有一定的防御能力，一般易守难攻，而其道路交通往往又非常险峻曲折，因此与平原地带在形态和结构上都有许多差异。

鄂西北地区的传统聚落充分利用地形特点，选址多靠山近水。由于鄂西北山地多，平地少，所以多选择山腰和山谷附近临近河流的地方，但一般不会选择山谷低地，这样不仅能近水，又能有一定的防洪功能。由于缺乏大面积宽敞的平地，因此鄂西北传统聚落的规模一般都不大。传统聚落由于地形千差万别，其形态也各异，但几乎都是依山就势，与地形地貌紧密结合，常常表现出"小集中、大分散"的特点。

鄂西北传统聚落的建筑多坐北朝南，虽然有其他朝向，但也多受地形、水域、风俗和对景关系等的影响。其平面形制多为对称的多路多进四合院，没有很严格的定式，其围合形式都是建筑的围合，屋顶连成一体，院落多用天井院的形式，屋顶采用小青瓦或灰瓦，有烽火山墙，多用硬山的山墙形式。有时候还能见到云形墙和马头墙的样式。立面则多用砖砌形成比较封闭的正立面。

第二节　上津古镇

一、概况

（一）概述

上津古镇，也称上津古城，曾是唐朝时期重要的交通枢纽之一。上津古镇紧临陕西，地处十堰市郧西县西北边陲，北部与陕西省漫川镇接壤，南可达陕西省白河县，东至郧西县城，西与郧西槐树林场相接。上津古镇在汉江支流金钱河下游的东岸，历来都是政治、军事的战略要地，也是区域交通、商贸与文化的中心（图6-2-1）。因曾与陕西的漫川关和河南的紫荆关一样地处秦楚交界之处，因此战略意义重大，成为秦楚争夺的目标，上津与其他两处关隘一样时而属于楚国，时而属于秦国，被称为"朝秦暮楚"。历史上的上津古镇也素有"秦之咽喉、楚之门户"的称呼。（图6-2-2）

上津古镇大约有0.1平方公里，位于上津镇。上津古镇是湖北现存最为完好的有城墙的古镇，古镇空间肌理和城墙都基本保留了下来，其历史悠久，地理位置独特，是中国历史文化名镇、湖北省文物保护单位。（图6-2-3、图6-2-4）

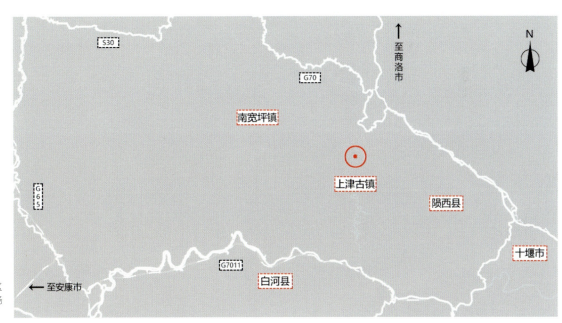

图6-2-1　上津古镇区位示意图（来源：杨熙 绘）

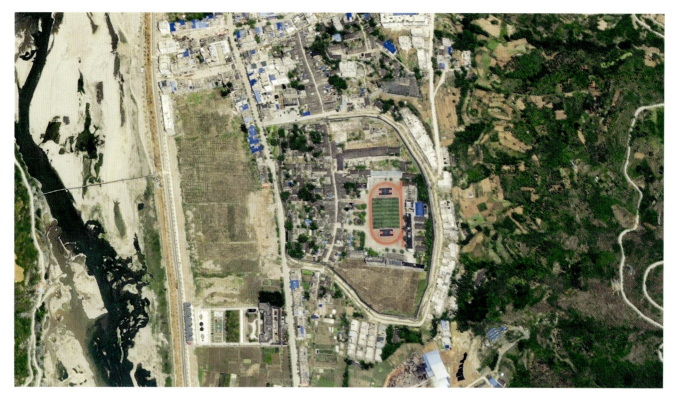
图6-2-2 上津古镇卫星图（来源：王镔宇 绘）

图6-2-3 上津古镇西北视角鸟瞰（来源：夏炎 摄）

图6-2-4 上津古镇（来源：夏炎 摄）

（二）自然地理环境

上津古镇所在区域属中低山区，海拔多在500～1000米。而上津古镇位于群山之间的盆地，海拔不到300米。上津古镇年平均气温18℃，年降水量788毫米，四季分明，多地形雨，无霜期237天。古镇中有源自秦岭的金钱河流过，且因地势低，基本不用担心缺水，但是需要防御洪涝（图6-2-5）。一般少雨年份，常出现暖冬，往往是农业的丰收年。

上津古镇拥有山地中得天独厚的自然条件，其出产有云雾茶、烟叶、山野葡萄以及金钱河鱼，还有较为宽广的农田，因此也有许多具有地方特色的民俗饮食。除此之外，这里也是矿产的富集地，有一些是古代城市与社会经济发展中重要的战略资源，例如赤铁矿、石灰石、汉白玉等。总体来说，上津古镇是鄂西北山区物产资源比较丰富的聚落。

图6-2-5 民居聚落现状（来源：夏炎 摄）

图6-2-6 上津古镇的城墙与远山（来源：王镔宇 摄）

二、历史沿革

上津古镇的整体空间形态和周围的环境达到了高度的和谐（图6-2-6）。上津古镇选址时择水而居，建筑沿金钱河的走向呈带状分布，主街也基本平行于河流，南北走向。上津古镇由古代上津路的重要水运交通聚落发展而来，承载了南北商品的流通，同时由于地理环境的优势，吸纳了大量人口居住。由于历史上一直具有重要的战略地位，上津古镇还具备较强的防御特性。因此，上津是一个住、商、防一体的聚落。

上津古镇从军事战略要地逐渐转变成水陆物资集散地，发展为较大的村镇聚落并繁荣延续至清末民初，有1600多年的历史。根据上津古镇的形成与发展历程，可将其大致分为起源、鼎盛、停滞三个阶段。

（一）历史发展分期

1. 起源

在文献记载中，上津作为地名最早出现于《水经注·沔水上》。三国初年，因发现上津所在之地极具军事战略地位，便在此地附近新增设平阳县。由此处经金钱河（当时名为甲河），上可通关中与商洛，下可与汉水连接通达荆楚地区，地理位置十分重要。据《太平寰宇记》记载："上州以晋时于此置上津成为名"，用以扼守中原关口，可见最初此地是防御型聚落。大约在南朝梁大同四年（公元538年），第一次在此地设置了上津县。

上津的战略地位也经常随着时局而变化。自魏文帝黄初四年到唐末，上津在不同时期曾被当作过州、郡或县的治所。虽屡次变化，但一直是战略要地。军事战略任务紧迫的时候，上津的建置级别会被提升；而天下安定时期，军事任务不那么紧迫，则建置便会降格。

2. 兴盛

在安史之乱前，"上津路"仅仅是商山路里的一条辅路，在安史之乱时期，叛军在洛阳驻守，汴水的交通运输受到破坏，需要运送至国都长安的物资只能改道经汉水运送江淮物资。故而，唐朝中后期是上津古镇的鼎盛时期。因为以往每年有大量的钱粮从襄荆及其南部地区经汉水转陆路输送到长安，并形成了历史上很有名的"商山路"。它是当时朝廷的经济命脉。郭子仪和李光弼在天宝八年（公元749年）率兵夺回长安后，襄荆等地的物资不再运到汉中，而是从上津送至商州，再经过商山路转运到长安。上津古镇作为唐朝最为重要的水陆运输线路上的物资集散地之一，构成了商山路的一部分——"上津道"。

3. 停滞

唐末时期也是上津历史地位衰退的开端。公元10世纪初，长安城被朱温破坏，他挟持唐昭宗和长安百姓迁都到洛阳，这时，上津也由此开始衰落。上津从商山路的重要物资集散地逐渐被边缘化，变成深山中偏僻的小镇。唐朝之后的八百多年里，作为战略要地，上津古镇所在地区战争连绵，难民众多。清顺治十六年（1659年），上津县被并入郧西县。1947~1948年，解放军陈谢大军和国民党胡宗南军战于上津，最终上津被解放，也因此成为湖北地区最早得以解放的地区。

（二）历史发展影响因素

上津古镇因兵而兴，也因兵而衰。其起源与兴盛与战争有关，其衰落却也受到战争的巨大影响。上津古镇位于南北交会的咽喉之处，是地势险要的地方，曾经具有相当高的战略价值。其历史发展主要受到以下因素影响。

1. 适宜的自然地理条件为发展奠定了基础

古人选择聚居地的原则一般是择高而居，避免潮湿，背山面水，有水的地方往往利于耕种和交通。上津东侧是大盘山，西侧是汉水的支流金钱河，这样的地形地势为上津提供了独立的发展空间，有助于形成聚落。另外，上津古镇处于低山盆地中，地势平坦，土地肥沃，适合居住和农业。而从聚落的安全性上来看，其四周高山环抱，易守难攻，具有较好的防御性（图6-2-7）。这些都是聚落发展的优秀条件。

2. 连通汉水提供了交通条件

金钱河是古代尤其是唐朝时期南北物资运输的重要交通线路。"河中舟停数里，陆上马帮数百，三十余家车马大店客满，路边仍有数百匹骡马露宿，店镇灯亮通宵，钱庄车运金银，马驮银票，农者多弃其田，路边摆一茶摊亦日进数贯"。这是对当时金钱河繁忙景象的描述和记载。三国时期以后各个朝代，都没有放弃把金钱河作为核心，以上津渡口为支点，以上津古镇所在地区作为战略要地进行防御和经营，由此激发了上津的活力，当然也因此在唐以后受到战争阴影的长期影响。

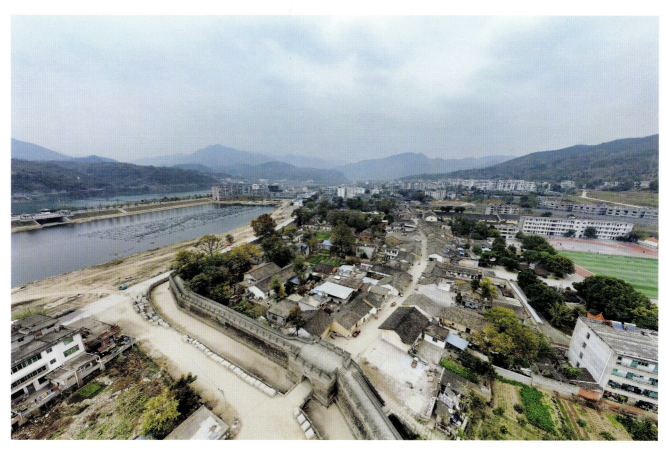

图6-2-7 上津古镇城墙、护城河与西面的金钱河（来源：夏炎 摄）

三、文化特点

（一）丰富的建筑文化

上津古镇的区位优势和政治军事战略地位，是其历来作为区域政治、经济中心的重要因素。上津古城是南北文化的交融区域，是水陆交通运输的枢纽。上津经历过无数政权更替和战火洗礼，留下了很多历史文化遗产。例如，作为南北文化象征的山陕会馆（南、北会馆），是郧西县现存最为完整的山陕会馆。上津古镇的历史建筑主要有四大类被保存下来：一是庙宇类，有元贞观、城隍庙、杨泗庙等；二是馆舍类，有北会馆、山陕馆、河南会馆、武昌会馆等十多个会馆遗址；三是城池构筑物：主要是城墙及其附属建筑；四是民居类，主要是明清四合院。其中，尤以南北会馆、明清古建筑群等最有研究价值。（图6-2-8）

（二）璀璨的戏曲文化

上津古镇的戏曲文化繁荣，过去往来各地的人到此演戏，也上演了很多"杂耍"类的民间戏。这里有丰富多样的戏曲种类，上津有四十多种流行剧种，比如黄梅戏、汉剧、京剧、越调、秦腔、河南梆子、花鼓戏、二黄等，在此基础上融合形成了诸如上津梆子、上津山二黄、上津三弦等民间小调，听起来妙趣横生，赋予人们一种别样的艺术盛宴。

另外，戏曲的剧目繁多，据说有两千多个。其表演类型和方式各具特色，表演技艺也较为精湛。有一种演员叫"满台摸"，能够胜任各种角色，经常往来各地出演，他们常和漫川戏班子合作出演，秦腔汉调交相辉映。

图6-2-8　天井式民居（节点类）（来源：夏炎 摄）

图6-2-9 上津古城周边地理环境（来源：夏炎 摄）

四、整体空间组织

（一）选址特点分析

1. 自然环境优越之地

农耕文化是我国古代的主体文化，因此良好的气候，肥沃的土地，丰富的物产是聚落可以兴盛的基础。上津地理上属深切割的中低山区，气候四季分明，多地形雨，降雨量充沛。而且古镇所在地区是金钱河的冲积平原，农业较为发达，因此能够为人口的增长提供足够且必要的农业支撑，也能吸引南北因战争和灾荒而避难的人口来此定居。

优越的自然环境调节了地区的微气候，也展现了优美的景观。上津古镇所在地区有所谓的八大自然景观，与上津古镇共同构成了如诗如画的美景。（图6-2-9）

2. 依山傍水之地

上津古镇选址于南望江汉流域，北枕秦岭山脉，西临汉江支流金钱河，东靠大盘山之地。这样的选址使聚落获得了充足的农业资源和天然的安全防卫能力。从空中俯瞰靠山面水的古镇，一幅依山傍水的画卷展现在眼前。

3. 易守难攻却交通便利之地

上津古镇位于楚秦交界，是陕西东出的东大门，湖北西进的桥头堡，周边地势险要，易守难攻，但水运交通相对于周边地区更为便利，是南北交通联系的重要通道，历来是兵家必争之地。上津最初就是兵寨，地理位置得天独厚，能够自给自足，也有发展空间，还有较好的防御能力。因此，其聚落选址与其战略地位不无关系。（图6-2-10）

（二）布局形态分析

1. "山环水抱，一街两巷环城墙"的总体格局

上津古镇总体格局为"山环水抱，一街两巷环城墙"。东边的山体为古镇提供了天然的防御屏障，西面高山，不仅阻挡了寒流，为敌人的入侵制造了困难，因此东面没有城门，西面面水，开了两处城门，空间的形成既有自然因素，也有人为因素。上津古城整体大致呈矩形，局部有斜角，与周边的环境紧紧融为一体，犹如在金钱河和大盘山的怀抱之中，是其中的一部分。街道空间的尺度和收放，都与地形的高低错落有着隐含的联系。（图6-2-11）

2. 集中型的形态

上津古镇的发展与一般的传统村落不同，和因商而兴的古镇也不一样，并不是完全自然发展而成，人为的因素比较多。防御性是聚落建设初期也是贯穿其发展始终的要求。因此，古镇虽然有依山傍水之势，但并没有完全沿着河流的边界自然延伸，而主要是根据防御的要求来考虑营建方式。例如，城镇内往往有棋盘式布局的街巷，分别通向各个方向的城门，中心地带往往是官

图6-2-10 上津聚落地理环境（来源：夏炎 摄）

图6-2-11 上津古镇的五街与西门巷道（来源：夏炎 摄）

署、城隍庙等重要的公共建筑。对于上津古镇来说，其内部有南北走向的正街和东西走向的两条巷道，分别通向南北的城门和西面的城门，城内则分布着民居建筑和官署、庙宇和祠堂等公共建筑，而城墙则是为保护聚落内的守军和居民而建设。为了防御四面，尤其是南北两面到来的敌人，上津古镇的形态不仅是集中式布局，用以提高防守效率，街巷与各个方向的城外街道保持通畅连接，使得守备军队调动迅速，也能便于撤离。此外，城外还有宽大的护城河，在一定程度上保证了上津古镇的安全。集中型的空间形态，不仅有利于军事防御，也能节省建设成本，同时借助护城河还能够集中有效解决城内用水问题，并抵御可能到来的洪水，保证安全。

3. "六关守秦楚，一濠环五门"的防卫性布局

作为历年的战略要地，古代上津及周边区域整体上遵循较为统一的防御原则。镇东50里是绞肠关，镇南30里和80里分设六郎关、夹河关，镇西80里和120里分设关防、湖北关，城北30里是漫川关。

另外，明成化时期古镇城墙四方都修建了城门，分别是接秦、达楚、通汉、连郧，可见其军事、交通战略地位尤其突出。后清顺治年间，上津县令修城放弃了东门，只留了三门。为方便百姓耕作，西南角还有小西门供百姓出入。至于小西门是在什么时期修筑，没有可靠的文献依据。总体而言，这种六关五门的布局形态，是上津古镇在区域防卫布局形态中的地位，也是其能在近两千年的历史中仍能保持基本格局的原因之一。（图6-2-12）

五、内部空间组织

（一）街巷空间

1. 街巷空间概况

上津古镇主要有一街两巷作为交通网络的骨架，其他支巷则有数条。

图6-2-12　上津聚落街道布局（来源：夏炎　摄）

"一街"指的是南北走向分别通向南北城门的主街，名为"五街"就是现在所谓的明清街。五街是上津古镇中最为重要的交通通道，长约300米。它基本平行于金钱河，南至南门，并沿河通往郧西其他区域，几乎是秦楚之间最重要的通道，北至北门（也称玄武门）。五街两侧主要为明清时期的民居与商铺，明代还曾有布政司、按察司、总铺、预备仓、社学；清末则有千总署、通判署、城隍庙、黄州庙、武昌庙等公共建筑。另外，五街中部还有天主教堂。

所谓"两巷"是指东西走向，连接五街和两座城门的两条巷道。北边的巷道长约110米，南边的长约100米。两条巷道较为平直，从主街巷道端头都基本能看到城门（图6-2-13）。其两侧建筑以居住建筑为主，多为一至二层，原有的历史建筑已经消失了一部分。

2. 街巷结构

上津古镇的道路结构为"一环一纵，两横多分支"。一环是指，古镇护城河外有一条环形街道围绕着古城的护城河，古城外围交通流畅，增强了古城内外的流通；一纵指的是五街（即明清街）这条纵向的主街轴线；两横则是指东西向两条与西门和小西门相接的巷道，最终都通往金钱河边；所谓的"分支"是指古镇内的各种支巷，连接了城内的各处民居、商铺等建筑，宽度不一，但都比较狭窄。明清街作为老街，联系古镇内外交通。明清街两旁的建筑有许多是合院布局建筑，一院居住着三四户，大部分房屋规模并不大，一些建筑内部设计了天井，天井规模也较小。黛瓦青砖，雕梁画栋，飞檐如斯，古味弥漫。这些老建筑有不少砖木结构建筑，多用石材砌筑基础。

3. 街巷尺度

五街（明清街）基本保持着传统的尺度，街道两侧建筑的风貌也被完整保存下来。作为主街，五街的宽度基本在3～5米之间（图6-2-14），与其相接主巷道宽度约为1.5～2.5米（图6-2-15）。明清街两侧的历史建筑多为一层，高度约为4～6米，形成的街巷空间比较有层次，疏密得当。由于其尺度和比例都比较小，因此其空间比较适合步行，也能给人带来亲切感，在古代比较有利于商业氛围的形成。

4. 街巷保护状况

上津古镇内部的"一街两巷"结构及其周边的传统肌理基本保存了下来，老街巷的空间尺度和风貌也还保持着原有的风格。但是由于古镇内有一所占地面积几乎为古镇三分之一的学校占据了东部空间，古镇的整体风貌还是不可避免地受到了影响。虽然这是历史问题，短期内也不容易解决，但是在历史文化名镇保护规划的更新版和正在推进的国土空间规划中应该有针对地实施建

图6-2-13　上津古镇的巷道（来源：王镔宇 摄）

图6-2-14　五街街景（来源：王镔宇 摄）

图6-2-15 巷道街景（来源：夏炎 摄）

图6-2-16 古镇的新建道路（来源：王镔宇 摄）

设控制，并探索创造性的新方法保证历史风貌的延续。（图6-2-16）

5. 街道特色

上津古镇的街巷可以从街道和巷道来分析特色。

五街是主街，主要特色在于其弧形的整体形态，空间连续性好，与南北城门连成一体，并延伸至城外街道。该街道借助城门而拥有一定的防御功能，并且与临街的民居和商铺共同体现了主街的防御、商业、居住一体的基本特点。此外，人们在节庆期间经常在街上开展游街庆祝活动，并且展现编灯笼、吹糖人、唱山二黄、演高台故事等传统的文化与技艺。这条街道是古镇公共活动的主要场所，对于居民来说，具有淳朴的历史记忆和浓郁的文化气息。

两条通向西门和小西门的巷道则是另外一种形态。由于没有名称，尺度也很小，基本可以确定这是两条生活性和交通性通道。商业并不是两条街的主导功能。两条巷道都是由主街开始向西连通城门，其空间连续性较好，但是尺度小，空间较为局促。

明清街连接着很多横向分支小路，这些横向的道路分支是因为离散的民居而自然形成的空地或者通道，从而增加了街巷空间的可达性（图6-2-17、图6-2-18）。

总体而言，上津古镇的街巷网络非常清晰，主次分

图6-2-17 民居聚落

图6-2-18　民居聚落2（来源：夏炎 摄）

明，使得聚落内部拥有非常强的可达性。这种结构虽然有一定的规划痕迹，但是从布局关系看，街巷纵横交错，宽窄有序，也具备一些自然生长的特点，与人们的活动方式也较为统一。

（二）中心、边界与节点

1. 中心

从宏观分析，上津古镇的主街是整个古镇的中心。主街包括五街和四街，但是以五街为主要道路。五街既是聚落最宽、尺度最大道路，也是交通上最繁忙、功能最复杂的通道。五街加上城外延伸出去的四街等部分共长约500米，是城内最长的街道。街道两旁聚集了大量的传统民居，民居多面向主街。五街上也分布着上津古镇中最为重要的各种公共建筑，是人们社会活动的主要空间。这条街不仅代表了古镇的主体形象，也承载了大量的商业与文化活动。所有这些都集中体现了五街的中心地位。（图6-2-19）

从中观分析，五街上的重要公共建筑是人们活动聚集的中心。上津古镇原有许多公共建筑，包括各种公署、庙宇、住宅等。但是这些建筑大部分已经消失了，一些建筑只剩下遗址。但是还保存了比较著名的山陕会馆（位于城外）和清末光绪年间建成的天主教堂等建筑。人们往往以这些建筑为中心开展各种公共活动。

从微观分析，上津古镇民居的天井是聚落室内活动的中心。上津古镇民居的典型代表是三开间的合院建筑。这些合院式民居左右两侧多是鸟窗兽牖，临街的一侧是龙檐凤椽，雕梁画栋，内设置有天井和石山，两排走廊曲径通幽，主屋次宅等级分明。作为民居中心的天井，为人们提供了户内活动的空间，不仅有充足的光线，作为住宅的构图中心，也是一家人互相交流的中心。

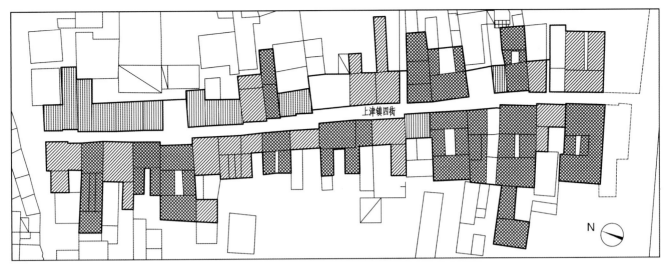

图6-2-19 上津古城四街平面示意图（来源：张洛菲 绘）

2. 边界

（1）自然边界

上津古镇的自然边界比较容易识别。四周的高山作为背景，西门前的金钱河缓缓流过，共同构成了上津古镇的自然边界。自然边界不仅是聚落发展的限制要素，也是聚落扩张所要突破的对象，更是聚落防卫所倚重的天然界线。四周的天险可以阻止入侵者的进入，借助河流不仅可以防御，也可以便利交通。聚落的边界往往和自然的阻碍——水体山脉有着统一性，使聚落形成了较好的边界感。

（2）人工边界

上津古镇的人工边界也非常有辨识性，主要是上津古镇的古城墙及护城河。城墙的主要加强聚落的防卫和防灾功能。城墙的修建保障了居民的安居乐业与聚落的稳定发展。城墙周长大约为1240米，高6.8米，设四个门，分别为北门（玄武门）、南门、西门和小西门。城墙与城门连在一起，古朴浑厚，尽显楚汉雄风。城池四周有护城河，河水环绕，柳树依依。在古代兵匪较多的年代，城墙对保障居民的生命安全和商业贸易活动起到了很大的作用。聚落的人工边界充分体现了聚落目前发展的范围和状况，也体现了聚落是否具有较强的防卫功能。（图6-2-20、图6-2-21）

3. 节点

上津古镇的节点主要有城门所在区域、五街中天主教堂段、山陕会馆等。

城门一般都是城镇聚落的入口节点（图6-2-22）。城门作为交通节点，是聚落内外的连接与转换处，是城镇的门户与象征。中国古代城门还具有很强的防卫与防洪功能，为城镇聚落的第一道防线。所以，城门是聚落的标志性节点。上津古镇原有五座城门，现有四座城门，东门早已消失。四座城门有两座位于西侧，其中一座是为了方便居民出行而开辟的便门（小西门），说明西侧的人流量比较大，也说明古代上津的居民与金钱河联系较为紧密，户外活动重心向河流偏移。这也从侧面说明了上津古镇历史上水运交通的繁荣程度。

中华人民共和国成立前所设立的上关县民主政府则是上津古镇的文化节点。1947年11月解放军在上津成立的上关县民主政府旧址位于上津城内主街明清街西

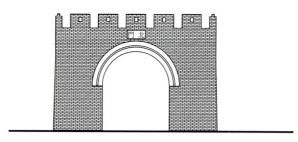

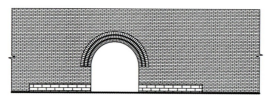

图6-2-20 城墙立面图（来源：张洛菲、肖曼雨 绘）

图6-2-21 上津东西区域分布节点（来源：夏炎 摄）

图6-2-22 上津古镇城门入口（来源：王镔宇 摄）

侧，紧邻天主教堂，建筑由前厅、后厅以及两侧厢房组成。如今，上津完好地保存着"上关县人民政府"的旧址，发黄的文件袋、煤油灯、大砍刀唤起了人们对过去峥嵘岁月的追忆。

天主教堂（图6-2-23）也是一处建筑文化节点。原天主教堂建筑是1905年由一位外籍传教士建设，有浓郁的西洋韵味，可能是湖北最早的天主教堂之一。但是原天主教堂建筑已损毁，20世纪80年代进行了复建，是古镇中唯一一座教堂。相对于古城的面积来说，该教堂规模不小。它一直是古镇的建筑文化节点，有助

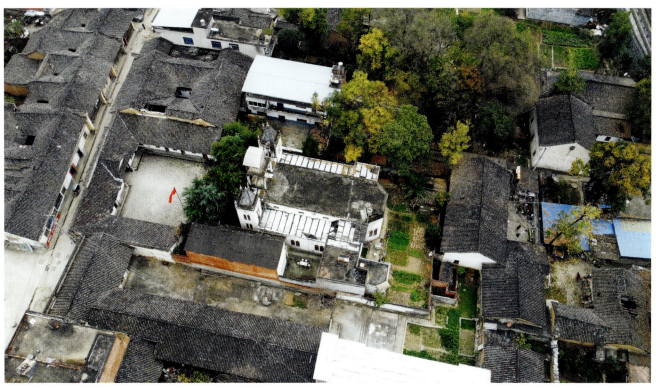

图6-2-23 天主教堂鸟瞰（来源：夏炎 摄）

图6-2-24 天主教堂手绘图
（来源：王潇杉 绘）

于我们了解近代文化的发展。（图6-2-24）

山陕会馆虽然位于古镇城墙外，但是也是一处重要的节点。山陕会馆距离现在已经跨越了200多年。会馆墙砖上有很多"山陕会馆"字样的印记。在中国古代，山西、陕西两省商人常常在山陕会馆祭拜神明、联络感情，是晋商与秦商开展公共社交活动和商业贸易活动的重要场所。明清时期，陕西、山西两省就形成了著名的商帮晋商与秦商。当初，山西和陕西的商人联合对抗徽商和其他地区的商人，经常利用地理位置的便利互相来往，常被人称为"西商"。山西和陕西的商贾合称"西商"后，在不同的地区建造了很多山陕会馆，互诉情谊、密切交流。会馆不仅在古代是各类聚落中重要的节点，现如今也是各种文化娱乐活动的场所。（图6-2-25、图6-2-26）

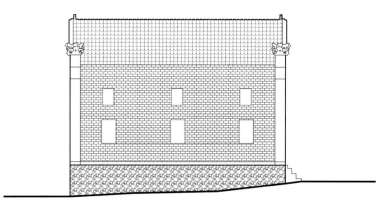

图6-2-25 山陕会馆西立面图（来源：沈昊茹 绘）

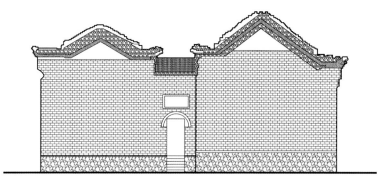

图6-2-26 山陕会馆南立面图（来源：沈昊茹 绘）

第三节 黄龙古镇

一、概况

（一）概述

黄龙古镇地处鄂、豫、陕、渝四省交界处，在十堰市张湾区西部，是犟河入堵河口的东北岸的一座村镇聚落。其西侧与郧阳区相接，南侧和竹山县相邻，境内316国道和襄渝铁路穿过（图6-3-1）。黄龙古镇有近三百年的历史，是一座郧南重镇，也是郧阳山区最为重要的物资集散地。历史上，当地人将黄龙古镇俗称为"黄龙滩"，并且因其一度曾是商贸繁盛的聚落，也被称为"小汉口"。（图6-3-2）

黄龙古镇是十堰市张湾区黄龙镇的黄龙滩村中的一处传统聚落，其周边群山相拥，河流环绕，毗邻黄龙水库，水资源非常充沛，人居环境优良。黄龙镇因此成为十堰市旅游名村名镇。黄龙古镇历史建筑丰富，其所在的黄龙滩村也入选了中国第四批传统村落。（图6-3-3）

（二）自然地理环境

黄龙古镇所在地区属亚热带大陆性季风气候，夏季炎热多雨，年平均气温15.2℃，年平均降水量834毫米，无霜期244～255天。由于海拔高度、坡向等地形地貌因素的影响，该地区气候复杂多样，适宜种植多种类型的农作物。

堵河流经黄龙镇境内，是汉水流域的最大支流。黄龙古镇沿堵河至汉水不足20公里。水路是鄂西北群山峻岭中最为可靠的交通方式。因地理位置和水文环境的特殊性，黄龙古镇成为联系堵河与汉水沿线聚落的重要水陆要道。

图6-3-1 黄龙古镇区位示意图（来源：杨熙 绘）

图6-3-2 黄龙古镇卫星图1
（来源：肖曼雨 绘）

图6-3-3 黄龙古镇卫星图2
（来源：郭建 摄）

黄龙古镇所在地区以山地与丘陵为主,林业资源十分丰富,其种类以亚热带和温带经济林木为主,也为当地发展提供了许多农业资源,如油桐、核桃、漆树、耳林、木梓、茶叶和五倍子等。当地农民历来有种植林木和水果的传统,因这里盛产冬桃,故有"冬桃之乡"的美誉。这里的山区环境也非常适合许多中草药植物生长,例如天麻、黄连等,堪称"华中天然药库"。(图6-3-4)

二、历史沿革

黄龙古镇始建于清咸丰元年(1851年),当时堤坝经久未修,经常暴发水灾,古镇经历的水患多达几十次,在清咸丰、同治年间,古镇两次被堵河暴发的洪水严重毁坏。后在原址周边重新建设古镇。清同治六年(1867年),古镇再次修葺,形成了今天所见到的位于堵河和犟河交汇口的黄龙古镇。由于最初两次建镇的痕迹已不可考,所以此次研究主要针对第三次建镇后的黄龙古镇。基于历史发展与现状,将黄龙古镇的形成与发展历程,大致分为起源、兴盛、停滞三个阶段。

(一)历史发展分期

1. 起源

关于黄龙古镇的起源时间,说法不一。根据黄龙古镇《余氏家谱》可以大致推断出,余氏家族迁入黄龙古镇的时间大约在清乾隆年间,如今在此地安家的余姓人大部分都是他们的后辈。余氏先人迁徙到黄龙古镇之后,在前街安家,以行医看病、出售药材为生,不断繁衍生息。这也能从一个侧面说明当地出产的中药材是当时黄龙古镇的主要商品之一。

2. 兴盛

清道光年间,黄龙镇的发展进入鼎盛时期,主要体

图6-3-4 黄龙古镇的山水环境(来源:郭建 摄)

现在会馆的建设和贸易的繁荣。黄龙古镇有四大会馆建筑，武昌会馆是等级和规格最高的一个。关于武昌会馆的建造时间，主要依据拜殿主梁之上刻着的"大清光次乙年己年孟冬月吉日"文字来判断。武昌会馆大约是在1845年10月修建的。从会馆现存规模看，修建之人具有充足的财力、物力和人力，且具有一定的社会地位。其余三座会馆也都建于清道光年间。可见，此时古镇的商业贸易已经颇为繁荣，所以才能吸引众多富商来此兴建会馆和发展贸易。会馆建筑凝聚了人们的智慧，具有独特的地域文化特色，也是鼎盛一时的黄龙古镇的历史见证。

3. 停滞

清同治年间，黄龙古镇的发展日渐停滞，其原因主要有两个方面。

一方面，与湖北一些古镇面临同样的困境，频繁的战乱阻碍了古镇的进一步繁荣。十堰周边发生过多次战争，对当地及周边区域的经济发展产生了巨大的负面影响。

另一方面，水陆交通运输方式的转变使古镇的经济发展陷入瓶颈。水运贸易原本是黄龙古镇最大的经济来源，然而随着清末民初陆路交通的发展和近代道路的建设，商品运输对于堵河的水运交通依赖性也逐渐降低，又由于黄龙古镇及其周边山区的道路交通水平并没有得到相应提升，因此其原有区域性的商品集散中心发生了转移，聚落在区域经济中的地位也渐渐降低，从而较大地影响了经济发展。根据清同治年间《湖北郧县志·驿道及邮塘传讯》中的记载，十堰所辖范围内两条商旅大道是依靠着"四铺"和"五塘"的连接组成的，即："南北有铺四：小岭铺、花果园铺、西沟铺、岳家铺；东西有塘四：黄连娅塘、白浪塘、茅箭塘、黄龙滩塘"，在1923年修建老白公路之前，黄龙古镇周边仅有自然形成的道路，交通条件十分落后。这条公路至今仍旧是竹山、竹溪到十堰的陆上交通要道。

（二）历史发展影响因素

纵观黄龙古镇商贸兴衰的历史，可谓是因水而生，因水而兴。古镇境内的山丘起伏，沿河落川，整体空间形态和地形、环境紧紧融为一体。黄龙古镇选址于河道拐弯处，河街呈现"弯月状"，环抱于聚落的南侧。河街多顺应河流的走向布置，"缘水成街"是其重要的特征，往往没有固定的形态。总体来说，黄龙镇街道空间的布局体现了一种动态自由的形态，空间形式多样，具有聚落空间中灵活多变的空间要素。这些线状路网空间将黄龙古镇聚落的主要空间要素如链条一般串了起来，河街、内街等街巷古朴的肌理与饱含当地特色的标志性建、构筑物及周边山水环境共同构成其独特的聚落特征。

具体来说，黄龙古镇的历史发展受到以下因素的影响。

1. 堵河的水运提供了交通贸易的保障

黄龙古镇位于水陆要冲，临近鄂、豫、川、陕四省边陲。其境内横亘的主要河流——堵河，是汉水第一大支流，且其所在位置地势较为平坦，没有巨大的高差，聚落用地在河湾之处，适合修建码头进行货物装卸。凭借便捷的水上交通而发展兴盛，黄龙古镇得以在鄂西北地区传统聚落中占有一席之地。

2. 军事战略地位是聚落发展的契机

旧志记载："郧阳城镇，环山带汉，居荆襄宛洛关河之间，为国家要地也。"黄龙古镇和十堰地区发生的很多战争有联系。上至东汉建安二十四年（公元219年），刘封和孟达被刘备派遣一起攻打上庸，刘封由水路进军，自汉江入堵河，黄龙滩即兵家必争之地；下至明末李自成作战时，回民起义军驻扎在黄龙滩。可见，在鄂西北地区军事发展史之中，黄龙古镇有着重要的历史地位，军事战略地位为其聚落发展带来了契机。

3. 丰富的物产提供了聚落发展的物质基础

丰富的物产资源为古镇的发展奠定了良好基础。黄龙古镇所在地属于秦巴山区，动植物资源丰富，具有充足的生产、生活资源，生活环境优越。这片土地上融合了长江中游特别是汉水下游的屈家岭文化、黄河中游的仰韶文化和石家河文化，十堰还出土了新石器时代遗址，从遗址中可以看到当时动植物种类的多样、物产条件的丰富，这些条件也是移民来这里生存生活和古镇不断发展的重要保证。

4. 移民带来了经济活力与文化交流

明清时期，黄龙古镇曾经发生过很大规模的两湖移民迁徙，大范围的人口迁徙让不同地区的人们有更多技术交换、资金往来、文化交流的机会，从当年移民迁徙的原始风貌和历史文化遗存来看，移民的到来促进了当地生产力发展，加强了黄龙古镇与汉江、堵河上下游之间的联系，推动了古镇的繁荣。

三、文化特点

（一）繁荣的商贸文化

黄龙古镇地理位置优越，作为鄂西北地区水上和陆路交通的枢纽，其对外物资往来频繁，贸易较为发达，这也是其被称作"小汉口"的原因之一。明朝初期，资本主义开始萌芽，涌现了一批以地域特质为基石组建成的商人集团——商帮。在这种大背景下，逐渐提升了商人的社会地位，放弃农业转而经商的人也变多了。这个群体组织是从农民转做商人的，分有行商（也称作客商）和坐贾两大类别，行商区别于坐贾的地方在于他们经常旅行，主要经营远距离的运输贩卖。行商是商人中的主流，也是对区域经济具有较大贡献的群体。

据清同治年间《郧县志》记载："西乡街市有十，辖区有其三（黄龙滩、老人仓、舒家店）。"民国23年（1934年）《湖北县政概况》：郧县"县城往昔商业极盛……其六区之黄龙镇，七区之十堰镇，亦为乡镇繁盛市场。"据说，过去黄龙古镇街道上曾有近百家商铺，主要收购和售卖中草药等土特产，再从外地运来食盐等生活用品。"八大商号、六大专业茶馆、六大知名菜馆、十大高档次的客栈……"，这些商号被当地居民所熟知，体现了古镇过往繁荣的商业发展历史。

（二）丰富的会馆建筑文化

黄龙古镇第三次建镇的时间跨越清代中、后期直至民国初期，建筑群体保存得较为完整。其中，会馆建筑集中体现了鄂西北地区的商贸发展和繁荣景象。清朝，来自武昌、黄州、江西等地的商人们在黄龙古镇以旅居一地的同乡人作为一个团体，共同建造了会馆。会馆建筑主要有餐饮和住宿服务功能，也提供商客聚会活动的场地，不仅规模庞大，建造工艺精湛，在建筑风格上也融合了地域文化、商贸文化和乡土文化，在整体形态上能够让人感受到古朴、厚重的历史积淀，具有较高的建筑艺术价值，反映了繁荣时期的黄龙古镇在经济、文化等方面的发展状况。（图6-3-5、图6-3-6）

图6-3-5 黄龙古镇的山陕会馆（来源：郭建 摄）

图6-3-6 黄龙古镇的江西会馆（来源：郭建 摄）

图6-3-7 黄龙古镇的余家老宅
（来源：郭建 摄）

（三）独特的移民文化

"以家为本"的思想在中国传统观念中很常见，聚落的组成单元和家庭这个社会单位密不可分。黄龙古镇的居民构成中最多的就是居住在前、后街片区的余姓人。结合《余氏家谱》所述，余氏家族子孙后代的生活都和黄龙镇的发展密切相关。（图6-3-7）

迁入的移民对当地生产结构、经济发展有比较大的影响。伴随古镇环境的日渐发展，外来商帮和当地文化逐渐融合。在此期间有些会馆建筑代替家祠的中心地位来承载聚落活动，比如武昌会馆就是古镇中居民举行庆典等公共活动的重要空间。（图6-3-8、图6-3-9）

图6-3-8 黄龙古镇的余家老宅天井（来源：郭建 摄）

图6-3-9 武昌会馆的入口（来源：郭建 摄）

四、整体空间组织

（一）选址特点分析

1. 靠山临水、河谷平川

黄龙古镇地处的十堰地区恰好在大巴山、秦岭两山之间，汉江支流堵河、金钱河在其中蜿蜒流淌。古镇南高北低，受到犟河水道的冲击，形成了一条河谷平川。整体的自然环境比较封闭，而面向两条河流的空间比较开放，出于迁徙、贸易、防御等多种复杂因素影响，形成了"两山夹一川"的格局。

黄龙古镇南面与郧阳区叶大乡相对，北侧与郧阳区安城以及汉水流域相望，东面与张湾区柏林镇接壤，西侧和郧阳区鲍峡毗邻，有"三边之区"的地理位置优势。（图6-3-10）

2. 土壤肥沃、物产丰富之地

黄龙古镇所在地区土壤肥沃、水资源丰富，能够较好地满足生产生活要求。在海拔、地形地貌的影响下，黄龙古镇拥有多样的气候条件，因此物产也较为丰富。十堰地处鄂西北地区，地貌多山地、丘陵。该地区的林业用地在土地利用结构中占比很大，根据相关林业部门的数据调查显示，该地区林地面积占湖北省林地面积的41.7%。原始自然环境丰富多元，林业、药材产业具有得天独厚的发展条件。物质条件保证了人们的衣食住行和农业生产，尤其是中药材的生产，有利于贸易的开展和人口进一步向古镇集中。

3. 利于水运交通和防洪的选址

中国传统聚落选址很重视风水理论，一般不会反常布局。但是黄龙古镇有悖于"弓背水"选址，其实有其

图6-3-10 黄龙古镇总平面图（来源：夏炎 绘）

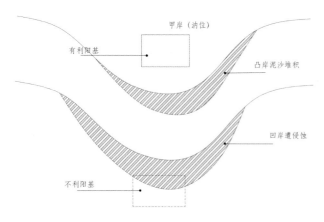

图6-3-11 "攻位于汭"示意图（来源：胡温舒 绘）

自身的道理。（图6-3-11）

早年间，古镇边的河道旁有临时码头，后来古镇随着水运和贸易的开展逐渐发展成市集。人们对于山脉"形象"的风水格局解读，主要源自两方面原因：一是在本地流传的关于"两山"的传奇故事；二是古镇居民对自然山体的原始向往与崇拜。黄龙古镇选址的时候，其实没有特别注重风水理论，这在聚落中比较独特。其内在原因是，古镇的商人们更看重便利的水运条件，也因为需要避免洪水的威胁，这些有利于商贸的发展和稳定的居住生活。

（二）布局形态分析

1. "两山夹一川"的总体格局

黄龙古镇境内山丘起伏，沿河落川，整体的空间形态和地形、环境紧紧融为一体，形成"两山夹一川"的总体格局。

2. 带形布局形态

黄龙古镇总体上呈现"带"形的布局形态，这是与其形成发展的动因直接相关的。从陆路通向堵河的道路为自东向西的走向，直至堵河边，而南边是犟河，因此聚落形成之初可能是坐北朝南，但是由于以东西走向的内街和河街为中心的集市逐渐形成，带形布局形态特点变得显著。在聚落扩张的过程中，逐步占据了南北方向的空地，使得带形布局特点变得不那么明确，而随着水运交通方式的消失，聚落的活动方式和发展方向也悄悄呈现了一些集中型布局的特点。

3. "龙凤呈祥"的风水格局

聚落形成过程中，山水林木等要素常被人们反复推敲。伴随着长期生活实践的积累，人们总是试图通过"风水"观念追求理想的生活环境，达成人与自然之间的和谐关系。人们认为，山群以山系为龙，水群以水系为龙。黄龙古镇山脉形象的风水格局多出自对这"二龙"的认知。在黄龙古镇南侧有白马、凤凰二山，因白马山山势呈南北走向，海拔达1058米，山势和凤凰山相比更加巍峨壮阔，因而人们称白马、凤凰二山为巨龙与凤凰，隐含"龙凤呈祥"的意味，是人们对美好生活的向往和祝福。

五、内部空间组织

（一）街巷空间

1. 街巷空间概况

黄龙古镇的街巷空间关系清晰，主次分明，聚落内部具有非常强的可达性，在外又具有便捷的河道交通。另外，黄龙古镇道路具有典型的自然生长态势，和人们在聚落内外的活动非常契合。

黄龙古镇主要由河街和内街构成主要的街道空间关系。河街呈现"弯月状"，在河道拐弯处落址，顺着河道的方向延伸，环抱于聚落的南侧。内街的前街和后街是从中码头和下码头向山谷地带拓展而形成的，"扬岔把"和上街呈现"Y"的形状，是古镇的中心场域。前

街和后街在整体空间形态方面类似，但是上街和前、后街有比较明显的差异。（图6-3-12）

2. 街巷结构

黄龙古镇由前街、后街、上街以及河街四条街道组成。从街道与古镇关系上，分为河街、内街两类。河街顺着堵河和犟河河道的方向延伸，"缘水成街"，串联了码头和商铺。内街则体现了黄龙古镇的基本街巷结构，并且主次分明，呈现典型的"Y"字形。街巷路网有着很强的可达性。（图6-3-13）

3. 街巷尺度

黄龙古镇前街长度为185米，平均宽度为5.38米，平均高度为4.39米，街道高宽比值约为1.2；后街长度为200米，平均宽度为5米，高度为3.2米，街道高宽比值约为0.6；上街长度为155.4米，平均宽度为9米，高度为4.5米，街道高宽比为值0.5；河街长度为580米，平均宽度为14米，高度为4.5米，街道高宽比值为0.3。通过四条街道的高宽比数据，可以发现，前街和后街是街道空间较为狭窄的空间，能够增加商业气氛，与其他街巷相比更适合商业的开展，而河街则空间最为宽敞，可能位于河边的空间较为开放，更利于货物运输。上街则处于两者之间，是进入古镇的起始空间。古镇中除巷道外，街道高宽比都大于1，而且很少有极其狭窄仅行人供通行的巷道，这也从侧面反映了黄龙古镇居民生活方式以商业贸易为主。（图6-3-14）

4. 街巷保护状况

黄龙古镇的街巷空间肌理保护得较好，因部分古建筑已经损毁或消失，并建设了新住宅建筑，从而导致部

图6-3-12 黄龙古镇的街巷分析
（来源：胡温舒 绘）

图6-3-13 黄龙古镇肌理图（来源：杨熙 绘）

图6-3-14 黄龙古镇的街道（来源：王镔宇 绘）

图6-3-15 黄龙古镇传统民居现状（来源：王镔宇 摄）

分街巷失去了其原有的风貌。而且古镇中心地带也出现了一些新建的多层建筑，对传统风貌有一定的影响。古镇中的武昌会馆主体部分基本保存完整，但戏楼和前殿已消失。由于无人使用，有成为危房的趋势，因此需要妥善修缮加固。（图6-3-15）

5. 街巷的空间特色

中国传统聚落里的"线性"街道空间最具有可辨别性。黄龙古镇的线性街道空间所带来的方向感明晰，而且可以向多个方向伸展；在空间使用方面，除了交通往来，街道也作为居民生活的外延承载了各种各样的商贸、日常活动等，具备多层次、多时间段使用空间的潜力。街巷构成完整的交通系统，社会生活和文化有机融入聚落山水空间。

黄龙古镇以水运商贸活动为主，从古镇发展演变层面来讲，码头不仅仅作为交通枢纽而存在，还是线性街道的起点；从街道层面上来说，码头是街道空间向水域延伸的终点。首先，在商品对内、对外流通的过程中，上、中、下三座码头一直发挥着重要作用，也促进聚落内部人们的交流生活，承载了一代人对商贸文化的记忆。其次，在街道交会的地方以及店铺门前人们经常驻足闲谈聊天。因为这里有开阔的视野，人流密集，便于了解古镇的各种活动，是人们相见和互相交换信息之处，也是人们购买商品的地方。（图6-3-16）

黄龙古镇的独特不仅源于聚落中的居民，也源于居民及物质环境所承载的独特文化，比如移民文化、商贸文化等。这些文化的集中载体——会馆建筑和建筑前延展的街道空间，是举行庆典活动以及祭祀活动的人文、精神场所，对于古镇的公共活动产生了重要影响。（图6-3-17、图6-3-18）

图6-3-16 黄龙古镇的"扬岔把"（来源：王镇宇 摄）

图6-3-17 黄龙古镇街巷空间（来源：王潆杉 摄）

图6-3-18 黄龙古镇的巷道（来源：王镇宇 摄）

（二）中心、边界与节点

1. 中心

从宏观角度来分析，古镇的中心是上街、前街与后街。因为三条街上人们的活动是线性的，而居住人口分布状况也受到聚落中心的"引力"影响，距离其越近的地方，人口密度也越大。

从中观层面分析，整个古镇格网空间中占据最重要位置的是上街两头的两处节点。"扬岔把"就是上街西端的节点，并且大致是聚落地理的中心，黄龙古镇里比如武昌会馆、黄州会馆、教堂等公共建筑都是环绕"扬岔把"进行建造的。古镇中的会馆、宗教类建筑凭借自身的历史记忆和公共性的功能聚集了人群。虽然会馆建筑现在已经失去了曾经的功能属性，但依旧是古镇的精神中心。古镇学堂和天主教堂的原址上新建了小学和医院，因为地理位置便利，人流量依然较大。"扬岔把"可以吸引人群，能够产生集成效应。

从微观分析聚落的中心，黄龙古镇聚落中每处民居具有良好的独立性，民居之间的间隔比较小，或是完全连接起来。天井不仅是民居的构图中心，也是一家人聚集、起居活动的中心。（图6-3-19～图6-3-21）

一直以来，传统聚落中居民的聊天休闲方式往往是檐下交谈和邻街聊天或田边驻足交流等。而这些往往是

图6-3-19 黄龙古镇古民居鸟瞰（来源：郭建 摄）

图6-3-20 黄龙古镇古民居的天井群（来源：郭建 摄）

图6-3-21 黄龙古镇古民居的天井（来源：郭建 摄）

传统聚落独特的地方，也是吸引人之处。在保护聚落中心的时候，目的是将其给人们带来的认同感、归属感保持下来，将有凝聚力的空间传承下去，这些是黄龙古镇文化脉络中最具价值的所在。

2. 边界
（1）自然边界

古往今来，聚落的选址背山面水，依据山水的边界自然围合出了聚落的边界，黄龙古镇亦如此。"两山夹一川"，山体直接限定了古镇大致的发展边界，而环绕古镇的水系则勾勒出古镇建设的范围。堵河、犟河深刻影响着黄龙古镇的历史发展，水系在为古镇带来财富的同时，也让边界空间的营造融入了更多的自然元素。水系边界空间生长的植被，自然形成古镇的一道屏障，既保护着古镇，也为古镇的发展划定了一道边界。在古镇河街畔临河而望，空间顺序从建筑、田地、树木、河水到山体逐渐变远，人们看到的景象是具有透视关系的，这种景象和蜿蜒流动的堵河一同组成聚落边界富有层次的动态自然山水景观。

通过对黄龙镇山、水边界空间的分析与比较，体现了堵河和犟河对于聚落整体空间形态生成、发展的重要影响。

（2）人工边界

街道是黄龙古镇的一种人工边界。但是街道并未最终成为黄龙古镇中的人工边界。道路与古镇的生长一直以来是同步的。从平面关系看，黄龙古镇的主要街巷不仅不是古镇的边界，反而最终发展成为古镇的中心。街巷并未成为古镇的空间范围的限定，反而是一种内部空间的划分界线。黄龙古镇被四条街巷划分为大致的北部、中部和南部三块。黄龙古镇的人工边界不明显，其边界主要是自然边界。

3. 节点

黄龙古镇的空间节点主要有三街交汇之处的"扬岔把"及其周边公共建筑、余氏宗祠。

聚落的节点空间通常出现在公共空间的聚集场所。有些节点可能组成了聚落区域的中心或者聚落社区意义上的核心，有的节点是不同道路网络结构的交会处。在当代大量聚落空心化的背景下，重塑特殊的空间节点，赋予古镇新生的功能，聚集居民和游客进行多样的公共活动是非常有意义的，可以进一步激活整个聚落的发展。

黄龙镇旧街区的内街交会处——"扬岔把"，是聚落的重要节点。"扬岔把"位于三条主要的街道交会处。"扬岔把"在居民的认知中是古镇的中心，如今说起镇上当时的繁荣景象，人们话语中都会提到此地，"每到节日或是赶集，从河街到扬岔把就要15分钟"。古镇中很多重要的公共建筑如武昌会馆、黄州会馆、教堂等都是在"扬岔把"周围建造的。武昌会馆虽然是同乡人聚集的地域性质会馆，但是供奉着道家的先圣，村民祈愿的时候都会来这里。每次到了庙会庆典的时候，武昌会馆的戏台就会演出山越调和二黄等戏曲。这种充满地域文化特质的乡土气息，是"扬岔把"独具特色的情感空间，有着凝聚村民的力量。

余氏宗祠是聚落历史建筑的遗址节点。余氏宗祠很早的时候就已经破败不堪，具体位置的说法也是各执一词。有一种说法是余氏宗祠很可能就是位于武昌会馆东侧的余氏老宅。该建筑修建于余氏家族鼎盛时期，由余隆廷主持兴建而成。余氏家族当时是古镇里唯一的"大姓"，选择了古镇最重要的地方建设宗祠。只要武昌会馆一有戏曲演出，余氏家人足不出户就可以在宗祠中看表演。

除"扬岔把"外，河街分别与前街、后街形成了前、后街口，是聚落街道的交会节点，其中少数的空间节点是由黄龙古镇主要街道交接形成的。河街是水陆货物的线状运输空间，河街和前、后街由前、后街口所连接。前街口连接中码头，后街口连接下码头，这样码头和商店货物运输的时间和距离被减少了，前、后街行人通过时也可以看到整个码头区的景观，视线比较通透。作为贸易集散点，前、后街口空间开敞通透，非常符合其功能需求。

第七章

鄂西南聚落

第一节　鄂西南聚落概况

鄂西南地区主要是指恩施土家族苗族自治州、宜昌市所在区域，包括恩施州的恩施市、利川市、巴东县、建始县、宣恩县、咸丰县、鹤峰县、来凤县，宜昌市的西陵区、伍家岗区、点军区、猇亭区、夷陵区、宜都市、枝江市、当阳市、秭归县、兴山县、远安县以及五峰、长阳两个土家族自治县。鄂西南地区毗邻重庆东部和湖南的西北部，与神农架林区相接壤。

鄂西南地区是多民族聚居的地区，以土家族和苗族人口最为密集，还有汉族、侗族、瑶族、壮族和回族等民族。鄂西南地区保存下来的传统聚落以村落为主，主要分布在恩施市、利川市、建始县、宣恩县、咸丰县、鹤峰县、来凤县等地。其中以恩施市、利川市、来凤县和宣恩县的传统聚落最多且最为集中。保存得比较好的传统聚落有许多，例如利川市的大水井、鱼木寨，来凤县的兴安村、舍米湖村，咸丰的刘家大湾、宣恩的彭家寨等。

一、历史文化

鄂西南地区是巴文化和楚文化交汇的地方，两种文化的交流历史悠久，逐步融合为巴楚文化，最终显现出半巴半楚或亦巴亦楚的文化特征。例如巴人尚虎，以虎为图腾，楚人尚凤，以凤为图腾。在湖北出土的文物上也能发现虎纹，而且鄂西南的典型传统建筑——吊脚楼主要受到巴人的建筑文化影响而形成。地势险要，崇山峻岭，交通不是很方便，地广人稀，不容易受到外界的干扰，因此鄂西南地区也往往成为周边地区移民躲避战争和灾难而迁徙的目的地。除了土家族和苗族，还有其他民族在不同时期迁徙到此地，因此鄂西南地区也是多民族文化的汇集地。许多移民都是家族式的大移民。鄂西南地区自元代实施土司制度后，土司数量大幅增加，并形成较为稳固的以聚族而居为基础的地域文化。移民带来了多元的文化，进一步丰富了巴楚文化的内涵。

鄂西南地区基本属于武陵山区，山多田少，而水系也没有湖北其他地区丰富，民间所称"八山半水半分田"就是这种情况的写照。自然环境基础为聚落发展提供了条件，影响着聚落的发展方式和习俗文化。

二、聚落及建筑

鄂西南地区保存了较为丰富的传统聚落，不仅有依山而建的阶梯式传统聚落，还有洞穴式传统聚落。从保存下来的传统聚落看，鄂西南地区的可开垦田地和水资源有限，再加上交通水平的限制，受到耕作半径和资源密度的影响，这里的传统聚落规模往往并不是特别的大。虽聚族而居，但是总体不得不分散定居，其聚落形态也基本反映了这种现象。

受到气候与环境的影响，聚落在选址时不仅考虑村落与水源、耕地的相互位置关系，也考虑了防山洪、防火和防潮、防虫等问题。鄂西南地区雨水丰富，雾重潮湿，因此"向阳坡"是许多传统聚落的选择，例如大水井古建筑群就是坐落在山坡上。因为多为木构吊脚楼建筑，聚落的建筑密度也不会很高。

聚落现存的传统建筑类型主要有住宅、祠堂和摆手堂以及牌坊等。建筑种类多元化，与民族特点相适应。住宅建筑为主要类型，摆手堂和祠堂是最高等级的建筑。摆手堂是土家人祭祖的地方，前院后堂，院内歌舞，厅堂祭祀，总体朴素庄重。摆手堂和祠堂都是公共活动场所。由于多民族文化融合，住宅建筑除了吊脚楼的形式，还有洞穴式的民居，甚至还有具有多民族文化特征的"混合式"民居。

鄂西南地区较为典型的传统建筑是吊脚楼。吊脚楼的形式多种多样，多依山或临水而建，依靠吊脚楼下面柱子进行支撑,并根据现实需要进行长短调节,从而适应不同地形。鄂西南地区的吊脚楼是一种穿斗式木结构干阑建筑,其平面形式比较灵活,基本可划分为"一"字形、"L"形、"凹"字形和复合型等。除了吊脚楼还有一些砖石砌筑的传统建筑,包括祠堂和住宅。

第二节 大水井

一、概况

(一)概述

利川市在湖北省西南部,享有"中国西部名城""中国歌舞之乡"等美誉。其西侧与蜀渝相邻、东侧与恩施市相望、北侧为三峡、南侧与潇湘交界,清江从南到东横贯全境。大水井是利川市的一个土家族与汉族传统村寨,位于利川市区西北47公里的柏杨坝镇,是一组规模较大的庄园建筑,现名为大水井古建筑群,被誉为"鄂西土家地区最精美的建筑群"。(图7-2-1)

大水井民族风情浓厚,具有强烈的地域特色。大水井古建筑群主要由李亮清庄园、李氏宗祠和高仰台李氏庄园(李盖五宅,大多已毁)等建筑构成,是集政权、神权、军权为一体的封建土围子。它是目前我国长江中下游地区保存最完整、规模最大的鄂西传统古民居建筑群。1992年大水井古建筑群被湖北省列为省级文物保护单位,2000年被国务院公布为全国第五批重点文物保护单位。本章主要探讨大水井的李氏宗祠和李亮清庄园(下文简称李氏庄园)共同构成的大水井村寨。(图7-2-2、图7-2-3)

(二)自然地理环境

大水井位于武陵山北上余脉和巫山流脉的交会处,平均海拔约1000米,属于亚热带大陆性季风气候,终年湿

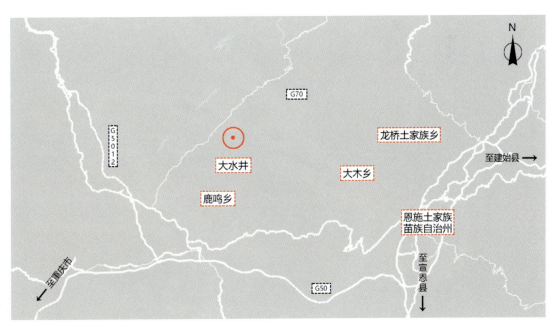

图7-2-1 大水井村区位示意图(来源:杨熙 绘)

图7-2-2 大水井古建筑群(来源:王禹丁 绘)

图7-2-3 大水井村古建筑群鸟瞰（来源：郭建 摄）

润，降水充沛，适宜农业生产。由于村落所在地区为山地丘陵地形，河谷平川相互交错，森林覆盖率非常高，夏季气温适宜，气候舒适性好，所以人居环境也非常好。

大水井聚落处于地势较为平坦的山间盆地，只有一条公路南北蜿蜒，将大水井与外部世界连接在一起。周边崇山峻岭，环境幽深宁静，还有龙桥河等数条溪流静静地流淌。

二、历史沿革

大水井虽地处鄂西南偏远地山区，但是移民于此地的李氏家族通过兼并土地、经营盐业等商业活动，逐渐发展为庞大的家族聚居地，并形成了以李氏宗祠为中心，由多座李氏庄园构成的聚落，其中大水井的李氏宗祠和李氏庄园保存较好。通过梳理其发展历程，可将其大致分为起源和发展两个阶段。

（一）历史发展分期

1. 起源

大水井所在的利川市古代曾隶属于巴国，秦汉为南郡蛮地。元明时期，施州卫（今恩施州）龙潭安抚司下属的黄氏土司在此地建设房屋，经营一方经济，其家业在此地开始发展，逐渐形成聚落。

2. 发展

清乾隆四十一年（1777年），湖南巴陵人李廷龙、李廷凤兄弟因经商贸易入川，最后分别定居于利川大水井和重庆马鞍山。李廷龙认识了黄氏，不再经商，选择留下做黄氏账房先生，帮助管理其钱粮。可能受所谓"龙归井、凤栖山"思想的影响，李廷龙家族不仅管理黄氏家族的财产，还通过兼并土地和经营盐业，没过多久就富甲一方①。大水井因而也逐渐被周边地区所熟知。从李廷龙在大水井安置家业到1949年的这段时间，大水井先后由李氏后辈廷、祖、永、远、胜、先等在管理。目前主要剩下李氏宗祠和李氏庄园保存情况较好。（图7-2-4）

（二）历史发展影响因素

大水井村落依山就势，顺应自然，聚居着以血缘为纽带的李氏家族后人，形成了以李氏庄园、李氏宗祠等建筑群为核心的聚落。家族中在别处的庄园虽各据一片领地，但相互距离也并不远，均是围绕宗祠展开②。

纵观大水井整个发展历史，其受到的影响因素有如下几点。

1. 古代朴素的人居环境观影响了聚落选址与布局

中国人从古至今都讲究居住的选址。人们在构建村落时特别讲究"风水"。大水井"背山面水、负阴抱阳"，营造了所谓"藏风聚气、聚而不散"的氛围，其实和居民关于聚族而居的宗族观念及对未来的美好期望是分不开的，是古代人们的一种朴素的人居环境观的体现。大水井无论是在聚落的选址，还是平面布局都受到了一些影响。首先，注重了与水的关系，从而保证了生活和生产活动，还保障了土家族风格的木结构建筑的消防安全；其次，山水位置关系使得大水井村落的小气候能得到微小的调节，加上利川本身良好的气候条件，可以为当地居民提供非常舒适的生活环境。

2. 适宜自然条件奠定了发展的基础

自然条件为农业提供了基本条件。大水井村的气候适宜，能够为农业的发展奠定良好的基础。在冬冷夏热的湖北地区，大水井村是夏季气候非常舒适的地方，对夏热冬冷地区生活的人们具有较强的吸引力，如果农业基础不成问题，那么此地必定是适宜定居的地方。李氏家族从湖南迁至此地就能说明这个问题。

大水井村虽居高山，但宜农宜居，其发展离不开水源。水源是高山上的大水井民居赖以生存的基础，也是村落的特色。该地区的用水主要依靠山泉溪流。大水井有许多口井，李氏庄园内就有大小数十口井。这些井

图7-2-4　李亮清庄园内一角（来源：郭建 摄）

---

① 邓辉. 利川大水井古建筑群落记[J]. 湖北文史资料，1997（03）：271-276.
② 安一冉. 湖北省利川大水井古建筑群建筑文化探析[J]. 建筑与文化，2017（04）：109-110.

水基本都来源于山泉水,其水质清冽甘甜。井边通常有一定面积的空地,供人休憩、交流。大水井附近有若干小溪流经,除了为生产和生活提供便利的水源外,当山洪暴发时,溪流也有利于排洪,从而确保村寨的安全。(图7-2-5)

3. 宗族观念和安全需求强化了聚居形态

李氏家族由湖南移民迁入此地,也带来了楚地深厚的宗族观念,深刻影响着聚落的聚居形态。大水井中公共活动中心通常就是祠堂。祠堂在居民心中是他们所属村落的标志,体现了宗族观念在此地的影响力。

此外,防卫是一切动物生存的本能。从原始社会开始,聚落已有防卫猛兽攻击和外部落侵扰的自觉行为。中华历史悠久,历经数个朝代更迭,长期战乱不断,有许多不安定因素影响着人们的聚居形态。李氏家族由外地迁入大水井。而大水井及周边区域是土家族和苗族聚居区。文化和习俗上的巨大差异,使得嵌入此地的外族人更愿意聚居在一起,并且能提高防卫能力。

宗族观念和自我防卫的双重影响,推动了大水井这种特殊形态聚落的形成。在用地如此紧张的地区,李氏庄园规模却那么宏大,除了李氏家族有足够的财力之外,当然也有宗族观念和防卫意识的多重叠加造成的影响。大水井传统聚落虽然是由一组古建筑群构成,建筑和建筑全部连为一体,沿山势扩展,不同部分建筑空间之间就是依靠走廊、天井和各种走道来联系,而族人基本都住在一起。这种自然发展形成的特殊的聚居形态与江汉平原以及鄂东地区有着较大差异。

三、文化特点

(一)丰富的巴楚文化

大水井的土家族地域文化与村寨民俗文化丰富多彩。比如大水井村不仅过土家族的各种节日,也会在宗祠做各种祭祀活动,仍然继承了荆楚文化中的各种习俗。

其中,荆楚地区的宗族文化对大水井村的影响较深。李氏祠堂(图7-2-6)西厢房讲礼堂的地面有巨石一块,此巨石又称"过失桥",石上刻"太极风云图"。

(二)独特的多元建筑文化

大水井村的古建筑群落是少见的保存完好的明清建

图7-2-5 李氏宗祠手绘图(来源:汤笑萌 绘)

图7-2-6 李氏宗祠的西南角入口(来源:郭建 摄)

筑群。不仅具有传统鄂西南土家族穿斗式吊脚楼建筑的特点，也有中国传统官式建筑的一些特征，同时还使用了江南地区通用的营建方式，但是又结合了一些西式建筑的风格。

例如，李氏宗祠无论是平面布局，还是装饰等都有一些土家族建筑的特色；建筑群的中轴线上三座建筑的平面、装饰及明间梁架做法等都受到了土家族文化和巴楚文化的影响；平面布局采用的是三进四厢的庭院布局，宗祠四周被大石头堆砌的高墙环绕，体现了传统中轴对称的特点。当然，这处传统聚落的建筑在具体细部设计中也有传统文化中风水的考虑。例如，李亮清庄园朝门的方位做了斜角处理，朝向所谓的水口方向，突破了传统意义上严谨的对称格局。从景观角度看，则是建立了庄重的入口大门与优美开敞的谷地水塘之间的视线通廊，视野开阔，所感受到的景观品质也非常好。（图7-2-7）

此外，清末民初，李氏家族有不少人外出经商或者留学，对西方文化耳濡目染，所以虽然他们生活的大水井在内陆山区，但是从李氏庄园某些建筑空间中展现的一些西式建筑风格和细部，可以看出西式建筑文化的影响。例如，庄园正立面结合运用吊脚楼和欧式柱廊，具有强烈的地域特质和时代印记（图7-2-8）。因此，大水井村不仅有巴楚文化的融合，也有中西文化的合璧。

四、聚落整体空间组织

（一）选址特点分析

大水井的选址依山傍水，坐北朝南，同时村内的规划、营建、使用的每一步都体现了对自然环境的利用与改造。

1. 靠近水源，土壤肥沃

大水井靠近龙桥河，附近也有一些溪流，因此村民常常利用溪流水浇灌农田（图7-2-9）。另外，庄园生活用水的水源来自水井，也可以在适当的时候用于生产。其中一口最为重要的水井原在建筑之外，因受到过敌人入侵，因此庄园主将水井砌筑围墙纳入建筑群保护了起来。

鄂西南地区多山少平地，因此谷物种植区和耕地面积较小，但是此处土壤相对比较肥沃，虽无法大面积种植粮食作物，但是自给自足是没有问题的。另外，高海拔山地十分有利于种植茶树和林木等经济价值高的作物。选址于此地建造大水井聚落，保证了生活生产需求。

图7-2-7　李氏庄园前院（来源：郭建 摄）

图7-2-8　李氏庄园西南角的建筑（来源：郭建 摄）

能力，而且借助对于水源的保护，创造了一个全部族人可共同居住生活、内外分隔的聚落。（图7-2-10、图7-2-11）

（二）布局形态分析

1. "屋随山势，一山一谷两组团"的整体格局

大水井村的整体空间格局与地形、环境和谐统一。大水井聚落前是一处盆地和一处小水塘，建筑群随着山势的变化而一字排开，俯卧在山坡之上，形成了李氏宗祠和李氏庄园两个组团。李氏宗祠和李氏庄园实际上就是两组独立的建筑群，并通过山上不足200米的石板路相互联系。其规模相当宏大，据说在民国期间受到外敌入侵的时候，全族七百余人全部在该建筑群内居住，并

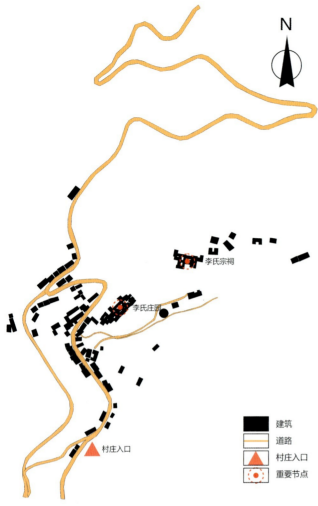

图7-2-9　大水井布局图（来源：夏炎　绘）

图7-2-10　李氏庄园与宗祠之间的山路（来源：郭建　摄）

图7-2-11　大水井村周边环境（来源：郭建　摄）

2. 山环水抱，易守难攻

大水井建在山坡上，周围高山峡谷多，溪流不少，从大尺度范围看，村落选址之处具有一种山环水抱的态势。而且该村落靠山而面向北部的峡谷，东北向不到1公里就是该地区重要的河流——龙桥河。

另外，该聚落在选址上特别考虑了安全防御的问题。大水井选择了一处易守难攻的山坡建立房屋群落，不仅保证了建设区域与山下道路之间有较大的高差，而且还有陡峭的山坡相隔，不通过唯一一条石阶小路几乎无法到达该聚落入口，而且石阶小路很窄，无法多人并进。大水井村的选址不仅利用天然地形条件提高了防御

抵御外敌数月之久。从侧面可以说明其选址与空间格局对于提高聚落防卫和生活供给能力方面的作用。

2. 以建筑群为组织形式的集中布局形式

大水井村的两处建筑群形成一个完整的聚落，总体来说是一种集中布局的形式。李氏庄园通过24处天井组织起174间房屋，房屋处处连通，而宗祠则由三大殿和66间房屋构成，同样彼此相通。宗祠一般位于村寨之外，有自己独立的空间，因此李氏祠堂与李氏庄园隔井相望，各占一方。这种独特的空间布局形式是特殊的地理环境和社会文化影响的结果。

五、聚落内部空间组织

（一）街巷空间

由于大水井村构成的特殊性，仅对其进行简要论述，以体现其聚落内部空间的建筑属性，关于其街巷结构和尺度等实际上都是建筑内部空间的问题，因此不展开叙述。（图7-2-12）

图7-2-12 大水井村肌理图（来源：杨熙 绘）

大水井村除了有一条进入村落的环形石阶和连接两座建筑群的山路之外，其余所谓的"路"基本都是建筑内部的走道或者廊道。因此，大水井村没有传统意义的街巷空间，而是以建筑中内部街道的形式存在，也就是内部走道或者廊道空间。这些内部走道，基本上呈棋盘式结构，四通八达，将各处天井一一连接起来，使得空间通畅，步行线路流畅。内部空间虽然非常通畅，但是对外来看，有一定的封闭性。首先是出于安全的考虑，其次可能是出于各自支族隐私的需要。虽然建筑群的规模都较大，却不容易使人在建筑群中产生迷路的感觉。可能这是得益于天井的巧妙使用和恰到好处的廊道连接方式。

这些内部的廊道和走道不仅记录着大水井村的演变，更隐含着李氏族人的行为心理及其与环境的关系。

内部的通达和便捷联系体现了家族成员之间直接而紧密的联系，并从一个侧面反映出大水井聚落构成的方式，是地理空间与宗族关系的叠加。反观大水井村与其周边民居之间的关系，不难看出，以血缘为纽带的宗族关系在大水井村的形成与发展兴盛过程中起到了多么重要的作用。（图7-2-13）

大水井村的保护目前总体来说还不错，较李氏家族的其他庄园保存得要好很多。现在该村落已经被开辟为景区，原有居民已经不在此居住，其生活场景已难以再现。从聚落的保护和研究来看，这也是令人感到遗憾之处。

总体来说，大水井村是鄂西南地区的一种独特的聚落，完全由一两处建筑群所构成。其内部空间的特色可以简单归结为：以天井为核心组织各建筑空间，并以连续网格化的内部长廊将各个天井串联起来，组成一处空间规则的、整体性特别强的具有一定封闭性的聚落。

（二）中心、边界与节点

1. 中心

从宏观层面分析，整个村落的中心是宗祠。李氏宗祠不仅是祭祀祖先之处，更是行使政权、族权的场所。在今天保留下来的大水井古建筑群中，李氏宗祠虽建造时间最早，但其规模和艺术性却最高，李氏一族对先祖祭祀的重视和自身归属感的强烈需求在李氏宗祠的建设上表现得淋漓尽致（图7-2-14）[①]。李氏宗祠既是利川整个李氏家族的精神中心，也是开展各种李氏大家族会议和活动的重要场所，是宗族制度的集中体现。宗祠作为中心不仅强化族长的权威和统治力，并将这种权力延伸至地方事务的管理上，使李氏家族及其族长集政治、军事、经济和社会文化管理于一体，并长期拥有地方的话语权。地处巴文化和楚文化融合之地，李氏宗祠更为充分地体现了家族在地方的影响力，所以无可辩驳地成为聚落的中心。

从中观层面分析大水井村的空间布局，可以发现，李氏祠堂和李氏庄园各自拥有自身的中心空间。李氏宗祠中，做工精致、雕梁画栋的三大殿无疑是家族活动的中心，也是宗族精神文化的中心，是空间与权力的重叠之处，属于室内空间。而李氏庄园则是以建筑群围合的北部广场空间作为中心，是庄园居民的生活地聚集地和视觉焦点，属于室外空间，而不是室内空间。

从微观层面分析大水井，建筑群中的天井集群是建

图7-2-13 李氏宗祠内的天井与廊道（来源：郭建 摄）

图7-2-14 李氏宗祠入口处的外廊（来源：郭建 摄）

[①] 安一冉. 湖北省利川大水井古建筑群建筑文化探析[J]. 建筑与文化, 2017（04）：109-110.

图7-2-15 李氏庄园的天井光线（来源：郭建 摄）

图7-2-16 大水井村旁的林荫道路（来源：郭建 摄）

筑群内部的中心。两处建筑群的天井至少有28处，而且天井规模都较大，是建筑内采光通风和人们活动的中心。（图7-2-15）

2. 边界

（1）自然边界

大水井村背山面谷，谷地中央的水塘依山就势，其自然边界非常明晰。由所在的山体边界和谷地边缘共同组成了大水井村寨的自然边界。群山环抱中，以山与谷地为限界，大水井自成一个小世界。这是西南地区传统聚落自然边界的一种典型特征。

（2）人工边界

人工边界是通过人们改造过后形成的边界。大水井村位于山坡上，自然需要大量的环境改造工作，其人工边界主要是以建筑群两侧和前方的台地边缘作为边界，包括建筑群中难得的露天平台边界、宗祠与主体建筑群之间的山道边界，以及梯田的边缘。由于用地紧张，这些边界基本上也是人的日常活动能够触及的空间限界，几乎难以跨越。这种特点是与其他平原和丘陵地带的村落不同之处。（图7-2-16）

3. 节点

大水井村的节点空间有李氏庄园的主入口与前院、李氏宗祠入口处的外廊。

李氏庄园的入口设计独特而讲究。其入口建有大门，称为"朝门"，远离主房中轴线，其大门斜向45°开口，面向"水口"。朝门建筑为歇山式，门额上书写着"青莲美阳"，假借李白为先祖来抬高自己。进入大门后即前院，空间宽敞且视野开阔，是李氏家人活动的场所。入口与前院是一处完整的景观、交通和人们活动的节点。

李氏宗祠（图7-2-17、图7-2-18）的外廊虽是线性的空间，但是从它与建筑内部空间的关系看，既是连接宗祠和外部空间的节点，也是宗祠外部联系各个建筑的节点。外廊给予了宗祠统一感和秩序感，从李氏庄园方向走来，很容易被祠堂的白墙、长廊与绿山，以及祠堂宏伟的规模所震撼，充分体现了祠堂在聚族而居的聚落中的地位。（图7-2-19～图7-2-22）

水井、坝场和田埂是村民生产生活的节点空间。村落中众多的水井，能够满足村民们的日常生产生活的需求。水井周边有石料垒砌起的高墙，是因当时李氏建造时考虑到安全防御性的问题，目的是为避免李氏受人围困时不至于断水。在水井的外墙上可以看到"大水井"这几个字，这是李盖五在民国时期所写。坝场和田埂主要是村民们平日生产生活的公共场所，也可以作为农耕节日或者其他活动的场地。

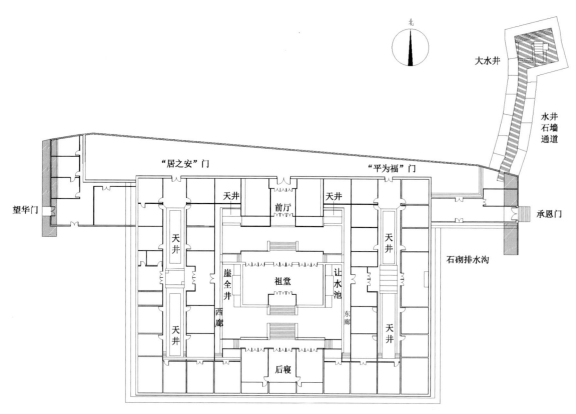

图7-2-17 李氏宗祠平面图（来源：沈昊茹 绘）

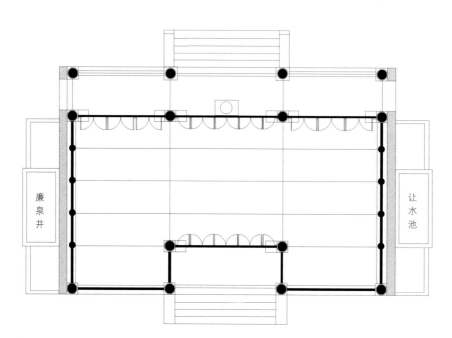

图7-2-18 祖堂平面图（来源：张洛菲 绘）

图7-2-19 李氏祠堂入口（来源：郭建 摄）

图7-2-20 李氏宗祠的天井（来源：郭建 摄）

图7-2-21 大水井村民居走廊与侧天井（来源：郭建 摄）

图7-2-22 庭院空间（来源：郭建 摄）

第三节 鱼木寨

一、概况

（一）概述

鱼木寨是一个自然村寨，地处湖北省恩施州利川市西部，距利川市60公里，约1个小时车程。它是鱼木村的一个自然村湾。鱼木村于2013年入选中国第二批传统村落。鱼木寨所在的谋道镇，古称"磨刀溪"，为鄂西南边陲之地，被宜万铁路和318国道贯穿，素来有"东据荆楚，西控巴蜀"的说法。

鱼木寨面积约6平方公里，居住着两百多户共六百多名土家族村民。村寨周边山势险峻，绝壁高耸，与世隔绝，仅有一条通道从南边寨顶和北面三阳关与外部相连，大有"一夫当关，万夫莫开"之势，自明洪武二年（1369年）以来，鱼木寨一直作为土司军事要塞持续了三百六十余年，改土归流之后，一直为土家族人的聚居地，保持着较为完整的土家文化，其古堡、古墓、古山路和栈道以及古民居也一直保存较好，因此有了所谓"天下第一土家寨"和"世外桃源"的称号。（图7-3-1、图7-3-2）

鱼木寨现有的寨内遗存大部分建于清末民初，整体保持了原有格局，并保留着寨卡、寨楼、民居、石刻、墓碑、穴居和生活、生产器具等历史遗存，以及婚丧、饮食等土家人的特色生活习俗。1992年，鱼木寨被公布为湖北省文物保护单位，2006年5月25日，鱼木寨被国务院公布为第六批全国重点文物保护单位。

（二）自然地理环境

鱼木寨耸立在群山之中，四周悬崖峭壁如凿，村上绿树成荫，宛如一条巨鱼在云海中游动，风景十分

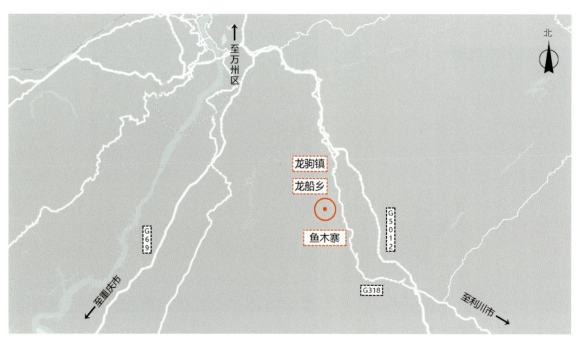

图7-3-1 鱼木寨区位示意图（来源：杨熙 绘）

秀丽壮观（图7-3-3）。鱼木寨属亚热带大陆性季风气候，日照充足，降水丰沛，空气湿润，其年平均温度大约在12℃，适宜农业生产。周边山峦起伏较大，沟壑纵横，不同海拔高度的气候存在显著差异。另外，夏季时间段云多雾大，无酷暑，冬季常吹偏北风，较为寒冷干燥。

（三）物产资源

鱼木寨所在地区相对封闭，对外交流不畅，但其环境安全舒适，土地肥沃，村民主要是以普通的农业生产为主要生活来源，其物产也基本是农产品。当地人还利用山石资源制作农具和生活工具，比如石碾、石磨、石盆、石制猪槽、石制水缸等。

二、历史沿革

（一）历史发展分期

鱼木寨最初的形成是伴随着其优越的地形地貌和优良区位，成为军事堡垒，进而不断发展成聚落。鱼木寨的发展过程大致可以分为起源、发展和兴盛三个阶段。

1. 起源

据当地人族谱记载，明洪武年间，龙阳峒安抚司谭元亨带领谭氏家族迁入鱼木寨定居，建关设卡，奠定了鱼木寨作为军事堡垒的基础。因地势险要，易守难攻，自明代洪武二年（1369年）到嘉庆四年（1799年），鱼木寨一直以军事地位闻名于世。

2. 发展

明代晚期，向氏家族迁入鱼木寨。据族谱记载，向氏家族在鱼木寨兴修住宅、宗祠、学堂、墓碑，极大地推动了鱼木寨的建设发展。清代初期，成氏家族迁入，鱼木寨进一步发展壮大。清嘉庆四年（1799年），当地人结合地形地貌修建了炮楼、寨楼等军事防御工事。

3. 兴盛

清末谭氏家族逐渐没落，实力雄厚的向氏、成氏两大家族在鱼木寨大兴土木，竞修建筑，逐渐形成了现在看到的聚落空间格局。民国初年，川军司令方化南驻扎在鱼木寨，依然将之用作军事重地。

（二）历史发展影响因素

鱼木寨是典型的以防御性为主的村寨，地势南高北低，溪流三面环寨而过。四面悬崖层叠，崖高谷深，垂直高度约600多米。鱼木寨踞于地势险要的群山中，立于高山之巅，地势高耸，易守难攻。进入鱼木寨，随处可见层层梯田，寨里的村民利用有限的土地资源，将土质肥沃又有水源的坡地开垦成梯田。大部分稻田被种植在山湾里或者在山坡上，层层叠叠，依山就势，顺势成景。

鱼木寨的历史发展主要受到以下因素影响：

1. 优厚独特的自然条件奠定了物质基础

鱼木寨自然资源丰富，土壤肥沃，水源充足，为当地人提供了生产生活的物质基础。此外，由于天然险峻的地势环境，使得鱼木寨对外交通不便，成为与世无争、自给自足的世外桃源。

2. 传统耕读文化提供了社会与经济保障

鱼木寨的土家农耕文化极具当地鲜明的特色。土家族的生产方式以农业为主，聚落中尤以农耕文化为重，保留了传统的农耕风俗习惯，为村寨的发展提供了经济保障。村寨中向氏家族历来重视子孙的教育，修建学堂，倡导儒学，勉励后人勤劳进取，和睦共处。久而久之，形成了鱼木寨的耕读文化。

图7-3-2 鱼木寨卫星图

图7-3-3 鱼木寨周围环境（来源：郭建 摄）

3. 寨堡卡门提升了防卫能力

鱼木寨的寨壁环绕悬崖三面，悬崖下略有缓坡。为了确保寨子的安全，当地人将缓坡通道截断，在寨子周边的岩层下分别修建了石墙和牌楼。卡门就是鱼木寨居民生活中的"大门"，多始建于清嘉庆年间，全部由精密石料砌成，厚约3米，高约4米。三阳关卡门所处地理位置很重要，两边山岩相间，崖内之人不清楚卡门前方是不是有道路可以通行，山外之人不清楚崖内具体情况。对于卡内的居民来说，寨堡卡门保护了他们的生命与财产安全，同时也保障了鱼木寨自身的安全与平稳发展。

三、文化特点

（一）悠久的宗族文化

鱼木寨的宗族文化历史悠久，可以追溯到古老的原住民时期，鱼木寨地处巴国南部，受到巴文化与土著文化的相互影响。明清时期，谭氏家族、向氏家族和成氏家族相继迁入鱼木寨，繁衍生息，以血缘、亲情为纽带形成了源远流长的宗族文化，保持了修家谱、建祠堂、祭祀祖先等宗族文化活动。

（二）传统的农耕文化

鱼木寨的农耕文化是土家先民千百年来经验和智慧的积累，具有自身独特的农耕文化特点。首先，它起源于土司执政时期的大家族聚居，带来发达的农耕技术；其次，它发展于崇山峻岭之间，是由先民运用智慧，将肥沃的坡地因地制宜地开垦成梯田，形成层叠错落的梯田景观；最后，它遵循土家族自身在长期生产中形成的传统习俗，例如丰收季节的仪式等。

（三）特殊的墓葬文化

鱼木寨人生活方式简单朴素，但重视墓葬、信仰祖先神，蕴含着当地独特的生死观念和墓葬文化。现存大部分墓葬遗迹都是墓主人生前修建的，堂屋设"碑屋"。所谓碑屋，就是埋在屋里的坟墓，是后辈对先人在心理上的紧密联系。鱼木寨共有十多座石碑屋，其中清代以后出现的墓葬规模较大。

（四）独特的寨堡文化

鱼木寨充分利用天然地形，在高山深谷中创造了独特的寨堡文化。进入鱼木寨之前，山脊上可见一座坐东北朝西南的门楼。这个门楼是团长谭登杰为了防止盗贼匪徒侵扰居民，在清嘉庆四年（1799年）招募人员建造出来的。寨门设在高近百米、宽不到两米的山脊上。从远处看，它就像一个鼓柄，在鼓柄与鼓面的交界处，因地制宜地修建了寨楼。建筑形状类似梯形，两侧悬崖边缘和地基水平，建筑正面和左右两侧的围墙都是用石材和石灰铺设的，入村通道旁边的墙壁上刻有"鱼木寨"，寨门楼上再用两排共九个射孔对进寨道路加以严格控制，可以称作"一夫当关，万夫莫开"了。（图7-3-4）

图7-3-4 鱼木寨寨门（来源：汤笑萌 绘）

图7-3-5 鱼木寨的"连五间"民居一角（来源：郭建 摄）

四、聚落整体空间组织

（一）选址特点

1. 傍山望谷之地

鱼木寨傍齐岳山而建，并与铜锣关相承接，高低不一的山势呈环抱状。鸿鹄山在齐岳山之东，红岩寺的石林在齐岳山之西。这种傍山望谷的选址，使鱼木寨自然成为土家山乡的"世外桃源"。（图7-3-5）

2. 自然资源丰富之地

和其他传统村落一样，鱼木寨在选址上也偏向选择自然资源丰富之地。其靠近土壤肥沃、水源充足的地方，完全满足自给自足的生产、生活需求。受地形影响较大，鱼木寨很少有平整成片的农田，多是适应地形的层层叠叠的坡地梯田。当地水源也是相当重要的考虑因素，村民的生产生活离不开水。

鱼木寨的所在地自然条件优越，生活安宁。优越的自然环境不仅保证了自给自足，还能形成舒适的人居环境。这也是鱼木寨能够形成深厚的耕读文化的基础。

3. 山高路陡，利于防卫

鱼木寨在齐岳山地区，以山地地形为主，地势较高，有的地方陡峭异常，或为绝壁，只有一条出入的通道，非常有利于设立各种关卡，可谓"一夫当关，万夫莫开"。茂密的森林加上复杂的地形是最佳的村寨隐居地点，既可以防止外敌入侵，保障村寨的安全，又能为村民提供良好的繁衍生息的环境，堪比世外桃源。（图7-3-6、图7-3-7）

（二）布局形态分析

1. "一环—一轴—一核心—多点"的总体格局

鱼木寨的地形看似鱼脊形态，而其布局比较分散，依山势呈现相似的形态，因此其总体格局表现出"一环、一轴、一核心、多点"的总体格局。一环种自然形成的总体格局几乎是与地形的变化相一致，是地形地貌在人类改造和利用自然的过程中的本质体现。

2. 大分散，小集中的向心性布局形态

鱼木寨是湖北传统聚落中形态非常特别的一处聚落。因齐岳山山势陡峭，山上建设用地非常少，因此民居建筑总体较为分散，依山势绵延数公里，即使是局部集中也最多是十余栋民居建筑相靠近，大多并未连接在一块，而且建筑的用地高高低低，建筑之间的交通联系也不便捷，往往通过蜿蜒曲折的台阶和土坡连接彼此，这是与平原和丘陵聚落差异较大的地方。由于建筑基本都依山势沿着等高线分布，也间接导致聚落的布局形态大致与山形接近。叠加上聚落对外的防御性和内部族群之间紧密的联系，使得聚落布局形态又具有一定的向心性特点。在狭长的鱼脊形山体上，顺着山脊走向分布着鱼木寨的各种民居建筑，比如双寿居、六吉堂等一些古民居[①]。（图7-3-8～图7-3-10）

图7-3-6 高山绝壁之上的村寨（来源：郭建 摄）

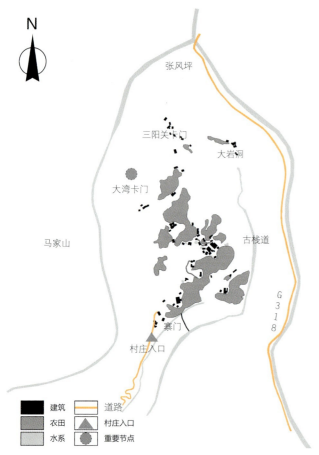

图7-3-7 鱼木寨总平面图（来源：杨熙 绘）

主要是指是沿绝壁的环寨道路；"一轴"是指沿着鱼脊线的主轴线；"一核心"主要是指中心地带的民居聚落；"多点"是指散布在整个鱼木寨的多处民居。这

图7-3-8 六吉堂鸟瞰（来源：郭建 摄）

---

① 顾芳. 古寨聚落出路何在——湖北利川市鱼木寨的现状与未来初探[J]. 新建筑, 2010（05）：12-17.

图7-3-9 六吉堂的天井（来源：郭建 摄）

图7-3-10 六吉堂附近的古民居（来源：郭建 摄）

3."一夫当关，万夫莫开"的防御形态

鱼木寨山体雄伟壮观，四周都是悬崖峭壁，从寨顶到山体垂直高度近700米，寨堡的大门扼守着出入寨子唯一的咽喉要道，不仅需要防御的点少，而且从山下难以看到山寨的情况，能够阻挡敌人视线，具有"一夫当关，万夫莫开"的防御特点，十分利于防守，这也是鱼木寨被称为军事要塞的缘由。这种防御形态与聚落的总体格局是相适应的。（图7-3-11～图7-3-13）

图7-3-11 鱼木寨寨门楼的背面（来源：郭建 摄）

图7-3-12 鱼木寨寨门内部空间（来源：郭建 摄）

图7-3-13 鱼木寨寨门内的石碑（来源：郭建 摄）

图7-3-14 鱼木寨肌理图（来源：杨熙 绘）

五、聚落内部空间组织

（一）街巷空间

1. 街巷空间概况

因布局较为分散，鱼木寨几乎没有湖北中部和东部传统聚落窄街深巷的特点。鱼木寨建筑之间的相互联系基本是依靠为数不多的几条山道，有的地方较为平坦，有的地方却陡峭异常。特别是"亮梯子"那一段，要在绝壁上伸出的狭窄石梯上攀行，惊险异常。还有更为险要的三阳关，要通过此地，必须在几乎垂直的山体上凿出来的狭小阶梯上攀登。难以想象当年鱼木寨的山道是如何建设，而内外之间的货物是如何运输的。受到齐岳山山体特点的影响，山道惊险崎岖，但也为鱼木寨的防御奠定了坚实的基础。

鱼木寨"大分散、小集中"的布局形态意味着各小组团之间必须有山道连接。山道的数量并不多，各组团内部则包括了建筑之间的连接小道。（图7-3-14）

2. 街巷空间街巷结构

主干山道、宅间小路、关口石路、农田林地间的小路共同构成了鱼木寨的道路系统。其总体结构类似树枝，总体是沿山势的曲折线性的结构，局部伸出一些分支通向各个组团。寨中道路多由当地的石头或石板铺成[①]。

---

① 方振东. 恩施州土家族传统村寨景观研究[D]. 南京：南京农业大学，2012.

3. 街巷尺度

鱼木寨街道尺度多样，道路宽度较窄，平坦之处往往最多两三人并行，而狭窄之处仅能容一人通过。道路两侧往往没有建筑，或者只有单边有少量建筑。借助丰富多样的植被环境，总体尺度相当宜人，自然环境中起起伏伏的山道能够让人产生特别的愉悦感和亲近感。由于寨内丰富多变的高差，人在寨中步行会有多样的空间体验，空间可识别性也很强。走在街道上，建筑与自然融为一体，眺望远山，美景尽收眼底，山道和山峦交相辉映。（图7-3-15）

4. 街巷保护状况

对于鱼木寨的保护，不应该只是各种建筑的简单堆积，更应该是一个完整的环境与形态保护体系。一方面，由于农业发展的需要，建筑物周围的某些环境被逐渐改造；另一方面，村民改善人居环境的诉求日益增加，有的不得不拆旧建新。由于地理位置十分偏僻，发展旅游成为鱼木寨目前最合适的方式，但开发改造不能离开保护这个前提。另外，村寨空心化也同样给鱼木寨带来了保护与发展的难题。

5. 街巷空间特色

鱼木寨依山而建，山路沿山势蜿蜒而上，十分陡峭。寨口道路和栈道均为石材，顺应山势，与悬崖相结合，强化了鱼木寨的御敌功能。尤其是三阳关的"手扒岩"和梯子岩的"亮梯子"。手扒岩由人工开凿形成。小径笔直凿在岩石上，洞口不到半尺深，形似月牙，共有32级石梯，并且悬空卡在崖壁之中，头顶是宽阔的天空，脚下是望不尽的深崖，具有坚固的外围线性防御特征。

（二）中心、边界与节点

1. 中心

作为公共活动和精神的中心，成氏祠堂（现为连五间）形式上既有南方干阑式建筑的某些特点（图7-3-16），

图7-3-15 寨门通往寨内的山道（来源：郭建 摄）

又有天井院式布局特征（图7-3-17、图7-3-18）。祠堂的五间堂屋连在一起，用单廊连接，形成两个大小不一的院落（图7-3-19），西侧院子大，大堂屋则用作宴请宾客。祠堂入口架空，楼上为戏台。入口架空处是一种灰空间，孩子们经常在这里嬉戏玩耍。相连接的五间堂屋侧面反映了"四世同堂"的大家族观念。祠堂是聚落中最能代表公共空间的场所，有时候家族内部的事务也会在这里商讨决定。祠堂内部还有戏台，是夹在两个院落之间的小范围的公共空间，村民们聚在一起看戏、喝茶聊天、祭拜祖先等。

2. 边界

（1）自然边界

鱼木寨被齐岳山地区的群山包围，山体走向为南高北低，由悬崖向周边逐级跌落，东以鸡头沟河为界，西部为平缓的山谷。山体是鱼木寨建设发展的自然边界，也几乎是其发展历史进程中从未逾越的空间界线。这种自然边界限制了其进一步扩展，但是也为寨子提供了开阔的视野和天然的防御屏障。这种得天独厚、易守难攻的自然地理边界是鱼木寨成为军事要塞的先决条件。

（2）人工边界

鱼木寨边界险峻，南北有利于设立各种寨门、关卡、寨墙等。这些人工边界与自然边界一道产生了围合作用，让鱼木寨整体空间看起来相对封闭。但是由于接

图7-3-17 连五间鸟瞰（来源：郭建 摄）

图7-3-18 连五间入口处（来源：郭建 摄）

图7-3-16 成氏祠堂（现名为连五间）（来源：郭建 摄）

图7-3-19 连五间民居前的广场（来源：郭建 摄）

近于山顶，周边为悬崖，视野非常开阔，鱼木寨的空间体验却又不封闭。鱼木寨人工边界的设置使得寨子具有极强的领域感。另外，人工边界不仅仅限定了鱼木寨的范围边界，更是其对外防御的桥头堡。在这些寨门和碉堡门楼里，可以通行，也可以在其中瞭望、防卫敌人。

3. 节点

由于鱼木寨的特殊性，其公共节点空间也不同于一般湖北传统聚落。许多传统聚落偏向选择地势相对平坦的山间平地或坡度较缓的坡地，而鱼木寨则踞险而居，选择易守难攻之地作为聚居点。因此，鱼木寨的公共空间不仅较为分散，而且有一些是相对私密的，如民居中的天井院落、檐下空间；还有具有防御性质的公共空间，如寨门、关卡、栈道等；另外还有开放性较强的生产生活的场所，如水塘、农田、溪边、祠堂、戏台等。

鱼木寨比较重要的节点空间有寨门、三阳关卡门等。

鱼木寨四周峭壁如削，整个山寨"一个寨门进，一个卡门出"。"寨门"是指鱼木寨寨门（位于南端）（图7-3-20），"卡门"就是奇险无比的三阳关卡门。寨中设有多道关卡用于对外防御，保护村落的安全与稳定。

鱼木寨的入口坐落于山脊南端，面向西南。清嘉庆四年（1799年），寨民将寨门建在两边高100米、宽不到2米的山脊上，以防盗匪活动，寨门门楼用石材和石灰砌成，这是进入寨子的必经之路。寨门入口处作为过

图7-3-20　鱼木寨寨门（来源：郭建 摄）

渡和中介空间解决内外交通问题。通过鱼木寨寨门后方的通道就到达鱼木寨内。寨门和通道把聚落内外空间很好地隔离开，起到标识和过渡的作用。寨门门楼外形保存较好，但其空间功能现在也逐渐发生了变化，现在已经成为留守村民纳凉集会的聚集场所，也是游客旅游参观的重要景点。

关卡就是鱼木寨居民生活中的"大门"。这些卡门往往由整条石材砌成。三阳关地势险峻，路边乱石嶙峋，人在卡内不知卡前有路，人行山外不知崖内藏关。寨子四周是峭壁，悬崖下面有一个小斜坡。为围护山寨安全，堵住了缓坡通道，人们在寨东和寨西修建了高耸的石墙和牌楼进行防御，现在牌楼已毁，仍保存着长200多米的寨墙，墙高5米，每隔3米有炮台。

第八章

传统聚落保护策略

第一节　传统聚落面临的危机

对湖北传统聚落进行深入调研后发现，传统聚落面临许多危机，保护传统聚落面临许多困难，不仅体现了我国传统聚落保护中存在共性的问题，也能反映因地方自然环境与政治经济文化等带来的独特问题。从其中挑选最为主要的危机进行论述与分析，可为应对策略提供思路，从而推进传统聚落的保护与发展。具体来说，主要有以下几个重要的问题亟待改善与解决。

一、聚落数量逐渐下降

湖北目前现存的传统聚落总量并不多。湖北近年来也一直在申报国家级历史文化名城、名镇、名村与传统村落等，但截至目前仅有数百处进入了最终的名录，而省级传统村落的名录目前还在申报认定。另外，还有一些传统村镇虽然可能无法进入国家和地方认定的名单，但仍具有传统聚落的特点，依然值得保护和研究。湖北所有这些传统聚落虽然目前还无法统计出确切的数量，但就目前的资料来看总数应该不足千处，即使不计入古城与古镇，仅与湖北省接近24000处的行政村数量相比（据2019年湖北省年鉴数据），也不足5%。因此，从数量上来看现存的传统聚落太少。另外，被列入历史文化名村或传统村落的村绝大部分是以行政村申报的，而行政村一般包括若干个自然村湾，这些村湾中往往只有部分聚落是传统聚落，因此从规模来看，传统聚落更显稀少。

一般来说，因传统聚落是不可再生的文化遗产，这种体现了某种科学、历史与艺术价值的传统聚落以及其包含的各种建筑与环境，其实际数量只会随着时间的推移逐步减少。如果未处理好建设发展与保护之间的关系，也无法做到科学与专业的保护，可能会导致为数不多的传统聚落迅速消失。有的历史建筑被不合理改造，或被新建筑替代导致建筑风貌的破坏；公共空间也因新建筑的出现而产生了许多变化，有的甚至完全失去了传统界面；而聚落的中心也可能因建设和人们活动方式的改变而发生较大的迁移，原有中心可能完全失去了传统的风貌。随着历史建筑、街巷以及一些对风貌至关重要的历史环境要素大量消失，传统聚落本身也逐渐变成了全新面貌的村镇、城市。构成传统聚落的这些要素——传统建筑群、历史环境要素、聚落的社群关系以及伴随其发展的聚落文化被破坏或发生较大变化后，传统聚落也逐渐消亡。传统聚落的数量在减少，因此保护传统聚落的任务十分紧迫。

二、聚落经济发展缓慢

传统聚落如果没有经济的发展，其保护也很难做好，政府即使投入大量资金，也不具有可持续性，其衰落也只是时间问题。因此，经济发展也是传统聚落需要考虑的重要问题。

传统聚落除了城镇以外，大部分现存传统聚落的经济发展都较为缓慢，而且基本以农业作为主要经济来源，聚落居民的收入普遍都不高，也没有充分的条件开展第二、第三产业。因此，不仅缺乏其他收入来源，而且环境的风险承受能力非常差，只有少数传统乡村聚落由于区位非常好，交通便利；或者自然条件优越，资源丰富，能够通过旅游带动经济发展；或者由于靠近城镇，可以借助城镇的基础设施开展农产品粗加工或旅游观光等第二、第三产业而拥有较好的收入。虽然最近受到波及全球的"新型冠状病毒疫情"的影响，旅游经济大受影响，但是随着疫情的好转和国内经济的恢复，由旅游带动发展的聚落应该会逐步恢复活力。

现存的大部分传统聚落的经济发展为何较为缓慢？传统聚落中的城镇，历史上就有较好的区位，交通较为便利，另外由于其产业构成不仅仅只有农业，还有相当数量的第二、第三产业，再加上城镇建设用地较为充足，基础设施条件也相对较好，因此其发展具有较好的物质条件，经济情况大部分较好。而传统乡村聚落往往地处偏远，交通不便，物流成本高，基础设施一般也不太好，如果没有丰富的自然资源可供利用，或不具备发展第二、第三产业的条件，而仅仅主要靠农业支撑其发展，那么居民收入和集体经济状况都不会很好。大部分传统乡村聚落在相对较为贫困的地区，特别是山区贫困的传统村落，经济条件可想而知，更何谈保护历史建筑和它的各类文化遗产了。另外，传统聚落保护中，有许多两难的问题，尤其是进入保护名录的传统聚落一般都做了保护规划，其建设范围和限制很明确，往往需要协调许多现实的矛盾，才能达到改善经济条件和保护风貌的目的。

城镇聚落虽然经济发展情况较好，但是同样面临这个问题，而且城镇的历史建筑和街区可能规模更大，对建筑和风貌的保护往往需要更加庞大的投入，如果全面铺开，一般的城镇可能还是难以负担的。所以，怎样处理好传统聚落中遇到的困难，使经济发展与保护的良性互动，是传统聚落研究中长期面临的课题。

总之，湖北传统聚落的经济发展面临着较现代聚落复杂得多的问题，在聚落保护和规划中应该深入考虑城镇的产业布局与建设、乡村振兴等多方面问题，才更有利于文化遗产的有效保护与活化利用。

三、乡村聚落空心化严重

众所周知，居住是聚落的最重要功能之一，居民当然也是其重要构成要素之一，没有人居住的聚落，少了人的活动，文化没有活的载体，也就无法传承，聚落将名存实亡。因此，聚落的保护与发展需要居民留下来，保护聚落的物质空间，传承文化。

就现状来说，湖北传统聚落的人口情况，跟许多其他省份类似，城镇和乡村各居住了大约一半的人口。随着城镇化的进一步加深，人口会继续从乡村迁移到城镇，从小城镇迁移到大城市。在城镇化的背景下，乡村因为人口减少，将逐步呈现空心化的趋势，而中国面临的人口老龄化趋势也将进一步影响到乡村。所以，目前传统乡村聚落的居住人口主要是以老人和小孩为主，而小孩也因读书或跟随外出打工的父母等原因，造成在村落的实际居住人口数量在逐步减少。留不住人，主要有传统聚落基础设施不足，人居环境质量较差，公共服务水平较低，以农业为主的产业结构无法为劳动力提供足够的就业机会，即使就业收入也不高等原因。年轻人往往寻求城镇生活，只有老人和小孩可能会留在聚落生活，如果教育设施不足，少年儿童则也会从聚落流失。乡村的年轻人外出打工留在其他城镇发展，或者全家迁移到其他城镇，导致乡村人口锐减，加上乡村老年化的影响，传统村落就会有逐渐消亡的危险。

许多传统村落没有中学甚至小学，即使有小学的传统村落由于学龄人口数量不足，也基本无法建立起标准规模的学校。由此可以看出，传统聚落的人口结构问题很突出，空心化非常严重，如果无法改变人口减少的趋势，留下足够数量的居民，不久的将来，传统乡村聚落可能会很快无人居住。

对于城镇聚落来说，也存在人口问题。传统城镇聚落，其历史镇区或者历史城区只占有城镇中很小的局部区域，这个地区往往基础设施落后，环境嘈杂，建筑破旧，居住环境不佳，许多较优质的资源可能由于在城镇的新建区域，会吸引原有居民搬离到新区，其中年轻人往往在工作地点购买住房后就搬离父母家，留在历史城区的往往多为老年人。城镇聚落存在的问题和乡村聚落有一些相似之处。这些老城区作为城镇人居环境的洼地，往往又以较便宜的价格出租给流动人口，因此传统聚落的历史城区（或历史镇区）不仅失去了聚落原有的居民，社群关系也会发生剧烈改变，传统聚落的文化难以传承下去。这也是传统城镇聚落存在的严重危机。

四、传统风貌保护压力大

保护传统聚落，不仅是保护整体格局，还应保护构成传统聚落的历史建筑、街巷，以及古树名木等历史环境要素等物质空间的文化遗产。

但由于种种原因，许多传统聚落的空间格局、街巷、建筑、公共空间以及各种环境要素或多或少发生了较大的改变，有些改变使传统聚落失去了一些重要的传统特征，保护状况堪忧。以下进行现状情况的具体论述。

1. 传统格局发生改变或遭到破坏

传统格局发生了变化，往往是构成传统聚落的山、水、道路等传统格局构成要素发生了较大变化。例如，传统聚落周边的山体遭到破坏，河流干涸，传统的村路废弃等。这种变化有可能是人为的影响，也有可能是自然的影响。

2. 传统街巷空间失去原有风貌

传统街巷往往是因为建筑被破坏或者拆除新建后导致街巷界面发生较大变化，或者街巷建筑的立面材料和地面原有的铺装材料被替代，因此传统街巷空间丢失原有的信息，其传统风貌逐渐消失。

3. 传统公共空间发生改变或消失

传统公共空间在本书中主要指外部公共活动空间且不包含街巷。外部公共空间中往往因为新建筑的产生或者原有空间被占用，导致传统公共空间的消失。内部公共空间则往往是传统聚落中的宗祠等公共活动场所，而许多传统聚落早已拆除了这些建筑。从湖北省美丽乡村建设的成果来看，作为与村民息息相关的村委会在大多数情况下基本上已经被取而代之。

4. 历史建筑及其构件被破坏或消失

历史建筑的破坏主要有两种情况：

一是建筑无人使用和维护，年久失修，自然损坏。

二是有人使用与维护，但因方法造成所谓"保护性破坏"而破坏了风貌。这些历史建筑外观、内部空间，或者部分建筑细部被改变，有时候甚至是被替换掉了，损失了历史信息，传统建筑的原始信息往往也无法追寻，而逐渐被遗忘。

还有一种特殊的情况，上文已提及，即极个别质量较好的历史建筑整体消失，常见的情况是被整体购买并搬走或整体拆除。这些建筑在被购买后往往会被拆散装车运至别处，再重新拼装搭建起来，不仅导致许多历史信息丢失，而且在一个与之可能毫无自然地理与文化联系的地方重新矗立起来，完全失去了原始文脉；也有一些历史建筑的精细木雕、牌匾等被卖掉或遗失，不知所终。这些问题都使得传统聚落的完整性受到永久损害。

5. 历史环境要素消失

历史环境要素的消失究其原因主要还是认识和管理上的问题。认识不到位，可能无法识别历史环境要素；管理不专业，可能造成历史环境要素的破坏或者消失。当然还有一些历史环境要素随着社会发展和进步，已经失去了原有功能或者作用，如果不进行有效利用，其消失是必然的。历史环境要素应该与历史建筑一样被认真、科学地对待。

6. 新建建筑中大量建筑影响风貌

这种现象最为常见，且比较容易理解其背后的原因。因聚落经济发展与生活的需要进行建设，尤其是新建大量商业、住宅等建筑与基础设施，由于对于建筑与基础设施设计中考虑聚落风貌不足，设计风格与传统聚落的风貌协调性不佳，或者规模远远超出了传统聚落基本格局与肌理所能承受的范围，从而导致原有聚落风貌受到较大影响，而失去原有的特征。往往当人们意识到这种问题的时候就已经难以弥补了。传统聚落的风貌受到新建建筑的影响，通常是相当长一段时间累积起来的，新建建筑如果在设计中并未加以恰当控制，使之与风貌协调，一旦建成则几乎难以改变，通过长期不断叠加的成片建设，整个聚落的风貌与特征足以被改变。

7. 历史建筑保护利用不当带来的问题

传统聚落的构成要素，保护与利用容易出现各种问题。主要有以下几种情况：

（1）历史建筑保护专业性不足，遭到破坏；

（2）历史建筑遭到直接的污染而损坏；

（3）历史建筑使用过度而受到破坏；

（4）功能设定不适合历史建筑的空间特点，而造成历史建筑的破坏；

（5）功能设置不合理，无法充分发挥历史建筑价值，作为传统聚落的构成要素，无法发挥其应有的作用。

以上种种问题基本都是历史建筑保护中可能遇到的各种问题，如果在实际历史建筑的管理中，注意管理的科学性与专业性，其实大部分问题可以避免。

五、非物质文化遗产传承困难

非物质文化遗产的保护是比较容易被忽视的，不像建筑和街巷等物质性的事物看得见、摸得着，因此当它们真的消失了，人们也不一定能意识到。非物质文化遗产也并不仅仅指那些民间技艺、传说故事，还有许多特定的生活方式，如果没有人去关注和记录、运用与传承，那么在现代社会的快速发展中，许多非物质文化遗产很可能会被人们遗忘，如果缺乏了文化的纽带，那么传统聚落可能就仅仅剩下一个物质的壳了。

从目前湖北传统聚落的发展情况看，非物质文化遗产的传承遇到许多问题。主要有以下几种情况：

第一，非物质文化遗产缺乏复兴的土壤。现代社会快速发展，全球化、信息化、互联网化、数字化等新的浪潮推动社会多方面转型，而许多非物质文化遗产缺乏人们的关注，也缺乏政策与资金的大力支持，随着大批青壮年居民为了工作离开传统聚落，定居在其他城市，许多非物质文化遗产发展停滞，逐渐与现代社会生活渐行渐远，使得其生存的土壤缺失，也注定了它们中有一部分会消失，而且剩下的也难以传承。

第二，非物质文化遗产传承后继无人。传承非物质文化遗产的核心是人，没有人去学习、记录、传播这些文化遗产，这些遗产是无法一直存在的。由于传统聚落中许多年轻人的离开，接触和了解这些文化遗产的人就比较少，其中去学习与从事非物质文化遗产相关工作的人就更少。另外，与非物质文化遗产相关的工作往往只能成为许多人的爱好，而由于这一行不是高收入行业，难以成为许多人的全职工作。这就导致参与非物质文化遗产传承的人会非常少，因此后继无人是传统聚落保护的最大危机之一。

第三，传统聚落的非物质文化遗产研究成果少，传承有难度。目前能够看到非物质文化遗产只是聚落文化中的很小一部分，每个聚落都有它独特的一面，但这些文化中的细微之处如果没有被研究，很少有人了解，想传承其中的精华何其难矣。目前，湖北传统聚落非物质文化遗产的研究成果还不够多，深度和广度都有待提高。诸多不为人知的非物质文化遗产如果能被社会关注、研究、宣传而广为人知，那么其传承才会有基础。

六、人居环境不佳

传统聚落最基本的功能是居住，人居环境问题是其中最为重要的问题之一。解决不好人居环境的问题，传统聚落的人口就会逐渐迁移至其他有更好环境的地方，聚落可能就会呈现空心化，从而影响传统聚落多方面的保护与发展。

目前，湖北传统聚落的人居环境问题主要体现在以下几个方面：

第一，建筑内部空间的环境质量。主要是指建筑内部的环境，是直接关系到人们生活质量的方面。传统聚落的大多数建筑年代较长，建筑质量都不太好，多有漏水渗水，有的建筑质量很差，局部还有坍塌危险，已经成为危房，需要投入较大的人力、物力进行修复与维护。

第二，建筑室内基本生活设施老化，无法适应现代生活需要。随着社会发展和人们生活水平的提高，建筑的生活设施肯定也要不断提升。但有时候限于传统聚落建筑质量和居民收入水平问题，如果仅仅靠居民进行基础生活设施的提升，则还有许多经济上的困难，另外也需要专业人士的参与和指导。

第三，外部空间环境质量低，环境污染严重影响传统聚落居民的健康。外部空间需要干净、卫生、整洁，也需要阳光、美观和足够的公共活动场地以保持聚落居民的身心健康。这也是国家倡导大家努力建设卫生城市、美丽乡村的原因。其中，垃圾处理与污水废水的处理问题是需要重点解决的问题之一，这也是全国正在推动的美丽乡村建设的重要内容之一。

第四，基础设施不足，质量也较差。传统聚落的基础设施不仅影响到其总体生活质量，也影响了其经济发展方式的多样性，决定了其经济发展上限。另外，基础设施非常不好的情况下，其防灾能力可能也较差，难以抵御不期而遇的灾害，即使是减小灾害带来的损失都不容易。就目前湖北传统聚落情况看，大部分聚落都或多或少地需要在基础设施建设上进行较大的投入才能保障其人居环境达到城镇水平。

七、管理人才极其缺乏

传统聚落保护中出现的问题，绝大部分都与管理有关。针对传统聚落保护出现的问题进行分析，我们往往会发现，传统聚落的保护与发展过程中其实都非常缺乏专业人才参与。传统聚落管理中的许多议题没有具备规划、建筑、非物质文化、产业发展等多学科知识的文化遗产保护的专业人士参与，很难保证长久保护好这些珍贵的文化遗产。虽然民间有一些有识之士希望能保护好聚落的传统建筑与文化，也在付诸行动，甚至自掏腰包去进行历史建筑的保护修缮，但是由于并不具有专业知识，也没有专业人才的指导，更没有专业人士参与决策，有时候好心办坏事，保护聚落成了破坏聚落风貌，这可能也是外行做决策或者外行领导内行导致的结果。

八、原因总体分析

传统聚落面临这么多危机，保护中呈现这么多问题，基本可以归结为五个方面的原因。

第一，发展模式不合理。

湖北版图上各地区的经济发展不平衡，资源条件差异很大，所以传统聚落的特色也不同。可惜一些地方对聚落本身的特色研究不足，挖掘其潜在的价值也不够，采用的经济发展模式差别并不大，缺乏有针对性的发展思路和策略。这就导致发展中容易忽略传统聚落的特点，从而容易丢掉原有的特色。从目前情况看，某些乡村聚落参照城镇的发展模式进行乡村建设，其结果并不好，促使一些很有特色传统聚落丧失了自身的特色，这是值得反思的。

第二，保护意识上，全民都有待提高。

这个可以从两方面来看，即保护什么和怎么保护。

首先，非专业的大部分人对传统聚落有哪些文化遗产其实并不清楚。在看到一栋应该进行保护的历史建筑时，由于不具备专业知识，人们在平时的建设工作中可能会误以为面对的是普通建筑，不需要进行保护而将其拆除或改造了。特别是当人们面对那些没有被官方挂牌强制要求保护的建筑，或看起来年代并不长、建筑艺术价值并不突出的老建筑的时候，容易忽视其建筑的真实价值而将其任意改造或拆除。虽然国家重视文化遗产保护意识的培养，经过多年的大众教育，许多国人都有了遗产保护的意识，但是面对具体如何判定历史建筑的时候，非专业人士往往并不清楚该怎么做，除非有人告诉他们传统聚落的哪些部分是文化遗产。保护意识停留在口号上是不够的，需要培养大众对如何判定保护对象的基本认识。

其次，怎么保护聚落也是绝大部分人了解较少的方面。虽然学校教育中多少教授了一些这样的知识，但是社会在进步和发展，关于保护方法的知识是远远不足以应付日常保护工作的，而且保护方法也需要与时俱进，在保护聚落的过程中继续学习，培养更高层次的保护意识和观念。即使对于专业人士来说，也需要不断学习，及时更新聚落保护专业领域发展趋势，紧密跟踪传统聚落发展状况，不能沉醉在过去的保护观念和方法中，不能总是从同样的角度，用同样的方式看待传统聚落发展中日新月异的问题，否则不仅无法解决保护中的问题，还可能会带来传统聚落风貌的破坏。由于全社会的保护意识总体还不足，因此平时的生产生活中要做到较好的保护，其难度是非常大的，也不能仅靠少数几位管理者和专家去时时刻刻跟踪这些珍贵的文化遗产，那只是疲于奔命，效果不可能会很好。

第三，治理理念比较落后，公众参与度不足。

前述的若干问题和危机，其实都是城镇与乡村在治理能力方面不足的某种表现。现在国家对于治理能力非常重视，城镇与乡村管理中都在谈治理能力，就是因为意识到这个问题对于城镇和乡村健康发展的重要性。

治理是一门学问，许多传统聚落做了保护规划，如果治理能力有限，就空有一份规划，难以推动保护规划顺利实施。城市与乡村治理中，公众参与是很重要的方法，在聚落保护中虽有尝试，但还做得远远不够，因此难以充分调动公众的积极性共同保护聚落，即使保护中碰到问题也不能及时反馈给主管部门，从而错过解决问题的最佳时机。

第四，工作机会少，收入不高，人居环境质量较低，对人口和人才吸引力较小。

工作机会少是造成传统城市聚落人口减少、乡村空心化的重要原因。工作机会少，工资待遇低就会逼迫居民到外地找工作，而人居环境也不好，那么可能这些到外地工作的人未来就不大会回来定居。这样的状况会导致人才外流，人口也会减少，而原住民大量减少后，许多优秀而独特的传统文化就可能慢慢失去传承的机会。

第五，聚落保护的专业从业者的专业水平和职业道德还应进一步提高。

有一些传统聚落出现大规模的风貌破坏，往往是建设性的破坏。其中有可能是因为参与聚落规划与设计等相关项目的建筑师、规划师或者市政工程师等专业从业者在城乡文化遗产保护与规划方面的专业修养水平有限。毕竟遗产保护在大学本科与研究生教育中虽然是必修或者选修课，但其课时并不多，即使在设计课程中有涉及，但从保护聚落所面临的丰富的问题来看，对于保护知识的学习在广度和深度上还远远不够。这就可能导致不同的设计人员由于相关知识水平与专业修养有较大差异，造成传统聚落的保护规划与设计方案水平的较大差别，从而可能导致传统聚落的风貌被改变，或者一些历史建筑或历史环境要素被破坏。

当然，还有一种情况是，设计人员为了迎合甲方的要求，在建设与保护发生矛盾的时候，没有坚持职业道德和专业素养来保护传统聚落中的一些重要历史文化遗产，从目前建筑业主要是买方市场的情况看，这是很遗憾的事情。

第六，保护资金不足，来源单一，保护工作不可持续。

许多传统聚落的保护工作往往是基于政府的一次或者数次投入，期望达到永久保护的目的，其保护资金来源非常单一，几乎没有别的渠道。这种保护方式是很难持续下去的，取得的保护成效也难以长期维持。因为，传统聚落经济基础差，自身造血能力弱，缺乏充足的经济收入，或根本没有这个经济条件。值得注意的是，传统乡村聚落相对于城镇聚落在保护资金筹集的问题上更为严峻。许多传统乡村聚落由于在偏远山区，交通不便，经济收入低下，属于贫困地区，别说是文化遗产的保护，即便是居民的生存问题都是不容易解决的问题。因此，需要一种统筹解决的方式来解决保护资金的问题。

第二节　传统聚落保护的应对策略

传统聚落面临诸多危机，如果有足够的保护资金、足够专业的保护团队和方法以及足够的保护意识，相信以上的危机有许多都会解决，保护的成效不会太差。但是实际上，绝大部分传统聚落都缺乏资金的支持、欠缺专业的保护团队和人员，聚落居民的保护意识还有待提高，还需要在许多方面采取一些更合理的应对策略。

一、依法保护须规划先行

传统聚落的保护首先要从制度入手，依法保护，这是形成完善保护体系的基本条件。国家与地方虽然已经通过立法，订立各种规章制度保护各类传统的城镇、乡村，但在实际保护工作中仍然会遇到许多需要进一步研究的问题，从而进一步完善保护制度，使之更好地支撑保护体系，保证保护规划的顺利实施。同时，尽量在城镇治理中的最小单元——乡村和社区一级制定融合聚落保护要求的类似村规民约的规章制度，以保证聚落保护渗透到人民生活的方方面面。

依法保护首先需要规划的支撑，只有进行完整的聚落保护规划，并明确建设指引，才能为后续的保护活动提供依据与方向。根据国家与地方法规进行科学合理的保护规划当然是必要的，但要注意的是，保护规划应具有动态更新机制，应能及时体现聚落保护的最新研究成果，也要能适应聚落保护的时代需求。

规划中，首先要按照相关规范科学合理地编制保护规划文本。要确定保护对象、划定保护范围、划定建设控制地带和环境协调区，明确保护层次和针对性的保护方法等，同时还应注意如下方面的问题：

（1）应注意与国土空间规划无缝衔接

对于聚落的保护规划、历史建筑修缮与设计等聚落保护的相关设计，都应该按照国土空间规划的基本要求进行编制，以保证与国土空间规划无缝衔接，顺利推进规划管控与方案的实施。

（2）保护对象和内容应科学合理，且应有所侧重

保护对象的确定，最为重要的是应保证不要漏掉需要保护的对象和内容，否则保护框架可能会出现严重问题，后续即使进行补充都可能难以弥补损失。同时，也要有前瞻性，要结合最新的研究成果，融入动态性和可

逆性等理念。所以，前期调查应该非常仔细，且应尽量做到全部数字化、信息化和平台化。

（3）合理确定保护层次，细致分级分类，有利于针对性保护

保护中出现问题，导致实施和管理都无所适从，有时候是因为保护层次划定不太合理，要么就是保护层次太少、太粗糙，或者在不同层次的保护方式针对性不足，从而可能会导致整体风貌的保护性破坏。因此，应尽可能科学合理地对保护要素进行细致的分级分类，保护方法也要更有针对性。

（4）适当运用案例法对保护方法和要求进行说明

保护方法是保护规划中最为重要的构成内容之一，为了避免认识上的差异，便于实际管理和实施中的准确执行，规划文本可适当运用案例对保护方法和要求进行具体说明。这样既能保证规划文本易读、易懂，且能够减小认识上的偏差，专业与非专业人士都能依据规划做出合理的决策。

二、数字建档和动态跟踪

保护聚落必须要先摸清"家底"，了解传统聚落到底有哪些需要保护的内容。不仅要进行实地调查研究，还应充分利用现代科技手段，对传统聚落进行全面的数字化与信息化记录。例如，对传统聚落物质空间环境进行三维重建，结合地理信息系统，进行保护要素的数字建档，同时采用智能建筑的一些先进技术，在传统聚落中布置各种环境传感器，以实时采集传统聚落的空间环境、人流车流等交通信息、建筑外部材质等信息和建筑内部物理环境数据，建立聚落保护的多层次预警模型，进行全生命周期的全方位统一管理和动态追踪，并与国土空间规划无缝衔接。

三、留屋留人才能承续文化

保护物质空间环境的同时不能忽视保护原居民的社群组织结构以及附属于其上的文化，这样才能更好地保护聚落，让聚落文化更好地传承，所以留屋也要留人。现在许多传统的乡村聚落都呈现出空心化的现象，人口流失严重。因此，一定要想办法留住聚落的原住民，还要吸引原住民回到聚落工作或者居住，同时为一些优秀传统文化的延续创造条件，借助政策与民间团体的帮助，达到发展传统聚落、承续文化的目的。

四、系统管理还要分类保护

聚落保护要达到好的成效，应该在前期深入调查并完成数字建档和保护规划的基础上，进行系统管理，依据保护规划进行有针对性的分类保护。那么，系统管理方法的确定，以及保护对象与保护方法的分类方法需要科学合理并谨慎地确定。

系统管理应做到数字化、信息化，结合最新的科学技术，融入GIS、VR、AR甚至BIM和多种传感器，然后进一步做到可视化和实时化以及智能化。通过智能化辅助管理，做到系统监测、实时反馈，减少管理人员，降低管理成本，实现辅助快速决策，提高管理效率。

分类保护的难点在于如何进行分类，保护方法同样如此，一些传统聚落保护出现的问题可能就是分类不合理，保护方法针对性不强或者不恰当造成的。

五、加强宣传以增强意识

加强宣传是提高保护效果的必由之路，不仅仅是布置常规的标语、宣传画那么简单，关键还是要充分利用现有的媒体形式和目前最流行的宣传手段进行保护观念

的宣传。例如，利用最红火的自媒体形式进行保护观念的宣传和保护案例的讲解，开展各种老少皆宜，大家都喜闻乐见的活动，加深人们对于聚落保护的认识；或者利用定期的网络直播帮助人们了解传统聚落的知识与文化，尤其是让传统聚落的居民和管理者更好地了解地方文化遗产；当然也可以邀请专家在各种媒体上或者各种文化建筑内进行聚落保护相关的讲座，提高人们对传统聚落保护的专业知识理解。所有这些活动都是为了建立人们的保护观念，提高人们对于聚落保护的专业认知，促进公众参与，使聚落保护成效更好。

六、主体多元促进公众参与

聚落保护不仅要制定保护制度，做好保护规划，还要保证能顺利实施下去。要保障很好的实施，不能仅仅依靠政府，还需要公众参与共同保证规划的执行与实施。公众参与不是喊口号，也不是仅仅市民或者村民开会提提意见，而是应建立专门的公众参与机制，让公众参与决策，参与聚落保护的全流程。

为了能够做好聚落保护工作，取得良好的成效，还应建立专门的管理机构对传统聚落进行保护。但是为每一处传统聚落建立专门的保护机构，投入成本高，占用政府资源多，大大增加地方政府人力和财力负担，因此并不现实，更不用说有许多困难并不是一个部门就能解决的，是需要多部门协调进行的系统性工作。保护工作需要非常熟悉传统聚落本体的管理机构参与，来保证公众参与机制起作用，并且能够参与决策，进行全过程的监督与反馈。如果能利用公众参与机制，鼓励其他民间主体参与，与政府共同进行聚落保护工作的管理监督可能是一个非常好的解决上述问题的策略。

七、保护利用推动聚落振兴

传统聚落的保护需要足够强的经济作为保证，因此不仅需要政府的政策引导和财政的支持，更需要来源于其他渠道稳定而持久的投入。应结合传统聚落的经济振兴，推动传统聚落的保护和活化利用，激活聚落内生力，促进传统聚落保护的可持续性，这才是解决许多保护问题的根本手段。在传统聚落中挑选合适的历史建筑进行活化利用，既可以推进聚落的基础设施建设，增加聚落的收入，也能避免资源浪费，促进历史建筑的日常维护和监督，最终推进聚落经济的良性发展；反过来，传统聚落的经济发展，基础设施水平提高，人居环境品质提升，又会吸引更多的人口留在聚落，从而进一步推动历史建筑保护和整体风貌的保护。历史建筑的保护利用与聚落振兴是相辅相成、互相促进的。

第三节 保护实践案例

一、公众参与推动保护与发展——江源村

（一）江源村基本情况

江源村的基本情况在第四章第一节已进行了介绍。江源村有山有水有田，还有古民居，另外，其生活气息也比较浓厚，也保留了一些传统生活方式。大约在2005年，江源村的保护因乡贤的推动开始有了起色，但仍有一些历史建筑在后来十年中被拆除，并在原址新建的一些民宅，这对村落的传统风貌有一定不利影响。但在2015年前后以乡贤为主体成立的古民居保护

理事会完全改变了村落保护的局面，使江源村的保护和历史建筑利用走上了规范化、系统化和专业化之路。

（二）公众参与模式：政府指导，乡贤引领，专家指导，全民参与

通山县江源村虽然在聚落保护与村庄发展中走了许多弯路，但是却最终开启了一种新型的公众参与模式，即政府指导，乡贤引领，专家指导，全民参与的模式，并坚持"乡贤主导、村民参与、保护为主、村居一体、整村修复"的原则。江源村在地方政府的指导下，由当地对聚落历史有一定认识，对聚落文化非常热爱的乡贤们牵头，携手全体村民为聚落保护出谋划策，并邀请相关领域的专家，借助村庄的各种政商学资源，共同参与传统聚落保护与发展的全过程。在此过程中，不仅对所有与聚落保护相关的工作与事务进行监督，并做好协调工作，还要负责向相关主管部门进行及时反馈，以保证传统聚落得到最好的保护和高品质的发展。乡贤往往都是在当地或者外地发展较好的本村企业家，他们都对家乡有非常深的感情，加上乡村独特的亲缘关系作为纽带，也是保证全民参与，共同助力聚落保护的关键因素之一。

通山县江源村的这种由乡贤引领的公众参与模式大约是在2005年开始由乡贤自下而上的开始参与一些实质性的保护宣传工作，虽然进展缓慢，但是最后的成效还是很显著的，到2015年形成规模，在政府的支持下建立了全民参与的管理机构——江源村古民居保护理事会，标志着这种公众参与模式的形成。乡贤王定钊还因工作出色获得了"2016年度中国古村镇风云人物""2016年度湖北省美丽乡村建设新乡贤代表"等荣誉。这些成就足以证明乡贤为主导的公众参与在保护中的作用得到了认可。

这种新型公众参与模式，其实是目前全国各地逐渐开始兴起的乡村治理模式在聚落保护中的具体体现。理念是科学的，效果是比较好的，见效也很快，同时也是未来城乡发展中一种值得尝试推广的治理模式。

（三）聚落保护的社会组织：通山县江源古民居保护管理理事会

1. 古民居保护管理理事会的起源与发展

江源村是湖北省内第一个建立的民间文物保护单位、历史建筑及传统村落保护组织。虽然该理事会的切入点是以该村的文物保护单位为主要工作对象，但其职能几乎涵盖了聚落整体保护、文化遗产挖掘、保护意识培育与保护工作宣传、保护工作的所有工作范围，也包括人居环境改善、美丽乡村建设、乡村振兴规划，以及保护意见协调、保护工作监督等村庄建设与治理中的各项工作。该理事会不仅是聚落保护方面专门的社会组织，也是衔接聚落保护与发展的重要纽带。

理事会起源与发展大约经历了四个阶段：

第一个阶段为1998~2005年，这是江源村的乡村建设起步阶段。该时期村民自发进行建设，但了解古建筑价值的人很少，也少有人重视古建筑的问题，由于村里并没有文物保护单位和不可移动文物，所以当时几乎没有相关法规能够阻止古建筑的破坏，因此拆除古建筑的事件不断发生。另外，村里的卫生状况不佳，人居环境较差，虽然乡贤们对古建筑的损毁很痛心，对村里的整体人居环境状况感到遗憾，但是单凭个人之力却无能为力。不过也让乡贤认识到需要唤起大家的意识，靠个体来做是远远不够的。

第二阶段为2005~2014年，乡贤开始在村民中进行宣传，也借助媒体进行频繁的报道，号召公众共同参与保护，引起了主管部门的关注，省市县各级政府主管部门进行多次考察与调研，成效卓著。虽然很遗憾仍有重要的历史建筑被拆除，例如承志堂，但是在乡贤们的努力下和各级政府及文物主管部门的努力推动下，保护

观念和意识逐渐被一些村民接受，部分历史建筑得到了一定的保护。

第三阶段为2015~2018年。经过长期的努力，乡贤们获得相关部门的支持，在江源村成立了湖北省第一个传统聚落保护的社会组织——通山县江源古民居保护管理理事会，此举标志着民间自组织保护机构的形成，开启了聚落保护的新阶段。这期间完成了许多历史建筑修缮和历史文化的挖掘工作，还进行了传统村落、历史文化名村的申报，并争取入选湖北省名村等工作，同时也不忘在媒体上进行宣传，与在学术界进行广泛交流。非凡的努力和坚持得到了湖北省文化厅及湖北省文物局的肯定，2016年文物主管部门在官网刊文总结其十来年的保护工作为"以江源村为试点，探索古民居保护新模式"，并提出要启动维护王氏老屋的规划编制工作，使江源村成为全省古民居、传统村落保护利用的示范区。在获得政府主管部门关注的同时，扩大了社会影响，进一步推动了江源村保护的深度和广度，也获得一定的政策与资金支持。

第四阶段为2018年以后，在理事会的参与下，江源村制定了保护工作任务，有了更科学合理的指导方向，同时由理事会推动建立了通山县传统村落保护协会，带动县域范围内的文化遗产保护工作。此举不仅为该县的传统聚落保护工作做出了贡献，也营造了更好的保护环境与氛围，进一步夯实了江源村的保护成果。

2. 古民居保护管理理事会的性质、架构、功能与工作成效

通山县江源古民居保护管理理事会是聚落保护的社会组织，是对政府管理结构的一种有益的补充，弥补了目前传统聚落保护中管理中的一些短板。确切地说它是以保护为目标的一种村民自治组织。

理事会的架构类似于一般的协会，但是其独特之处在于其复合型的功能。原因在于理事会将传统聚落的行政负责人——村书记作为理事会的会长，而该村乡贤领头人则任正副秘书长，理事会成员则主要是由其他乡贤和部分村民共同构成。日常事宜通常由秘书长负责组织。每逢与聚落保护有关的重要事宜，根据理事会章程和村规民约，全村村民集体协商讨论，不仅容易解决保护与发展的矛盾，处理好村庄治理和聚落保护的关系，也能实时反馈村庄的情况，便于监督与上传下达。

自理事会建立以来，江源村的保护状况有非常大的好转，几乎没有发生历史建筑被拆除的情况。虽然发生过历史建筑构件丢失的情况，但都在理事会的组织下非常及时地寻回。

理事会的主要功能和任务有：

（1）参与保护和日常管理监督。目前做得非常好，不仅自2015年理事会建立以来，历史建筑和风貌没有进一步的破坏，还参与了协调和监督文物保护单位的修缮工作。

（2）协调组织申报各类项目或计划。这个做得很好，成效显著，例如已获得了湖北省历史文化名村、湖北省古民居保护利用示范区等荣誉，入选《湖北名村》名录（2016年），被列入首批"中华乡土文化保护地"等。

（3）参与了保护的前期基础工作。理事会自筹资金，结合江源村的财力支持，进行保护方面的各种前期准备工作，例如古建筑的调查与研究、历史文化资料收集等。

（4）以媒体为窗口，长期进行江源村古建筑文化遗产保护的宣传。理事会坚持宣传江源村的建筑文化，相关报道经常见诸报端，也能经常在各种网站看到相关报道，国家文物局和湖北省文物局也刊文论述过江源村的文物保护新模式。各级领导也经常来江源村调研，了解理事会的运作情况和成效。通过这些坚实的工作，住房和城乡建设部、国家文物局、省市县等各级政府和部门对江源村有了许多了解，促进了江源村的保护与发展。

（5）协助村民改善人居环境。江源村的卫生与环境在理事会协助下进行了多次整治，较2015年理事会建立之前有非常大的转变，人居环境也得到了较大的改善，降低了村民搬迁到镇和县城的意愿，使村民更愿意留在本村，阻止了村庄的空心化，保证了传统文化的承续。

（6）推进乡村振兴，协调其与聚落保护的关系。理事会在村委的带领下，联合乡贤们共同推进乡村振兴，并协调在此过程中出现的与村落保护相关的各种矛盾。

（7）参与学术活动，组织村民考察学习。理事会为了提高自身和村民的对文化遗产的认识，培养保护意识，经常发起或参与聚落保护相关的研讨会，同时也建立了与高校和一些学术机构的联系，更好地保证最新的研究成果运用在江源村的实际保护工作中。例如，组织参加了首届"社会力量参与文物保护论坛"并作报告，受邀参加了"第二届社会力量参与文物保护论坛"等。同时也组织参与书籍编撰的部分工作，例如《通山古民居》和《江源村志》等。

（四）江源村带来的启示

通过以上关于江源村公众参与的案例，可以发现公众参与不仅要有政府指导，乡贤等有识之士主导，还需要建立机构，形成制度，才能更好地推动聚落的保护。如果合理地运用公众参与机制，建立好公众参与制度和机构，不仅会更好地推动公众参与深度与广度，还能推进与聚落保护有关的项目申报，协调好各项与保护相关的工作，推动人居环境的改善和保护观念的宣传，提高村民的保护意识，还能带动周边区域的保护活动，甚至推动乡村振兴与聚落保护协调发展，最终走向传统聚落的复兴。

二、乡村振兴促进保护与利用——龙凤村

（一）龙凤村的基本情况

龙凤村位于宜昌远安县的山区，海拔平均在700米。它离县城大约有20余公里，由于地处偏远，在省道及乡道完全修好之前，交通非常不便，现在的交通基本可以保证日常生活，但如果需要进一步发展，其道路还不足以负担未来经济进一步发展可能带来的大量人流和物流。龙凤村虽然拥有优良的自然环境，但由于可利用的其他资源并不丰富，加上交通不便，因此其经济发展受到很大影响。这也是龙凤村之所以是宜昌贫困村中的特困村的重要原因之一。因此，年轻人外出打工的多，有一些已定居在外地，村落也呈现空心化的趋势。村落的保存与发展缺少足够的人口去支撑，龙凤村发展面临严峻的挑战。

龙凤村的庞家湾历史建筑集中（图8-2-1），整体风貌保存非常好，民居建筑基本都保持了传统的风貌，与其四面环山的自然环境相得益彰，入选了第五批中国传统村落名录。村中其他自然村湾的传统民居建筑较为分散。

图8-2-1　龙凤村的庞家湾

自2014年起，龙凤村充分利用优美的自然环境和庞家湾传统村落文化特色，开始了乡村振兴计划，以旅游开发和绿色生态的产业为切入点，不仅实现了经济收入和人居环境的较大提升，也推动了村落经济发展和传统村落的保护。

（二）乡村振兴与历史建筑利用

庞家湾位于龙凤村三组，村中一角，在一片四面环山的山谷里，村落的面积并不大，是一个典型的小山村。庞家湾的发展是龙凤村总体发展的重要一环，其重点是传统村落保护。因此，2014年之后逐步开始结合村中的自然资源并行开展旅游开发和村落保护。

村中的自然环境良好，数百年前村民就达成一致，不私自砍伐树木，保护山林，因此生态底子很好，森林覆盖率高达85%，生活中并不多见的银杏、大叶樟、铁坚杉、桢楠、三角枫等古、大、珍、稀树种随处可见。另外，全村尚存150余栋古民居，900余处古梯田，还有许多古井、古碑。庞家湾的20余栋古民居几乎全部保留了下来，非常完整集中，已被申报成为第五批中国传统村落。在村落保护面临的各种严峻问题下，如何解决保护的问题，减少政府输血，达到可持续保护的状态，成为重要的课题。庞家湾采用了保护与振兴结合的策略。

保护与振兴古村落，首先还是要在不破坏整体风貌的前提下改善人居环境，对基础设施进行全面改造。龙凤村充分利用政策的支持，结合美丽乡村建设和扶贫的政策资金支持，全面提升了基础设施系统，并全面改进了卫生保洁工作，以此为契机，全面完善了村规民约，改善了乡村治理的效果。通过该阶段地乡村环境整治与基础设施提升，强化了治理能力，同时不忘严格保护古民居等村落的传统风貌，与此同时培养村民的文化遗产保护观念和意识。因村书记和乡贤们的勤奋与操守，不仅改善了村庄的环境，保护成效也比较好。

改善了村庄基础设施，人居环境大为提高，还需要对民居进行修缮、修复或风貌整治活动。但是由于其中一些传统民居建筑质量极差，已经变成了危房，在一缺保护资金，二缺专门保护团队的情况下，庞家湾邀请乡贤参与进行庞家湾的旅游开发，并依靠当地的石匠木工进行传统民居的保护修缮、修复和改造等工作。在尊重传统立面形式、平面形式的前提下，部分传统民居内部进行了适当改造，增添了卫生等基本生活设施，并作为民宿使用。其余古民居在进行修复和改造后仍然作为村民的居所。民宿的管理也由当地村民参与，不仅解决了就业问题，吸引了村民回流，而且他们居住在民宿旁的传统民居中，既便于管理维护，同时也便于监督村落保护状况。

由于古村落的保护与乡村振兴紧密结合，充分利用古建筑，同时注意保护村民的工作机会，将村民尽可能多地吸引回来。在建设上，不仅对几乎所有的历史建筑外观和结构进行了修缮，部分民居内部进行了适当改造，而且对周边环境进行了进一步的整治升级，较大地改善了人居环境，保证了民宿的运营品质和民居游客的生活环境。同时，正在对交通设施进行升级，增辟生态停车场，加强道路的建设，旅游质量也得到了较大的提升。

结合建筑保护与利用，进行了环境和建筑整治，该村的传统民居不仅没有因为年久失修、无人居住而坍塌，反而建筑质量得到了较大提高，所有的民居建筑几乎全部保存下来，而且基本得到了充分利用。

当然，乡村振兴中切不可过度进行旅游开发，破坏原有的生活方式和环境，更不能急功近利，将原住民全部迁走而造成村落文化承续的中断。

（三）龙凤村带来的启示

总的来说，龙凤村做了许多较为系统的保护与发展工作，这些工作相互促进，相互关联，缺一不可，其成效也是有目共睹的。保护工作中比较有特色的三个方面如下：

（1）乡村振兴推动了经济发展，提高了村集体和村民的收入，为村落的保护和基础设施维护更新奠定了经济基础，同时在村民生活得到保障的基础上，他们才更愿意和有条件参与到村落保护中。

（2）乡村振兴为村民提供了大量的工作机会，更多的年轻人被留下，能够减缓甚至防止乡村空心化发展趋势，而且一定数量人口的保持，更有利于村落开展生态绿色的第三产业，促进历史建筑的利用。

（3）乡村振兴的重要内容包括人居环境改善，这项内容不仅是乡村发展的要求，更是村落保护的基本要求，还能保证村落的人口不会因为人居环境品质的低下而迁移出村，导致村落的空心化，从而使传统村落逐渐凋亡。优良的人居环境往往还会吸引非本地居民迁入生活和工作。

在分析了龙凤村的保护与乡村振兴的关系之后，可以清晰地看到，聚落的保护应留屋也要留人，改善人居环境有利于传统聚落的保护，加强宣传可以提升保护意识，传统建筑应尽可能通过利用来保护。为了做到这些，传统聚落的保护需要经济支撑，也需要充分利用其建筑和环境，将乡村振兴和历史建筑合理利用充分结合，才是一种可持续的聚落保护方法。

附 录

附录一　湖北省中国传统村落名录

序号	所属市	区（县）	镇乡（街道）	聚落（村落）名称	公布时间	批次
1	武汉市	黄陂区	木兰乡	双泉村大余湾	2012年	第一批
2			家集街道	泥人王村		
3	黄石市	阳新县	浮屠镇	玉堍村		
4			排市镇	下容村阚家塘		
5	十堰市	竹溪县	中峰镇	甘家岭村		
6	宜昌市	长阳土家族自治县	高家堰镇	向日岭村六组		
7	襄阳市	枣阳市	新市镇	前湾村		
8	荆门市	钟祥市	客店镇	赵泉河村		
9	孝感市	大悟县	芳畈镇	白果树湾村		
10			宣化镇	铁店村八字沟		
11	黄冈市	红安县	华家河镇	祝楼村祝家楼垸		
12		麻城市	歧亭镇	丫头山村		
13		武穴市	梅川镇	同心村李垅垸		
14	咸宁市	赤壁市	赵李桥镇	羊楼洞村		
15	恩施土家族苗族自治州	恩施市	崔家坝镇	滚龙坝村		
16			白果乡	金龙坝村		
17		鹤峰县	铁炉白族乡	铁炉村		
18				细杉村		
19			五里乡	五里村		
20			中营乡	三家台蒙古族村		
21		来凤县	百福司镇	新安村		
22			大河镇	冷水溪村		
23		利川市	凉雾乡	海洋村		
24		咸丰县	大路坝区	蛇盘溪村		
25			甲马池镇	马家沟村王母洞		
26			清坪镇	中寨坝村郑家坝		
27		宣恩县	椒园镇	庆阳坝村		
28			沙道沟镇	两河口村		

续表

序号	所属市	区（县）	镇乡（街道）	聚落（村落）名称	公布时间	批次
29	黄石市	大冶市	金湖街道办	上冯村	2013年	第二批
30	孝感市	孝昌县	小河镇	小河村		
31			小悟乡	项庙村		
32	黄冈市	罗田县	九资河镇	官基坪村罗家大垸		
33			河铺镇	肖家垸乌石岩村		
34			白庙河乡	潘家垸村		
35	恩施土家族苗族自治州	利川市	谋道镇	鱼木村		
36			忠路镇	老屋基村老屋基老街		
37			沙溪乡	张高寨村		
38		建始县	花坪镇	田家坝村		
39		咸丰县	尖山乡	唐崖寺村		
40		来凤县	百福司镇	舍米湖村		
41			大河镇	五道水村徐家寨		
42			革勒车乡	鼓架山村铁匠沟		
43			三胡乡	黄柏村下黄柏园		
44	黄石市	大冶市	保安镇	沼山村刘通湾	2014年	第三批
45		阳新县	三溪镇	木林村枫杨庄		
46			王英镇	大田村清潭湾		
47	十堰市	房县	军店镇	下店子村		
48		丹江口市	官山镇	吕家河村		
49	襄阳市	南漳县	巡检镇	漫云村		
50	孝感市	孝昌县	小悟乡	向阳村		
51		大悟县	丰店镇	桃岭村九房沟		
52		安陆市	王义贞镇	钱冲村		
53	黄冈市	团风县	贾庙乡	百丈崖村		
54		红安县	华家河镇	涂湾村		
55			太平桥镇	回龙寨村石头湾		
56			永佳河镇	欧桥村刘云四湾		
57		罗田县	胜利镇	瓦房基村老闫家垸		
58		英山县	国营英山县吴家山林场	大河冲村		
59		蕲春县	向桥乡	狮子堰村		
60		麻城市	歧亭镇	杏花村		
61			夫子河镇	付兴湾		
62			木子店镇	王家畈村		
63			黄土岗镇	小漆园村		
64		武穴市	龙坪镇	花园居委会		

续表

序号	所属市	区（县）	镇乡（街道）	聚落（村落）名称	公布时间	批次
65	咸宁市	咸安区	马桥镇	垅口村垅口冯	2014年	第三批
66			桂花镇	刘家桥村		
67		崇阳县	白霓镇	回头岭村		
68		通山县	闯王镇	宝石村		
69			九宫山风景区	中港村		
70			大畈镇	西泉村		
71			大路乡	吴田村畈上王		
72	随州市	曾都区	洛阳镇	九口堰村		
73		随县	桐柏山太白顶风景名胜区	解河村戴家仓屋		
74		广水市	武胜关镇	桃源村		
75	恩施土家族苗族自治州	恩施市	盛家坝乡	二官寨村		
76		利川市	柏杨坝镇	水井村		
77			忠路镇	长干村张爷庙		
78			毛坝镇	山青村		
79				石板村		
80				向阳村		
81		宣恩县	长潭河乡	两溪河村		
82			晓关乡	野椒园村		
83		咸丰县	坪坝营镇	新场村蒋家花园		
84		来凤县	大河镇	独石塘村		
85			漫水乡	兴隆坳村落衣湾		
86				渔塘村上渔塘		
87			三胡乡	石桥村		
88		鹤峰县	走马镇	白果村		
89	仙桃市		郑场镇	渔泛村		
90	武汉市	黄陂区	王家河街	罗家岗村罗家岗湾	2016年	第四批
91			蔡家榨街	蔡官田村蔡官田湾		
92	黄石市	阳新县	浮屠镇	李山下村		
93	十堰市	张湾区	黄龙镇	黄龙滩村		
94		郧阳区	胡家营镇	冻青沟村		
95		丹江口市	浪河镇	黄龙村		
96	宜昌市	点军区	土城乡	高岩村		
97		兴山县	昭君镇	滩坪村		
98		五峰县	湾潭镇	茶园村		
99			采花乡	栗子坪村		

续表

序号	所属市	区（县）	镇乡（街道）	聚落（村落）名称	公布时间	批次
100	襄阳市	南漳县	板桥镇	冯家湾村	2016年	第四批
101	孝感市	大悟县	城关镇	双桥村		
102	黄冈市	红安县	八里镇	陡山村		
103			永佳河镇	喻畈村		
104			永佳河镇	椿树店村		
105		麻城市	宋埠镇	谢店古村		
106			木子店镇	刘家垅村		
107			木子店镇	龙门河村		
108			黄土岗镇	大屋垸村		
109			黄土岗镇	桐枧冲村茯苓窝		
110	咸宁市	通城县	塘湖镇	大埚村		
111			大坪乡	内冲瑶族村		
112		通山县	闯王镇	高湖村朱家湾		
113	恩施州	恩施市	红土乡	天落水村马弓坝组		
114			盛家坝乡	大集场村		
115		利川市	毛坝镇	人头山村		
116		宣恩县	长潭河乡	白果村黄家寨		
117			高罗镇	大茅坡营村		
118		来凤县	旧司镇	板沙界村		
119	黄石市	大冶市	金湖街道	姜桥村	2019年	第五批
120				焦和村		
121				门楼村		
122			大箕铺镇	柯大兴村		
123				水南湾村		
124		阳新县	大王镇	金寨村		
125	十堰市	郧阳区	安阳镇	冷水庙村		
126		郧西县	上津镇	津城村		
127		竹山县	秦古镇	独山村		
128		丹江口市	六里坪镇	伍家沟村		
129			盐池河镇	盐池湾村		
130			蒿坪镇	蒿坪村		
131			石鼓镇	贾家寨村		
132	宜昌市	远安县	花林寺镇	龙凤村庞家湾		
133			茅坪场镇	九龙村		
134		兴山县	昭君镇	青华村		

续表

序号	所属市	区（县）	镇乡（街道）	聚落（村落）名称	公布时间	批次
135	宜昌市	秭归县	归州镇	香溪村	2019年	第五批
136		长阳土家族自治县	渔峡口镇	龙池村		
137		五峰土家族自治县	采花乡	楠木桥村		
138		当阳市	坝陵街道	慈化村		
139	襄阳市	南漳县	东巩镇	麻城河村		
140				昌集村		
141			肖堰镇	观音岩村		
142	荆门市	钟祥市	石牌镇	荆台村		
143			张集镇	张家集村		
144	孝感市	大悟县	阳平镇	中秋村		
145			黄站镇	熊畈村		
146			宣化店镇	姚畈村		
147	荆州市	洪湖市	老湾回族乡	珂里村		
148	黄冈市	团风县	回龙山镇	林家大湾村		
149		红安县	七里坪镇	柏林寺村		
150		黄梅县	柳林乡	商子垱村		
151		麻城市	阎家河镇	石桥垸村		
152			宋埠镇	龙井村		
153			龟山镇	东垱村		
154				熊家铺村、梨树山村		
155			木子店镇	牌楼村		
156			黄土岗镇	东冲村		
157		武穴市	石佛寺镇	武山寨村、廖宗泰村		
158	咸宁市	咸安区	汀泗桥镇	彭碑村		
159		崇阳县	天城镇	郭家岭村		
160			白霓镇	纸棚村		
161		通山县	通羊镇	郑家坪村		
162			南林桥镇	石门村		
163			黄沙铺镇	西庄村		
164				上坳村		
165			厦铺镇	厦铺村		
166			大畈镇	白泥村		
167		赤壁市	官塘驿镇	张司边村		
168	随州市	随县	草店镇	三道河村、柯家寨村		
169	恩施土家族苗族自治州	恩施市	板桥镇	新田村鹿院坪组		

续表

序号	所属市	区（县）	镇乡（街道）	聚落（村落）名称	公布时间	批次
170	恩施土家族苗族自治州	恩施市	沙地乡	落都村	2019年	第五批
171			屯堡乡	双龙村雾树吼组		
172			白果乡	见天坝村水田坝组		
173			芭蕉侗族乡	戽口村彩虹山组		
174			盛家坝乡	车蓼坝村		
175				麻茶沟村		
176		利川市	谋道镇	太平村		
177			柏杨坝镇	高仰台村		
178			建南镇	黎明村		
179			忠路镇	合心村		
180				双庙村		
181				钟灵村		
182			凉雾乡	纳水村		
183			文斗乡	金龙村		
184		建始县	官店镇	陈子山村		
185		巴东县	野三关镇	穿心岩村		
186		宣恩县	椒园镇	水田坝村		
187			沙道沟镇	大白溪村		
188				药铺村		
189			李家河镇	中大湾村		
190			高罗镇	腊树园村		
191				清水塘村		
192			万寨乡	金龙坪村		
193			晓关侗族乡	中村坝村		
194				骡马洞村		
195		咸丰县	高乐山镇	官坝村		
196				龙家界村		
197				牛栏界村		
198		来凤县	百福司镇	冉家村		
199				观音坪村		
200			大河镇	车洞湖村		
201			绿水镇	田家寨村		
202			旧司镇	梅子垭村		
203		鹤峰县	容美镇	屏山村		
204				大溪村		
205			五里乡	湄坪村		
206			邬阳乡	邬阳村		

附录二 湖北省中国历史文化名镇名录

序号	等级	所属市	区（县）	公布名称	公布时间	批次
1	国家级	荆州市	监利县	湖北省监利县周老嘴镇	2005年	第二批
2		黄冈市	红安县	湖北省红安县七里坪镇		
3		荆州市	洪湖市	湖北省洪湖市瞿家湾镇	2007年	第三批
4			监利县	湖北省监利县程集镇		
5		十堰市	郧西县	湖北省郧西县上津镇		
6		咸宁市	咸安区	湖北省咸宁市汀泗桥镇	2008年	第四批
7		黄石市	阳新县	湖北省阳新县龙港镇		
8		宜昌市	宜都市	湖北省宜都市枝城镇		
9		潜江市	—	湖北省潜江市熊口镇	2010年	第五批
10		荆门市	钟祥市	湖北省钟祥市石牌镇	2014年	第六批
11		随州市	随县	湖北省随县安居镇		
12		黄冈市	麻城市	湖北省麻城市歧亭镇		
13		宜昌市	当阳市	湖北省当阳市淯溪镇	2019年	第七批

附录三 湖北省中国历史文化名村名录

序号	等级	所属市	区（县）	镇乡（街道）	公布名称	公布时间	批次
1	国家级	武汉市	黄陂区	木兰乡	湖北省武汉市黄陂区木兰乡大余湾村	2005年	第二批
2		恩施州	恩施市	崔家坝镇	湖北省恩施市崔家坝镇滚龙坝村	2007年	第三批
3		恩施州	宣恩县	沙道沟镇	湖北省宣恩县沙道沟镇两河口村	2008年	第四批
4		咸宁市	赤壁市	赵李桥镇	湖北省赤壁市赵李桥镇羊楼洞村	2010年	第五批
5		恩施州	宣恩县	椒园镇	湖北省宣恩县椒园镇庆阳坝村		
6		恩施州	利川市	谋道镇	湖北省利川市谋道镇鱼木村	2014年	第六批
7		黄冈市	麻城市	歧亭镇	湖北省麻城市歧亭镇杏花村		
8		黄石市	大冶市	金湖街道	湖北省大冶市金湖街道上冯村	2019年	第七批
9				大箕铺镇	湖北省大冶市大箕铺镇柯大兴村		
10			阳新县	排市镇	湖北省阳新县排市镇下容村		
11				大王镇	湖北省阳新县大王镇金寨村		
12		襄阳市	枣阳市	新市镇	湖北省枣阳市新市镇前湾村		
13			南漳县	巡检镇	湖北省南漳县巡检镇漫云村		
14		黄冈市	红安县	华家河镇	湖北省红安县华家河镇祝家楼村		
15		咸宁市	通山县	闯王镇	湖北省通山县闯王镇宝石村		

注：以上信息为2020年底根据住建部公开信息整理。

索引

湖北省中国传统村落、历史文化名镇名村名录

序号	所属市	区（县）	镇乡（街道）	聚落（村落）名称	类别	公布时间	批次	页码
1	武汉市	黄陂区	木兰乡	湖北省武汉市黄陂区木兰乡大余湾村	中国历史文化名村	2005年	第二批	057
					中国传统村落	2012年	第一批	
2	咸宁市	赤壁市	赵李桥镇	湖北省咸宁市赤壁市赵李桥镇羊楼洞村	中国传统村落	2012年	第一批	094
3	十堰市	张湾区	黄龙镇	湖北省十堰市张湾区黄龙镇黄龙滩村	中国传统村落	2016年	第四批	169
4	恩施州	利川市	谋道镇	湖北省恩施州利川市谋道镇鱼木寨	中国传统村落	2013年	第二批	198
5	宜昌市	远安县	花林寺镇	湖北省宜昌市远安县花林寺镇龙凤村庞家湾	中国传统村落	2019年	第五批	223
6	恩施州	利川市	柏杨镇	大水井古建筑群	全国重点文物保护单位	2001年	第五批	185
7	咸宁市	通山县	洪港镇	湖北省咸宁市通山县洪港镇江源村	湖北省历史文化名村	2018年	第一批	220
8	黄冈市	红安县	七里坪镇	湖北省红安县七里坪镇	中国历史文化名镇	2005年	第二批	035
9	荆州市	监利县	程集镇	湖北省监利县程集镇	中国历史文化名镇	2007年	第三批	131
10	十堰市	郧西县	上津镇	湖北省郧西县上津古镇	中国历史文化名镇	2007年	第三批	151
11	荆门市	钟祥市	张集镇	湖北省荆门市钟祥市张集镇	钟祥市重点文物保护单位	1985年	不详	115

参考文献

一、专著

[1] 地图出版社. 湖北省地图册［M］. 北京：中国地图出版社，2008.
[2] 傅德辉. 湖北年鉴-2019（总第31卷）［M］. 武汉：湖北年鉴社，2019.
[3] 乔盛西等. 湖北省气候志［M］. 武汉：湖北人民出版社，1989.

二、学位论文

[1] 杨雨蒙. 江汉平原地形地貌与水系的空间关联关系研究［D］. 武汉：华中师范大学，2017.
[2] 方盈. 堤垸格局与河湖环境中的聚落与民居形态研究——以明清至民国时期江汉平原河湖地区为例［D］. 武汉：华中科技大学，2016.
[3] 汪高明. 湖北省近47年气温和降水气候特征分析［D］. 兰州：兰州大学，2009.
[4] 王焱. 夏热冬冷地区住宅节能优化设计［D］. 南京：东南大学，2003.
[5] 殷超然. 夏热冬冷地区被动式建筑设计策略应用研究——基于武汉市艺术家村规划与建筑设计［D］. 武汉：华中科技大学，2007.
[6] 江岚. 鄂东南乡土建筑气候适应性研究［D］. 武汉：华中科技大学，2004.
[7] 邓蕾. 夏热冬冷地区住宅的气候适应性设计研究［D］. 武汉：华中科技大学，2004.
[8] 周维思. 武汉城市圈空间发展质量评价及提升策略研究［D］. 武汉：华中科技大学，2017.
[9] 黄旭. 民族符号传播与文化转型［D］. 南京：南京大学，2014.
[10] 杨媛媛. 以旅游为导向的山地传统村落空间再生研究［D］. 长沙：湖南大学，2016.
[11] 肖慧. 鄂西南土家族传统聚落形态研究［D］. 武汉：湖北工业大学，2018.
[12] 彭小溪. 桂北传统聚落景观公共空间研究［D］. 西安：西安建筑科技大学，2014.
[13] 郭标. 利川市山乡村景观资源的保护与开发研究［D］. 武汉：华中农业大学，2007.
[14] 周红. 湖北钟祥张集古镇研究［D］. 武汉：武汉理工大学，2006.
[15] 文梦宇. 土家传统村落保护与文化的传承［D］. 武汉：长江大学，2017.
[16] 方振东. 恩施州土家族传统村寨景观研究［D］. 南京：南京农业大学，2012.
[17] 张莉. 湖北红安七里坪古镇研究［D］. 武汉：武汉理工大学，2005.
[18] 郝孟曦. 江汉湖群主要湖泊水生植物多样性及群落演替规律研究［D］. 武汉：湖北大学，2014.
[19] 库金杰. 鄂东南地区乡土建筑研究［D］. 武汉：武汉理工大学，2008.
[20] 王瑶. 鄂东南传统街屋建筑艺术特色研究［D］. 武汉：武汉理工大学，2013.
[21] 郭锐. 基于自组织理论的传统村落当代更新模式研究［D］. 武汉：华中科技大学，2013.
[22] 黄曼. 赤壁羊楼洞古镇及其茶文化的整体保护与发展研究［D］. 西安：西安建筑科技大学，2014.
[23] 陈凡. 湖北赤壁羊楼洞古镇研究［D］. 武汉：武汉理工大学，2005.
[24] 闫雷. 湖北监利程集古镇研究［D］. 武汉：武汉理工大学，2005.

三、期刊

[1] 任伟中，范建海，孔令伟等. 鄂西北山区边（滑）坡综合分类探讨［J］. 岩土力学，2011，32（09）：2735-2740.

[2] 董秀荣, 王荣堂. 鄂西山区农业气候资源的调查与利用[J]. 长江大学学报(自然科学版)农学卷, 2010, 7(02): 7-10.
[3] 张兴亮, 郝少波. 鄂西北传统民居的象征文化[J]. 华中建筑, 2005(05): 155-158.
[4] 缪睿. 浅谈鄂西南山区传统民居的地域适应性[J]. 中国建筑装饰装修, 2020(06): 85.
[5] 朱圣钟. 鄂西南民族地区农业结构的演变[J]. 中国农史, 2000(04): 27-33.
[6] 余晓敏, 李强, 张娜. 江汉平原粮食产量空间格局分析[J]. 测绘地理信息, 2020, 45(02): 41-44.
[7] 余晚霞, 鲍宏礼. 鄂东农耕文化的传承与创新研究[J]. 湖北农业科学, 2015, 54(23): 6079-6082.
[8] 谭刚毅, 任丹妮. 祠祀空间的形制及其社会成因——从鄂东地区"祠居合一"型大屋谈起[J]. 建筑学报, 2015(02): 97-101.
[9] 周娜. 鄂东民居建筑型制的审美特征[J]. 学习月刊, 2011(14): 28-30.
[10] 崔杨, 崔利芳. 近50年湖北省气温、降水量变化趋势的时空分布特征研究[J]. 黄冈师范学院学报, 2020, 40(03): 80-86.
[11] 陈博然. 湖北省地区气候与农业的关系研究[J]. 中外企业家, 2019(04): 238-239.
[12] 汪建军, 王亚楠. 郧西县近30年气候变暖特征分析[J]. 农家参谋, 2019(01): 122.
[13] 汪川义, 赵采玲, 罗菊英. 恩施州气象站雾日变化趋势及原因分析[J]. 长江流域资源与环境, 2017, 26(03): 454-460.
[14] 熊晚珍, 孙志国, 王树婷, 等. 大别山区黄冈特产的非物质文化遗产与地理标志保护[J]. 江西农业学报. 2012, 24(04): 177-181.
[15] 聂斌斌, 杨伟, 李璐, 等. 鄂西山区坡耕地分布格局与环境因子的关系[J]. 亚热带水土保持. 2017, 29(04): 23-27.
[16] 安一冉. 湖北省利川大水井古建筑群建筑文化探析[J]. 建筑与文化. 2017(04): 109-110.
[17] 邓辉. 利川大水井古建筑群落记[J]. 湖北文史资料. 1997(03): 271-276.
[18] 王莉, 吴凡. 鄂西大水井古建筑群考察报告[J]. 华中建筑. 2004(01): 97-99.
[19] 董楠楠. 城市背景下高架交通的景观意义——以上海市为例[J]. 华中建筑. 2004(1): 96, 99.
[20] 顾芳. 古寨聚落出路何在——湖北利川市鱼木寨的现状与未来初探[J]. 新建筑. 2010(05): 12-17.
[21] 辛向阳. 七里坪, 一座曾以"列宁"命名的集镇[J]. 党员生活(武汉). 2012(2): 56-57.
[22] 黄伊. 武汉市黄陂区木兰乡大余湾明清时期古村落[J]. 江汉考古. 2011(3): 120-124.
[23] 温斌, 孙君恒. 武汉乡土文化发扬光大的思考[J]. 湖北第二师范学院学报. 2015(5): 49-52.
[24] 潘海涛. 访中国历史文化名村——湖北省武汉市黄陂区木兰乡大余湾村[J]. 小城镇建设. 2006(02): 96-97.
[25] 赵逵, 马锐. 湖北赤壁市羊楼洞古镇——国家历史文化名城研究中心历史街区调研[J]. 城市规划. 2016, 40(06): 2-3.
[26] 余玮. 羊楼洞——中国青砖茶的摇篮[J]. 中华儿女. 2017(11): 61-63.
[27] 周红, 李浩. 传统山区聚落的防御特征研究——以湖北钟祥张集古镇为例[J]. 华中建筑. 2008, (06): 170-174.
[28] 赵逵, 罗德胤. 湖北郧西县上津古镇 国家历史文化名城研究中心历史街区调研[J]. 城市规划. 2011, (02): 98-99.

后记

《中国传统聚落保护研究丛书 湖北聚落》一书，历时两年多总算得以完成，虽有如释重负之感，但实际上并没有让我们感到多少轻松，反而觉得有更大的责任去推动传统聚落的保护。我们过去关注较多的是传统城市、村镇的规划与保护，而且重点更多放在湖北中部和东部，较少从聚落角度去研究湖北整个区域的传统城市和村镇。另外，学术界还未形成较为系统的湖北传统聚落的研究方法和体系，因此本书写作过程中，需要重新梳理已有材料，并增加大量的现场调研和分析，从整个湖北的角度审视聚落的特点以及保护的问题，并最终形成文字。所以，在写作过程中有许多的讨论和不同意见，让我们感到写作不易。而最为关键的写作和调研期间，又经历了巨大考验，目睹了史上少有的特大暴雨和山洪给传统聚落所带来的破坏和危害，还遇到了许多过去难以想象的困难。令人感到欣慰的是，坚强的湖北挺过来了，而且我们更加珍惜过去和现在，对于传统聚落则更是如此。因此，希望通过本书的撰写可以更好地推动传统聚落的研究和保护。

本书由郭建、陈剑宇、黄凌江、陈铭共同策划、撰文和统稿。书中大量的调研和测绘与许多曾经和现在于武汉理工大学工作和就读的师生分不开，例如李百浩、陈飞、刘炜、徐宇甦，以及孟岗、陈凡、闵雷、张莉、何展宏、周红等，还有程鑫、熊威、杜承原、邓圣豪、王旭炎、裴舜哲、朱文博、范昌超直接参与了本次调研和部分章节的写作和绘图工作。

本书的出版有赖于集体合作和许多人的帮助。虽经历了许多困难，但最终如期出版。本书得以完成，要感谢中国建筑工业出版社始终如一的全力支持和理解，感谢丛书总主编陆琦教授的耐心指导，感谢《华中建筑》原主编高介华先生与湖北省社科院副院长刘玉堂先生对于本书的支持与帮助，感谢湖北省文化和旅游厅、湖北省住房和城乡建设厅以及每个历史城市与村镇相关单位在调研过程中给予的大力支持，感谢家人们一直以来的关怀和默默无私的奉献。

图书在版编目（CIP）数据

中国传统聚落保护研究丛书. 湖北聚落 / 郭建主编；陈剑宇，黄凌江，陈铭副主编. —北京：中国建筑工业出版社，2021.12

ISBN 978-7-112-26923-5

Ⅰ.①中… Ⅱ.①郭… ②陈… ③黄… ④陈… Ⅲ.①乡村地理—聚落地理—研究—湖北 Ⅳ.①K928.5

中国版本图书馆CIP数据核字（2021）第257100号

本书从自然地理环境、历史文化两个方面阐述湖北聚落的产生与发展以及民族的融合与变迁对聚落类型和空间的影响；通过对鄂东北、鄂东南、江汉平原、鄂西北、鄂西南五个地理区域聚落的成因、发展与类型特征进行详细的阐述；针对湖北聚落现状与面临的主要危机，提出聚落保护与发展的策略与方法。以期为湖北传统聚落的保护与更新实践提供参考策略，并为高校教学以及相关管理人员提供一定的材料支撑。本书可供建筑、城乡规划、风景园林、人文地理、文物保护等相关专业的读者及文化旅游爱好者参考阅读。

扫一扫
观看本卷聚落视频资源

责任编辑：吴 绫　胡永旭　唐 旭　张 华　贺 伟
文字编辑：李东禧　孙 硕
书籍设计：付金红　李永晶
责任校对：王 烨

中国传统聚落保护研究丛书

湖北聚落

郭建　主编

陈剑宇　黄凌江　陈铭　副主编

*

中国建筑工业出版社出版、发行（北京海淀三里河路9号）
各地新华书店、建筑书店经销
北京锋尚制版有限公司制版
天津图文方嘉印刷有限公司印刷

*

开本：889毫米×1194毫米　1/16　印张：16¾　插页：9　字数：437千字
2022年12月第一版　2022年12月第一次印刷
定价：**198.00元**（含视频资源）
ISBN 978-7-112-26923-5
　　　（36761）

版权所有　翻印必究
如有印装质量问题，可寄本社图书出版中心退换
（邮政编码100037）